2020 全球人工智能创新指数报告

中国科学技术信息研究所 著

科学技术文献出版社

·北京·

图书在版编目（CIP）数据

2020全球人工智能创新指数报告 / 中国科学技术信息研究所著. —北京：科学技术文献出版社，2021.9
 ISBN 978-7-5189-8453-4

Ⅰ.①2… Ⅱ.①中… Ⅲ.①人工智能—技术发展—研究报告—世界—2020 Ⅳ.① F491 ② TP18

中国版本图书馆 CIP 数据核字（2021）第 203050 号

2020全球人工智能创新指数报告

| 策划编辑：崔　静　　责任编辑：赵　斌　　责任校对：王瑞瑞　　责任出版：张志平 |

出 版 者	科学技术文献出版社
地　　　址	北京市复兴路15号　邮编　100038
编 务 部	（010）58882938，58882087（传真）
发 行 部	（010）58882868，58882870（传真）
邮 购 部	（010）58882873
官方网址	www.stdp.com.cn
发 行 者	科学技术文献出版社发行　全国各地新华书店经销
印 刷 者	北京时尚印佳彩色印刷有限公司
版　　　次	2021年9月第1版　2021年9月第1次印刷
开　　　本	787×1092　1/16
字　　　数	236千
印　　　张	14.75
书　　　号	ISBN 978-7-5189-8453-4
定　　　价	98.00元

版权所有　违法必究

购买本社图书，凡字迹不清、缺页、倒页、脱页者，本社发行部负责调换

编委会及编写组

编委会主任　赵志耘

编委会委员　徐　峰　高　芳　李广建　罗立群

编写组成员　何　婷　李　芳　侯慧敏　李梦薇
　　　　　　　陈　沫　陈晓龙　张庆芝　窦鸿鹏
　　　　　　　庞　娜　张　昊　刘鑫怡　张　东
　　　　　　　周起斌　王　锴　陈　瑜　金笑缘

前 言

当今世界百年未有之大变局加速演进，人工智能发展已成为大国博弈的核心阵地。加快发展人工智能事关我国发展全局和国家安全，是我们赢得全球科技竞争主动权的重要战略抓手，是推动我国科技跨越发展、产业优化升级、生产力整体跃升的重要战略资源。2016年以来，美国、英国、德国、韩国、日本等全球主要国家加紧出台专项战略规划和政策，围绕基础理论、核心技术、顶尖人才、标准规范等方面强化部署，力图在新一轮创新竞争中掌握主导权。为客观评价全球主要国家人工智能发展态势，明晰我国所处的位势，2019年中国科学技术信息研究所联合北京大学成立了全球人工智能创新指数研究组，开展全球人工智能创新指数研究工作，组织撰写《全球人工智能创新指数报告》，探索构建科学合理的指标体系，以对全球主要国家和地区的人工智能创新发展情况进行量化评估。

《全球人工智能创新指数报告》结合人工智能的概念特征及创新基础理论，构建了一个三层指标体系，其中包括基础支撑、创新资源与环境、科技研发、产业与应用等4个一级指标，计算基础、网络基础、人才和专利等10个二级指标，以及数据中心保有率、互联网使用率、人工智能顶级学者人口参与率、人均人工智能专利授权量等29个三级指标。一级指标中，基础支撑、创新资源与环境对应人工智能创新投入，体现一国发展人工智能所具备的基础条件和关键资源；科技研发、产业与应用对应人工智能创新产出，体现一国在人工智能领域的技术优势和产业竞争力。

《全球人工智能创新指数报告》对46个国家（主要包括G20成员国、欧盟成员国和部分"一带一路"沿线国家）的人工智能创新水平进行综合评价和分类评价，不仅得出各国的人工智能创新指数，还对每一个三级指标进行更深入的国别分析，

刻画了各国人工智能创新综合实力和明显的优劣势。根据人工智能创新指数综合得分，将46个参评国家划分为4个梯队：美国独列第一梯队，人工智能综合实力遥遥领先其他国家，在基础支撑、创新资源与环境、科技研发和产业与应用4个方面均具有明显优势；第二梯队包括中国、韩国、加拿大等14个国家，各国总体创新水平相当且各具发展特色；第三梯队包括卢森堡、比利时、奥地利等24个国家，它们在人工智能科技研发方面与第二梯队国家存在较大差距；第四梯队的7个国家人工智能发展普遍落后，尤其是在人工智能创新资源与环境、科技研发方面与前三个梯队国家有较大差距。

中国在人工智能发展起步较晚、基础相对薄弱的背景下，及时把握人工智能发展机遇，总体呈现较好的发展势头，综合实力已跻身世界前列，在超算中心建设、论文和专利产出、企业成长，以及5G、物联网等方面具备一定的优势，但同时也面临人工智能相关基础学科建设滞后、顶尖人才集聚度不高、高质量开源代码有待开发等不足与挑战。为此，我们还需进一步聚焦人工智能前沿基础理论突破、开源算法平台构建等关键环节，集中优势资源加强原创性、引领性科技攻关，加大顶尖人才引进和本土人才自主培养力度，努力建设全球人工智能人才高地。

评价国家人工智能创新能力，特别是在当前人工智能技术快速演进、应用场景加快涌现、各国推动人工智能发展战略性举措不断更新完善、全球人工智能竞争格局呈现动态调整之势的背景下，及时研判我国人工智能发展位势并总结经验、分析问题与不足等，是一项需要持续研究的课题。《全球人工智能创新指数报告》仍有许多不足之处，欢迎社会各界批评指正，以助我们进一步修改完善。

《全球人工智能创新指数报告》编写组
2021年8月

目　录

第一章　人工智能创新指数指标体系 1
　一、现有评价体系及其共性特征 1
　二、全球人工智能创新指数体系设计 3
　　（一）概念模型 3
　　（二）设计特点 5
　　（三）指标体系 5
　　（四）参评国家 6

第二章　全球人工智能创新指数评价综合结果 8
　一、总体排名 8
　二、四大梯队 9
　　（一）第一梯队：美国独占鳌头 11
　　（二）第二梯队：各具创新优势 12
　　（三）第三梯队：科技研发较弱 22
　　（四）第四梯队：普遍发展落后 29

第三章　人工智能基础支撑 31
　一、总体情况 31
　二、人工智能计算基础 33
　　（一）数据中心保有率 34
　　（二）全球TOP500超算中心占比 36
　　（三）人均发电量 38

三、人工智能网络基础 42
(一) 移动蜂窝电话订阅率 42
(二) 互联网使用率 42
(三) 固定宽带订阅率 44
(四) 5G 订阅率 46

第四章　人工智能创新资源与环境 48
一、总体情况 48
二、人工智能人才 51
(一) 人工智能顶级学者人口参与率 51
(二) 人工智能从业人员人口参与率 53
三、人工智能教育 55
(一) 高水平人工智能核心专业开设率 55
(二) 全日制科学和工程博士生占比 58
(三) PISA 测试成绩 60
四、国家研发投入 61
五、人工智能创新制度 65
(一) 国家人工智能发展政策与规划 65
(二) 国家人工智能社会治理 67

第五章　人工智能科技研发 71
一、总体情况 71
二、人工智能学术论文 74
(一) 人均人工智能论文产出量 74
(二) 人工智能顶级论文量 78
(三) 人工智能全球 TOP100 高被引论文占比 80
三、人工智能专利 82
(一) 人均人工智能专利申请量 83
(二) 人均人工智能专利授权量 85

（三）人均 5G 专利申请量 88
　　（四）人均 5G 专利授权量 89

第六章　人工智能产业与应用 93
　一、总体情况 93
　二、人工智能产业 96
　　（一）人工智能企业数量 96
　　（二）人工智能企业平均融资金额 96
　　（三）人工智能开源代码贡献量 99
　　（四）人工智能高收藏量开源代码占比 100
　三、人工智能应用 103
　　（一）电子政务发展指数 103
　　（二）物联网 TOP500 企业占比 105
　　（三）智慧城市指数 106

第七章　中国人工智能创新发展位势分析 108
　一、中国人工智能总体位势 110
　二、中国人工智能创新优势 110
　三、中国人工智能创新挑战 111

附录一　全球人工智能创新指数各国概况 113
附录二　2019 年和 2020 年人工智能创新指数得分对比 190
附录三　全球人工智能创新指数研究方法 192
附录四　全球人工智能创新指数计算方法 193
附录五　数据来源 200
附录六　人工智能创新制度指标计算方法 207
附录七　各国人工智能相关政策与规划 209
附录八　人工智能创新指数各级指标得分 214

第一章
人工智能创新指数指标体系

一、现有评价体系及其共性特征

人工智能（AI）评价的量化研究是近年来人工智能发展研究的热点，其中指数研究可以通过量化的手段揭示当前人工智能领域研究的现状、趋势及各国在人工智能领域的国际竞争力。为建立人工智能创新指数指标体系概念模型，在调研大量国内外文献的基础上，提炼出现有研究成果的共性点，如表 1-1 所示。

表 1-1 现有评价体系与共性指标

报告名称	发布机构	所在国家	机构类型	目标	基础支撑		政府政策	市场应用	科技研发
					数字化程度	基础设施			
人工智能采纳进度（AI Adoption Advances）	麦肯锡	美国	咨询公司	评价各行业、产业链 AI 采纳程度	√	×	√	×	×
人工智能基准（AI Benchmark）	凯捷咨询	法国	咨询公司	强调 AI 就绪度评估各国 AI 的表现，衡量利用 AI 的能力	×	√	√	√	√
人工智能指数（AI Index）	斯坦福大学	美国	高校	追踪、整理、提取 AI 数据，为决策者、研究人员、高管、普通公众提供数据和分析资源	√	×	√	√	√

续表

报告名称	发布机构	所在国家	机构类型	目标	评价维度				
					基础支撑		政府政策	市场应用	科技研发
					数字化程度	基础设施			
人工智能影响指数（AI Impact Index）	普华永道	美国	咨询公司	预测 AI 对各国或地区到 2030 年的影响力	×	×	×	√	×
政府人工智能就绪度（Government AI Readiness Index）	牛津洞察（Oxford Insights）	英国	咨询公司	分析各国政府目前吸收和利用 AI 创新潜力的能力	√	×	√	√	×
自动化就绪度指数（Automation Readiness Index）	经济学人	英国	媒体	比较各国对智能自动化时代的准备情况	×	√	√	×	×
全球人工智能指数（Global AI Index）	Tortoise	美国	媒体	全面评价全球 AI 发展水平	√	×	√	√	√

通过文献调研可以发现，从国家层面对人工智能的发展情况进行量化评价一般包括 4 个维度：基础支撑、政府政策、市场应用、科技研发。

① 基础支撑维度。一方面基础设施是任何领域和行业发展的基础，对人工智能也不例外；另一方面人工智能的应用需要依赖数字化的底层运行支撑框架，支撑框架数字化程度越高，人工智能应用的成本越低，效率越高。因此，基础设施及生产设施体系的数字化程度会对人工智能的落地效果产生较大影响。

② 政府政策维度。人工智能的技术研发与应用是一项系统工程，需要依靠大量的研究资金投入和国家战略规划的指引。特别是人工智能与传统行业的融合，目前尚处在起步阶段。政府的资金支持、政策支持将为人工智能的技术研发和产业发展提供有利的制度环境。

③ 市场应用维度。历次工业革命的经验证明，新技术的创新发展总是与其自身的应用可行性和收益性密切相关。市场应用前景既是驱动人工智能创新的引擎，也是检验人工智能技术价值的标准。

④ 科技研发维度。理论创新和技术突破是每一项新技术生存与发展的生命线。人工智能领域的科技研发，不仅对人工智能的理论、技术和应用起支撑和引领作用，更是影响一国人工智能发展话语权的决定性因素。

二、全球人工智能创新指数体系设计

（一）概念模型

人工智能是利用数字计算机或数字计算机控制的机器模拟、延伸和扩展人的智能，感知环境、获取知识并使用知识获得最佳结果的理论、方法、技术及应用系统[①]。经过60多年的发展演进，特别是在移动互联网、大数据、超级计算、传感网、脑科学、5G等新理论新技术及经济社会发展强烈需求的共同驱动下，当前人工智能正在进入加速发展的新阶段，呈现出深度学习、跨界融合、人机协同、群智开放、自主操控等新特征。人工智能技术正加速向生产、分配、交换、消费等经济活动各环节广泛渗透，催生新产品、新产业、新业态和新模式，在教育、医疗、城市治理等领域广泛应用，为提高公共服务智能化精准化水平带来重大契机。

创新是指将原始生产要素重新组合为新的生产方式，以求提高效率、降低成本的经济过程。国家创新体系理论认为创新一般包括两个重要组成部分：创新投入和创新产出。全球人工智能创新指数旨在通过量化与人工智能相关的创新投入与创新产出，从全球视野、国家层面理解人工智能创新活动及态势。

本报告结合人工智能的概念特征及创新的基础理论，提出人工智能创新树模型。该模型将人工智能创新比喻成一棵根深叶茂、果实丰硕的果树（图1-1），主要由创新的投入和创新的产出两大部分构成。其中，创新的投入由创新的根基（人工智能基础支撑）和创新的土壤（人工智能创新资源与环境）组成，能够为人工智能的创新产出提供必需的养分；创新的产出由创新的躯干（人工智能科技研发）和创

---

① 中国电子技术标准化研究院. 人工智能标准化白皮书2018[R/OL]. （2018-01-24）[2020-06-09]. http://www.cesi.ac.cn/201801/3545.html.

新的果实（人工智能产业与应用）组成。创新的躯干（科技研发）为果实（产业与应用）的产生提供了支撑，丰富的果实（产业与应用）又反过来促进躯干（科技研发）更加健壮。

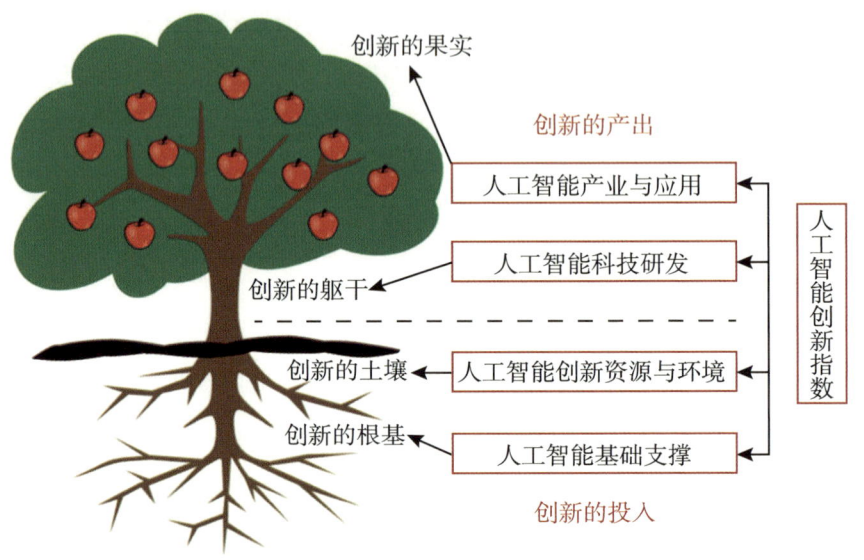

图 1-1　人工智能创新树模型

人工智能基础支撑主要是指人工智能发展的计算基础和网络基础。现阶段数据驱动人工智能的发展对计算能力和网络传输能力的要求不断提高，网络、大数据和高能效计算等智能化基础设施，是后续人工智能创新发展的必要根基。

人工智能创新资源与环境主要包括相关人才、教育、公共资金投入及创新制度。创新资源与环境是孕育人工智能创新树发展的土壤，只有高品质的创新资源与环境才能让人工智能创新树有持续的生长动力，源源不断地增强自身研发实力，为产品的应用转化创造可能。

人工智能科技研发主要体现在人工智能专利和学术论文质量等方面。人工智能细分领域众多，持续性的理论探索和技术突破是产业创新和民生应用的重要前提。

人工智能产业与应用是人工智能创新发展成果的具体体现。人工智能发展的基本目的就是通过产业发展和实际应用造福人类社会。

（二）设计特点

充分借鉴已有评价体系。如前文所述，已有一些知名学术组织和智库对人工智能领域的创新活动进行相关评价，具有一定借鉴作用，有助于构建设计科学、结构合理、客观全面的全球人工智能创新评价体系。

纳入多维度评价指标。与已有相关研究相比，本报告创新性地引入了人工智能创新树的概念，从创新的根基、土壤、躯干和果实4个维度出发，尽可能详尽地纳入反映人工智能创新水平的多种评价指标。

广泛采集事实型数据。在数据源的选择上坚持权威性、稳定性、公开透明性3个原则，全部选取国际权威组织和机构（如联合国、世界银行、经合组织等）发布的数据。

科学计算指标评价结果。本报告基于因素分析法，从一级指标入手，逐层分解形成二级指标，同时考虑数据的可获得性、可操作性及稳定性，构建三级指标。基于指标体系，综合使用德尔菲法和层次分析法确定各级指标权重。通过在上下限值之间进行线性化，对得分进行标准化处理。最终将标准化的分值加权汇总，计算出各国的指数得分。

（三）指标体系

全球人工智能创新指数指标体系确定了4个一级指标，分别为人工智能基础支撑、人工智能创新资源与环境、人工智能科技研发和人工智能产业与应用；一级指标下分为10个二级指标和29个三级指标，具体内容如表1-2所示。

表1-2　全球人工智能创新指数指标体系

一级指标	二级指标	三级指标	编号
人工智能基础支撑	人工智能计算基础	数据中心保有率	A-1
		全球TOP500超算中心占比	A-2
		人均发电量	A-3
	人工智能网络基础	移动蜂窝电话订阅率	A-4
		互联网使用率	A-5
		固定宽带订阅率	A-6
		5G订阅率	A-7

续表

一级指标	二级指标	三级指标	编号
人工智能创新资源与环境	人工智能人才	人工智能顶级学者人口参与率	B-1
		人工智能从业人员人口参与率	B-2
	人工智能教育	高水平人工智能核心专业开设率	B-3
		全日制科学和工程博士生占比	B-4
		PISA 测试成绩	B-5
	国家研发投入	国家研发投入强度	B-6
	人工智能创新制度	国家人工智能发展政策与规划	B-7
		国家人工智能社会治理	B-8
人工智能科技研发	人工智能学术论文	人均人工智能论文产出量	C-1
		人工智能顶级论文量	C-2
		人工智能全球 TOP100 高被引论文占比	C-3
	人工智能专利	人均人工智能专利申请量	C-4
		人均人工智能专利授权量	C-5
		人均 5G 专利申请量	C-6
		人均 5G 专利授权量	C-7
人工智能产业与应用	人工智能产业	人工智能企业数量	D-1
		人工智能企业平均融资金额	D-2
		人工智能开源代码贡献量	D-3
		人工智能高收藏量开源代码占比	D-4
	人工智能应用	电子政务发展指数	D-5
		物联网 TOP500 企业占比	D-6
		智慧城市指数	D-7

（四）参评国家

本次评价的 46 个国家包含 G20 成员国和欧盟成员国，考虑到以色列是全球重要的创新国家之一，也将其纳入评价对象。此外，为了助力"一带一路"沿线国家

第一章 人工智能创新指数指标体系

在人工智能领域的创新合作,亦将越南、新加坡等国作为评价对象。具体参评国家如表1-3所示,共包括10个亚洲国家、29个欧洲国家、5个美洲国家、1个非洲国家及1个大洋洲国家。

表1-3 全球人工智能创新指数参评国家

国家名称	国家英文名称	国家名称	国家英文名称	国家名称	国家英文名称
阿根廷	Argentina	希腊	Greece	葡萄牙	Portugal
澳大利亚	Australia	越南	Vietnam	罗马尼亚	Romania
奥地利	Austria	匈牙利	Hungary	俄罗斯	Russia
比利时	Belgium	印度	India	沙特阿拉伯	Saudi Arabia
巴西	Brazil	印度尼西亚	Indonesia	新加坡	Singapore
保加利亚	Bulgaria	爱尔兰	Ireland	斯洛伐克	Slovak Republic
加拿大	Canada	以色列	Israel	斯洛文尼亚	Slovenia
中国	China	意大利	Italy	南非	South Africa
克罗地亚	Croatia	日本	Japan	西班牙	Spain
塞浦路斯	Cyprus	韩国	Korea	瑞典	Sweden
捷克	Czech Republic	拉脱维亚	Latvia	荷兰	Netherlands
丹麦	Denmark	立陶宛	Lithuania	土耳其	Turkey
爱沙尼亚	Estonia	卢森堡	Luxembourg	英国	United Kingdom
芬兰	Finland	马耳他	Malta	美国	United States
法国	France	墨西哥	Mexico		
德国	Germany	波兰	Poland		

第二章
全球人工智能创新指数评价综合结果

一、总体排名

根据人工智能创新指数总得分排名，美国、中国、韩国分列前3位。美国在人工智能领域占据绝对优势，领先第2位约16分；中国的人工智能创新指数总得分排名第2位；韩国落后中国约4分，居第3位。紧随其后的加拿大、德国、英国和新加坡得分相近。排在前10位的还有以色列、日本和法国。西班牙、葡萄牙、爱尔兰、俄罗斯、印度等国家处在中等水平，罗马尼亚、墨西哥、印度尼西亚等国排名靠后。

从总得分排名前10位的国家看（表2-1），人工智能创新强国主要具备两个共同特征：一是基础支撑、创新资源与环境、科技研发、产业与应用等各方面均衡发展；二是拥有较高的科技研发水平。具体而言，TOP10国家的4个一级指标得分均处于中等以上水平，尤其是在人工智能科技研发方面，基本都排名前10位。

表2-1 人工智能创新指数TOP10国家的一级指标得分及排名

国家	人工智能基础支撑		人工智能创新资源与环境		人工智能科技研发		人工智能产业与应用	
	排名	得分	排名	得分	排名	得分	排名	得分
美国	1	57.78	3	51.93	1	62.12	1	93.40
中国	4	38.87	8	46.35	3	54.78	3	62.39

续表

国家	人工智能基础支撑		人工智能创新资源与环境		人工智能科技研发		人工智能产业与应用	
	排名	得分	排名	得分	排名	得分	排名	得分
韩国	7	38.38	1	53.08	2	55.92	21	38.60
加拿大	2	44.74	7	47.74	4	41.09	9	49.23
德国	6	38.57	14	40.54	6	37.69	2	62.60
英国	5	38.85	4	50.52	9	24.02	4	61.50
新加坡	14	30.39	2	52.22	5	40.48	8	49.38
以色列	23	27.17	6	47.76	7	34.06	11	44.47
日本	12	32.18	16	38.51	10	23.77	5	53.44
法国	8	36.89	15	40.41	12	17.95	6	50.04

二、四大梯队

根据人工智能创新指数得分（图2-1），可将46个参评国家划分为4个梯队：

第一梯队国家得分区间为60~100分，梯队级差40分，仅有美国得分在这一区间。

第二梯队国家得分区间为30~60分，梯队级差30分，包含中国、韩国、加拿大、德国、英国、新加坡、以色列、日本、法国、瑞典、芬兰、澳大利亚、丹麦、和荷兰共14个国家。

第三梯队国家得分区间为15~30分，梯队级差15分，包含卢森堡、比利时、奥地利、捷克、意大利、西班牙、葡萄牙、爱尔兰、俄罗斯、爱沙尼亚、印度、波兰、斯洛文尼亚、斯洛伐克、马耳他、立陶宛、匈牙利、巴西、希腊、塞浦路斯、克罗地亚、保加利亚、南非和拉脱维亚共24个国家。

第四梯队国家得分区间为0~15分，梯队级差15分，包含越南、沙特阿拉伯、土耳其、阿根廷、罗马尼亚、墨西哥和印尼共7个国家。

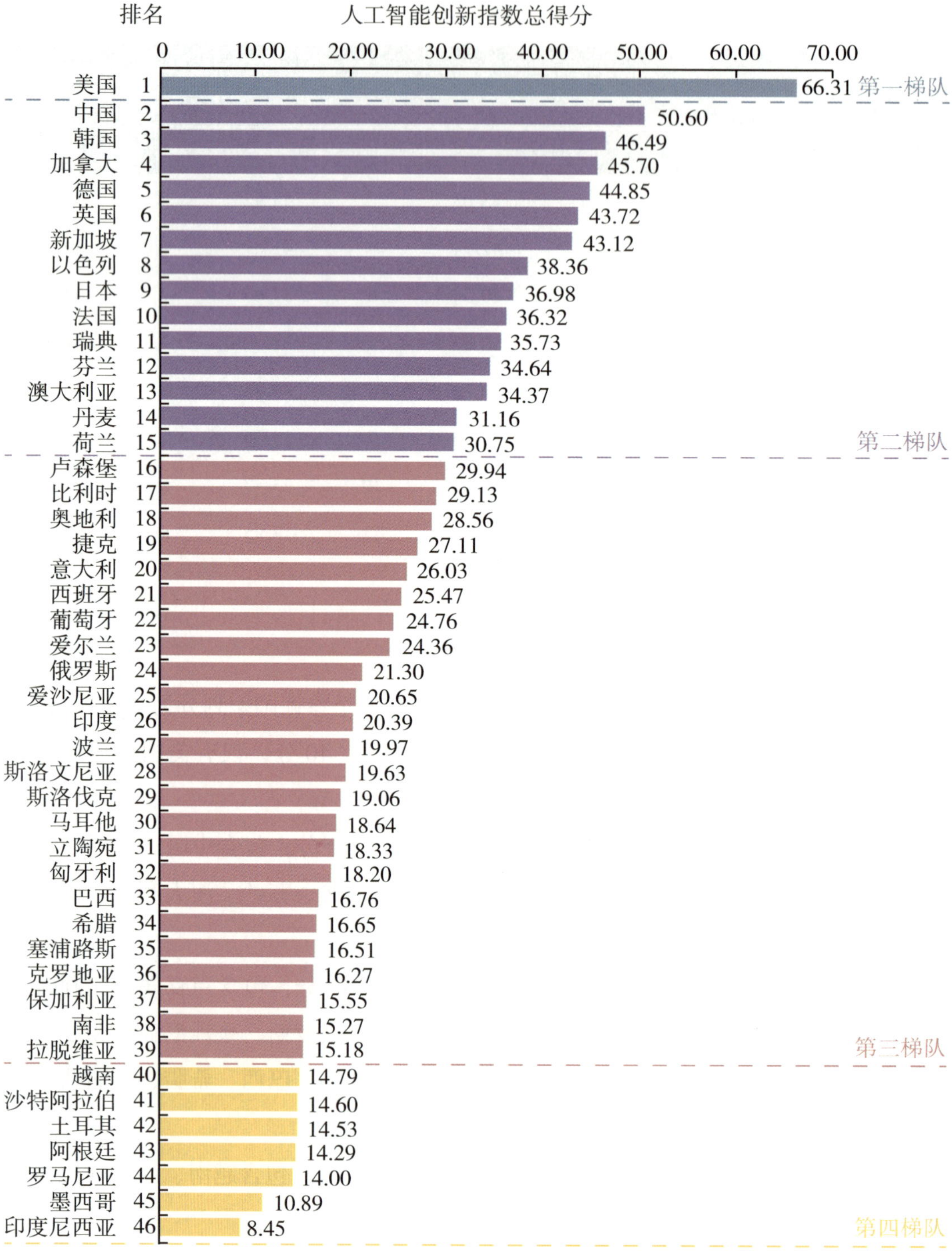

排名	国家	人工智能创新指数总得分	梯队
1	美国	66.31	第一梯队
2	中国	50.60	第二梯队
3	韩国	46.49	第二梯队
4	加拿大	45.70	第二梯队
5	德国	44.85	第二梯队
6	英国	43.72	第二梯队
7	新加坡	43.12	第二梯队
8	以色列	38.36	第二梯队
9	日本	36.98	第二梯队
10	法国	36.32	第二梯队
11	瑞典	35.73	第二梯队
12	芬兰	34.64	第二梯队
13	澳大利亚	34.37	第二梯队
14	丹麦	31.16	第二梯队
15	荷兰	30.75	第二梯队
16	卢森堡	29.94	第三梯队
17	比利时	29.13	第三梯队
18	奥地利	28.56	第三梯队
19	捷克	27.11	第三梯队
20	意大利	26.03	第三梯队
21	西班牙	25.47	第三梯队
22	葡萄牙	24.76	第三梯队
23	爱尔兰	24.36	第三梯队
24	俄罗斯	21.30	第三梯队
25	爱沙尼亚	20.65	第三梯队
26	印度	20.39	第三梯队
27	波兰	19.97	第三梯队
28	斯洛文尼亚	19.63	第三梯队
29	斯洛伐克	19.06	第三梯队
30	马耳他	18.64	第三梯队
31	立陶宛	18.33	第三梯队
32	匈牙利	18.20	第三梯队
33	巴西	16.76	第三梯队
34	希腊	16.65	第三梯队
35	塞浦路斯	16.51	第三梯队
36	克罗地亚	16.27	第三梯队
37	保加利亚	15.55	第三梯队
38	南非	15.27	第三梯队
39	拉脱维亚	15.18	第三梯队
40	越南	14.79	第四梯队
41	沙特阿拉伯	14.60	第四梯队
42	土耳其	14.53	第四梯队
43	阿根廷	14.29	第四梯队
44	罗马尼亚	14.00	第四梯队
45	墨西哥	10.89	第四梯队
46	印度尼西亚	8.45	第四梯队

图 2-1　各国人工智能创新指数总得分及排名

第二章 全球人工智能创新指数评价综合结果

（一）第一梯队：美国独占鳌头

美国以66.31的总分遥遥领先其他国家（图2-2）。具体来看，美国在基础支撑、创新资源与环境、科技研发、产业与应用4个方面均具有明显优势，除创新资源与环境的得分列第3位之外，其余3个一级指标得分均列第1位。尤其是在产业与应用上，美国的优势更加突出，得分比第2位的德国高出30多分。

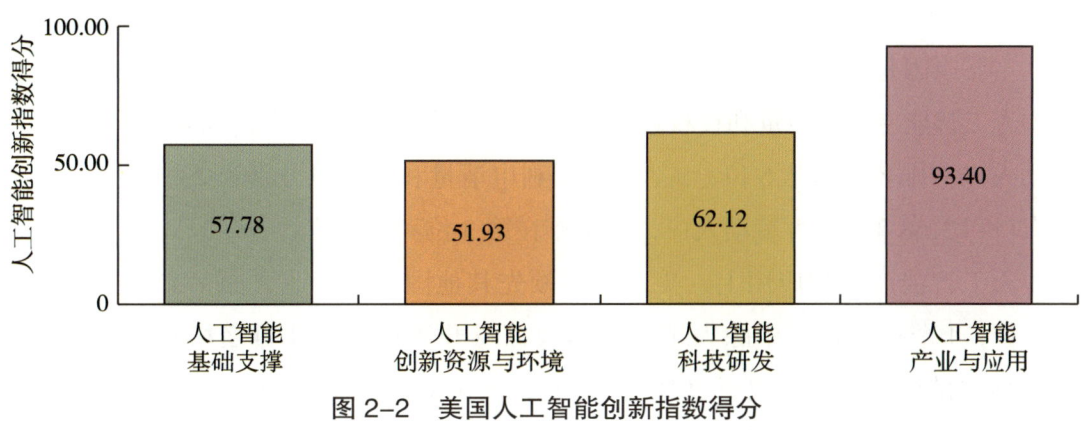

图2-2 美国人工智能创新指数得分

人工智能基础支撑方面，美国居第1位，其中计算基础优势尤为突出，网络基础处于中上水平。计算基础方面，美国排名第1位，各三级指标均排名前3位。其中，截至2020年7月，美国拥有亚马逊数据中心、微软数据中心、IBM数据中心、谷歌数据中心等1785家数据中心，数据中心保有率居第1位；全球TOP500超算中心占比居第2位，仅次于中国；人均发电量处于参评国家的第3位。网络基础方面，美国优势不突出，各三级指标排名处于第12位至第23位。

人工智能创新资源与环境上，美国列第3位，优势主要体现在人工智能创新制度上。具体看，美国十分重视人工智能发展的相关规划和政策制定，创新制度的二级指标和2个三级指标均排名第1位。美国联邦政府已相继发布《国家人工智能研发战略规划》(The National Artificial Intelligence Research and Development Strategic Plan)及其更新版、《为未来人工智能做准备》(Preparing for the Future of Artificial Intelligence)、《美国人工智能倡议》(American AI Initiative)等多个国家战略规划，着力推动人工智能领域的投资、教育、应用及社会治理。人才方面，排名第4位，处于领先水平,其中,人工智能顶级学者人口参与率和人工智能从业人员人口参与率均表现良好,分别排名第 4 位和第 5 位。教育方面,仅处于中游位置,二级指标排名第 22 位,大部分三级指标排在第 23 位左右。国家研发投入方面,2018 年,美国国家研发投入强度为 2.84%,排名第 8 位。

人工智能科技研发上,美国也居第 1 位,论文和专利产出均处于领先水平。学术论文方面,美国排名第 2 位,其中,人工智能顶级论文量和人工智能全球 TOP100 高被引论文占比均排名第 1 位,但人均人工智能论文产出量仅排名第 28 位,主要原因是人口基数大。专利方面,排名第 4 位,处于参评国家前列。其中,人均人工智能专利申请量和授权量分别为 57.74 项/百万劳动人口和 40.23 项/百万劳动人口,排名均居第 5 位;人均 5G 专利申请量和授权量分别为 23.5 项/百万劳动人口和 3.68 项/百万劳动人口,分别排在第 3 位和第 5 位。

人工智能产业与应用上,美国遥遥领先其他国家。产业方面,二级指标排名第 1 位,4 个三级指标中除人工智能高收藏量开源代码占比排名第 9 位之外,其余指标均排名第 1 位。截至 2020 年 10 月,美国共有人工智能企业 3945 家,比中国多 3122 家;人工智能企业平均融资金额也居第 1 位。应用方面,二级指标排名第 1 位,其中,物联网 TOP500 企业占比、智慧城市指数均位居前列,分别排名第 1 位和第 2 位;电子政务发展指数略显落后,排名第 7 位。

(二)第二梯队:各具创新优势

1. 总体情况

第二梯队共包括 14 个国家,按指数得分排序分别为中国(50.60)、韩国(46.49)、加拿大(45.70)、德国(44.85)、英国(43.72)、新加坡(43.12)、以色列(38.36)、日本(36.98)、法国(36.32)、瑞典(35.73)、芬兰(34.64)、澳大利亚(34.37)、丹麦(31.16)和荷兰(30.75)。

整体看,各国普遍在创新资源与环境、产业与应用两个方面表现较好,两项指标的平均得分分别为 44.8 分和 48.3 分,高于另外两个一级指标的平均得分。第二梯队国家的主要差异集中在科技研发方面,最高分与最低分相差 45.9 分。第二梯队国家的各一级指标得分情况如图 2-3 所示。

第二章 全球人工智能创新指数评价综合结果

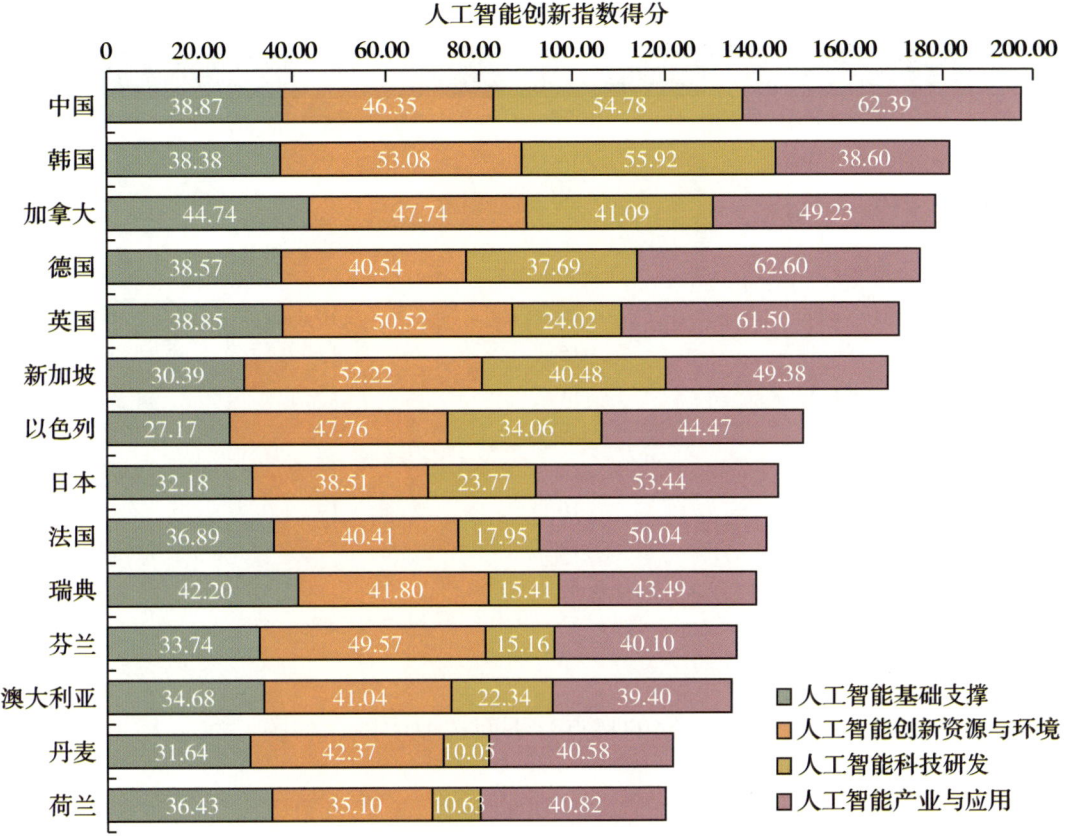

图 2-3 第二梯队国家人工智能创新指数得分

从优劣势指标项①看（表2-2），第二梯队的大多数国家都具备各自的发展特色，14个国家中有9个国家拥有优势指标，且各国均没有明显的劣势指标。其中，中国和英国拥有的优势指标项最多，均为3个。中国的优势指标项为人工智能基础支撑、人工智能科技研发和人工智能产业与应用；英国的优势体现在人工智能基础支撑、人工智能创新资源与环境和人工智能产业与应用。

表 2-2 第二梯队国家的优劣势指标

国家	人工智能基础支撑	人工智能创新资源与环境	人工智能科技研发	人工智能产业与应用
中国	4	8	3	3
韩国	7	1	2	21

---

① 排名前5位的指标项为优势指标，排在第40位之后的指标项为劣势指标。

续表

国家	人工智能基础支撑	人工智能创新资源与环境	人工智能科技研发	人工智能产业与应用
加拿大	2	7	4	9
德国	6	14	6	2
英国	5	4	9	4
新加坡	14	2	5	8
以色列	23	6	7	11
日本	12	16	10	5
法国	8	15	12	6
瑞典	3	11	13	12
芬兰	11	5	14	16
澳大利亚	10	12	11	17
丹麦	13	10	19	15
荷兰	9	17	17	14

注：数值代表指标排名；绿色底纹为优势指标。

2. 国别情况

为更好地反映第二梯队国家的特点，下面选取中国、韩国、加拿大、德国、以色列5个代表性国家进行概述。

（1）中国

中国在第二梯队国家中居于首位，是唯一进入第二梯队的发展中国家。中国在基础支撑、创新资源与环境、科技研发、产业与应用4个方面均表现良好，一级指标得分均高于所处各类组别的平均水平，特别是科技研发和产业与应用两方面优势显著（图2-4）。

人工智能基础支撑上，中国排名第4位，其中，计算基础实力较强，但网络基础处于中下游水平。计算基础方面，二级指标排名第2位，其中超算中心建设表现最为突出。中国全球TOP500超算中心占比达到45.4%，居全部参评国家的第1位；数据中心保有率约为1.83%，居参评国家的第9位。网络基础方面，二级指标仅排在第35位，处于下游水平，其中除5G订阅率排名较高之外，其大部分三级指标排名均在第25位以后，尤其是互联网使用率较为落后，仅排名第44位。

人工智能创新资源与环境上，中国列第8位，其中，人工智能教育和人工智能创新制度指标优势明显，但人工智能人才指标仅处于中等水平。人工智能教育方面，

第二章 全球人工智能创新指数评价综合结果

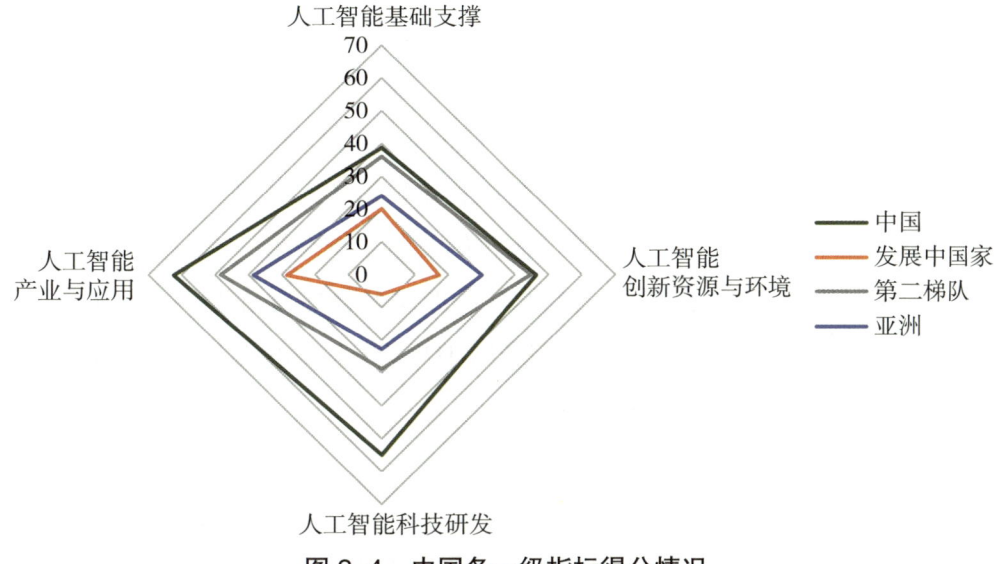

图 2-4 中国各一级指标得分情况

二级指标排名第 2 位，其中，PISA 测试成绩指标得分排名第 1 位。创新制度方面，中国重视通过政策引导的方式来推动人工智能发展，二级指标排名和两个三级指标均排名第 5 位。人才方面，二级指标排名第 23 位，各三级指标均处于中等水平。虽然中国已经积聚起一批高水平的人工智能学者，但人工智能顶级学者人口参与率仅为 16.59 人/百万本科及以上入学人口，在参评国家中处于中等位置，排名第 23 位；人工智能从业人员人口参与率为 2.90 人/万劳动人口，排名第 28 位。国家研发投入方面，2018 年中国的国家研发投入强度约为 2.19%，在参评国家中排名第 12 位，处于中上游水平；2013—2018 年国家研发投入的年均增长率达到 8.80%，是参评国家中增长速度较快的国家之一。

人工智能科技研发上，中国居第 3 位，优势指标体现在人工智能学术论文上。学术论文方面，二级指标排名第 1 位。2019 年，中国的人工智能顶级论文总量为 3555 篇，占全体参评国家顶级论文总量的 35.73%，居第 1 位；人工智能全球 TOP100 高被引论文为 47 篇，排名第 1 位；但由于人口基数大，人均人工智能论文产出量仅排名第 26 位。专利方面，二级指标排名第 6 位，且人工智能专利表现优于 5G 专利。2019 年，中国的人均人工智能专利的申请量和授权量分别为 73.76 项/百万劳动人口和 21.13 项/百万劳动人口，排名分别居参评国家的第 4 位和第 9 位，国有企业、高校是人工智能专利申请的主要机构；人均5G专利申请量和授权量分别为10.41项/百万劳动人口和0.28项/百万劳动人口，排在第9位和第12位，国家电网、华为等大型公司是5G专利申请的主要贡献者。

人工智能产业与应用上，中国列第3位，尤其是产业发展表现突出。产业方面，二级指标排名第2位。其中，人工智能企业数量和人工智能企业平均融资金额分别排名第2位和第1位；人工智能开源代码贡献量排在第2位，但人工智能高收藏量开源代码占比仅排名第30位，开源代码的质量仍然有待进步。应用方面，二级指标排名第7位，优势主要体现在物联网TOP500企业占比上，排名第3位，但电子政务发展相对滞后，仅排名第33位。

（2）韩国

韩国的人工智能创新指数综合得分列第3位，在第二梯队国家中居第2位。与所处各类组别的平均水平相比（图2-5），韩国的强项是人工智能科技研发，产业与应用水平则有待提高。

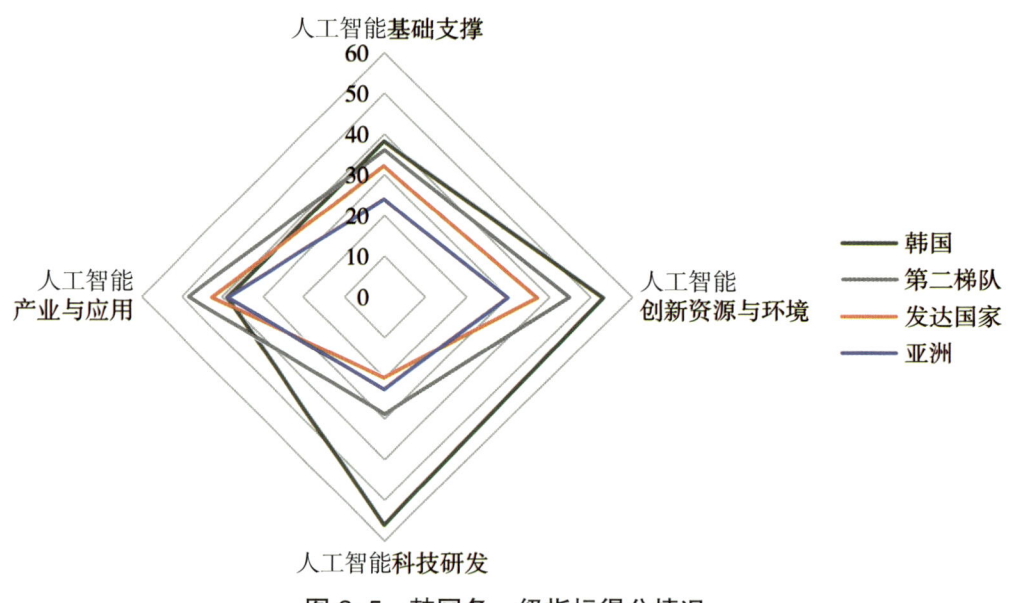

图2-5　韩国各一级指标得分情况

人工智能基础支撑上，韩国排名第7位，其中网络基础得分位居首位。网络基础方面，除移动蜂窝电话订阅率排名第13位之外，其余3个三级指标均排名前

5位，属于韩国的优势项。其中，5G订阅率表现尤其突出，截至2020年9月，韩国的5G套餐订阅数量约为736.8万份，5G订阅率约为14.38%，居参评国家的第1位。计算基础方面，二级指标排名第11位，其中，人均发电量排名第5位，全球TOP500超算中心占比排名第13位，但数据中心建设较为落后，数据中心保有率指标仅排名第30位。

人工智能创新资源与环境上，韩国排名第1位，核心优势体现为较高的国家研发投入强度。国家研发投入方面，2018年韩国的国家研发投入强度为4.81%，排名第2位，仅次于以色列，处于领先水平。教育方面，二级指标排名第18位，除PISA测试成绩排名靠前（第3位）之外，其余指标仅处于中等偏下水平。人才方面，二级指标排名第20位，人工智能顶级学者人口参与率和人工智能从业人员人口参与率分别排名第16位和第30位。创新制度方面，韩国居于第6位，处于上游水平，两个三级指标均排名第6位。值得一提的是，韩国在政策规划方面注重人工智能生态系统的构建和技术研发，2021年全面开放公共数据，计划到2024年建立光州人工智能园区。

人工智能科技研发上，韩国仅次于美国，排名第2位，专利表现尤为突出。学术论文方面，韩国排名第8位，各项指标均排名前10位。2019年，韩国的人均人工智能论文产出量约为3116.25篇/百万本科及以上入学人口，排名第3位，仅次于新加坡和卢森堡；人工智能顶级论文量为311篇，占参评国家发文总量的3.13%，排名第5位。专利方面，排名第1位，其中，人均人工智能专利申请量和授权量及人均5G专利申请量均排名第1位。

人工智能产业与应用上，韩国排名第21位，除电子政务外其他指标均表现一般。人工智能产业发展方面，二级指标排名第28位，各三级指标排名均处在第16位至第28位，表现一般。应用方面，韩国排在第14位，其中，电子政务发展较好，得分排名第2位，物联网企业发展和智慧城市建设处于中等偏上水平，两项指标分别排名第18位和第12位。

（3）加拿大

加拿大在46个参评国家中列第4位，其在基础支撑、创新资源与环境、科技研发和产业与应用4个方面发展较为均衡。与所处组别的平均水平相比（图2-6），加拿大在人工智能基础支撑和人工智能科技研发上具有明显的领先优势。

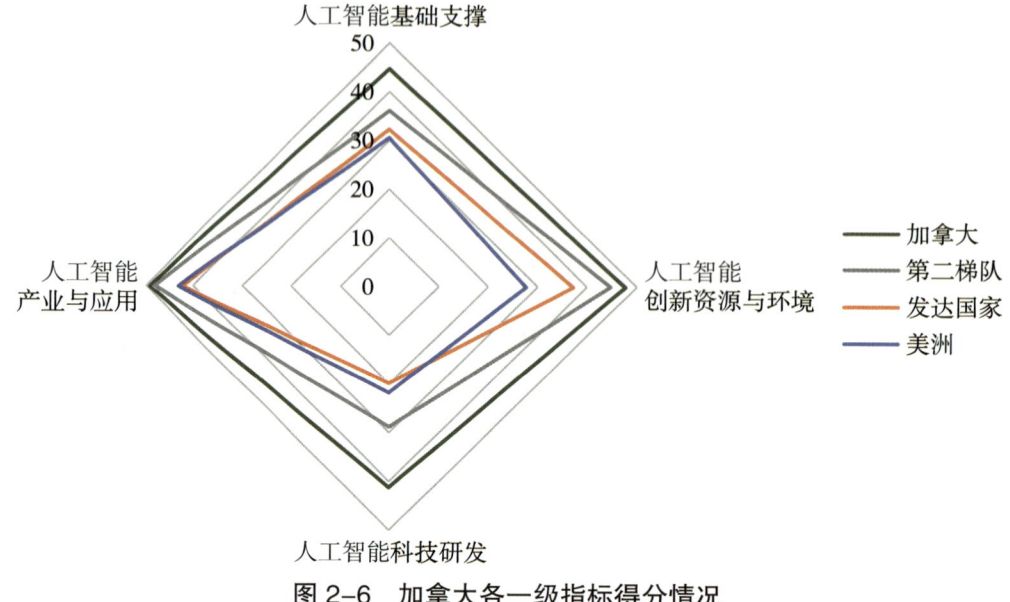

图 2-6　加拿大各一级指标得分情况

人工智能基础支撑上，加拿大排名第 2 位，其中，计算基础表现优于网络基础。计算基础方面，二级指标得分排名第 3 位，各三级指标均排在前 10 位。其中，人均发电量达到 17 653 千瓦时 / 人，处于参评国家的第 1 位；数据中心数量规模处于世界领先水平，现有 176 家数据中心，保有率居参评国家的第 4 位；超算中心建设也表现良好，全球 TOP500 超算中心占比达到 2.60%，居第 8 位。网络基础方面，二级指标排名第 12 位，处于参评国家的中上等水平。其中，互联网使用率和固定宽带订阅率较高，5G 订阅率偏低。

人工智能创新资源与环境上，加拿大排名第 7 位，其中，国家研发投入强度略显落后。国家研发投入方面，加拿大仅排名第 19 位，处于中等水平，也是人工智能创新指数 TOP10 国家中国家研发投入强度最低的。人才方面，二级指标排名第 7 位，其中，人工智能顶级学者人口参与率和人工智能从业人员人口参与率分别排在第 8 位和第 6 位，处于上游水平。教育方面，二级指标排名第 7 位，各项指标均排名前 10 位，其中，全日制科学和工程博士生占比排名第 1 位。创新制度方面，加拿大排名第 3 位，仅次于英国和美国，处于领先水平。其中，两项三级指标均排名第 3 位。

人工智能科技研发上，加拿大居第 4 位，其中，专利表现较为突出。专利方面，加拿大排名第 2 位，处于先进行列。其中，人均人工智能和 5G 专利授权量均居第 1 位。2019 年，加拿大的人均人工智能和 5G 专利授权量分别为 68.01 项 / 百万劳动人口和 21.23 项 / 百万劳动人口。学术论文方面，二级指标排名第 9 位，各三级指标均排名前 10 位。

人工智能产业与应用上，加拿大排名第 9 位，其中，产业方面的表现略优于应用方面。具体看，加拿大的人工智能产业二级指标排名第 7 位，其中，人工智能企业和开源代码相关指标均在第 5 位至第 17 位，处于上游水平。应用方面，二级指标排名第 12 位，其中，物联网企业发展较好，相关指标排名第 8 位；电子政务和智慧城市建设略显落后，相关指标排在第 15 位之后。

（4）德国

德国在本次评价中列第 5 位。与所处组别的平均水平相比（图 2-7），德国科技研发能力领先，人工智能产业与应用发展良好，但在人工智能创新资源与环境方面仍有进步空间。

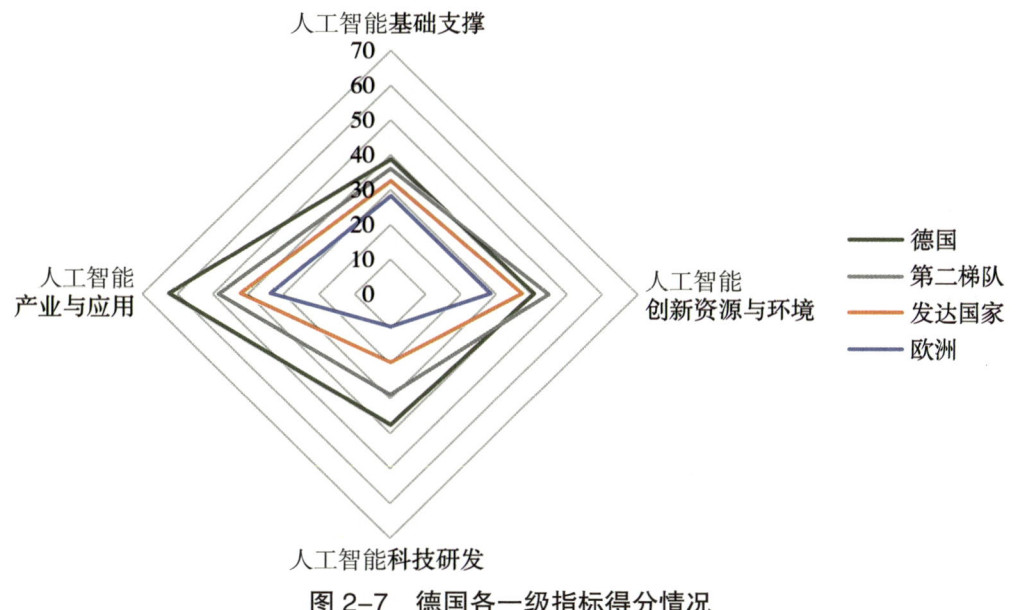

图 2-7　德国各一级指标得分情况

人工智能基础支撑上，德国排名第 6 位，计算基础和网络基础均发展良好。计算基础方面，德国排名第 5 位，其中，数据中心和超算中心建设均处于先进水平，数据中心保有率和全球 TOP500 超算中心占比分别排在第 3 位和第 5 位。德国政府近年来非常重视在基础设施尤其是计算基础方面的投入，对数据中心建设的投入巨大，德国的数据中心保有率居参评国家的第 3 位，拥有 210 家数据中心；德国全球 TOP500 超算中心有 16 家，居参评国家的第 5 位。人工智能网络基础得分居第 8 位，其中，固定宽带订阅率和 5G 订阅率得分较高，分别排名第 6 位和第 7 位。

人工智能创新资源与环境上，德国列第 14 位，优势主要集中在国家研发投入上。国家研发投入方面，2018 年德国的国家研发投入强度为 3.09%，指标排名第 6 位。人才方面，德国排名第 12 位。截至 2020 年 9 月，德国共有人工智能顶级学者 141 位，总量排名第 4 位，仅次于美、英、中 3 个国家，人工智能顶级学者人口参与率、人工智能从业人员人口参与率均处于上游水平，分别排名第 9 位和第 13 位。教育方面，德国排名第 16 位。其中，全日制科学和工程博士生占比指标排名较落后，仅排在第 28 位，其余指标均处在中等偏上水平。创新制度方面，排名第 11 位，其中社会治理排名靠前，居第 8 位。

人工智能科技研发上，德国居第 6 位，论文和专利二级指标均排名第 5 位。学术论文方面，德国的优势体现在论文质量上。2019 年，德国的人工智能顶级论文量为 373 篇，居第 4 位；人工智能全球 TOP100 高被引论文产出为 5 篇，居第 3 位，仅次于中国和美国。专利方面，德国在人工智能领域的专利表现优于 5G 领域。2019 年，德国的人均人工智能专利申请量和授权量分别为 78.09 项/百万劳动人口和 46.10 项/百万劳动人口，指标分别排名第 3 位和第 4 位；人均 5G 专利申请量和授权量分别为 1.72 项/百万劳动人口和 0.30 项/百万劳动人口，排名分别为第 18 位和第 11 位。

人工智能产业与应用上，德国列第 2 位，尤其是人工智能应用水平较高。应用方面，德国居第 2 位。其中，物联网 TOP500 企业占比和智慧城市指数分别排在第 2 位和第 6 位；但电子政务发展相对不足，排名仅为第 19 位。产业方面，德国排名第 6 位。其中，截至 2020 年 10 月，德国共有人工智能企业 373 家，数量排名第 6 位，平均融资金额为 305 万美元，排名第 13 位；人工智能开源代码贡献量为 49 项，排名第 5 位，高收藏量开源代码占比排名第 12 位。

（5）以色列

以色列在本次评价中列第 8 位。与所处组别的平均水平相比（图 2-8），以色列在人工智能科技研发和人工智能创新资源与环境上表现良好，但基础支撑和产业与应用存在较大发展空间。

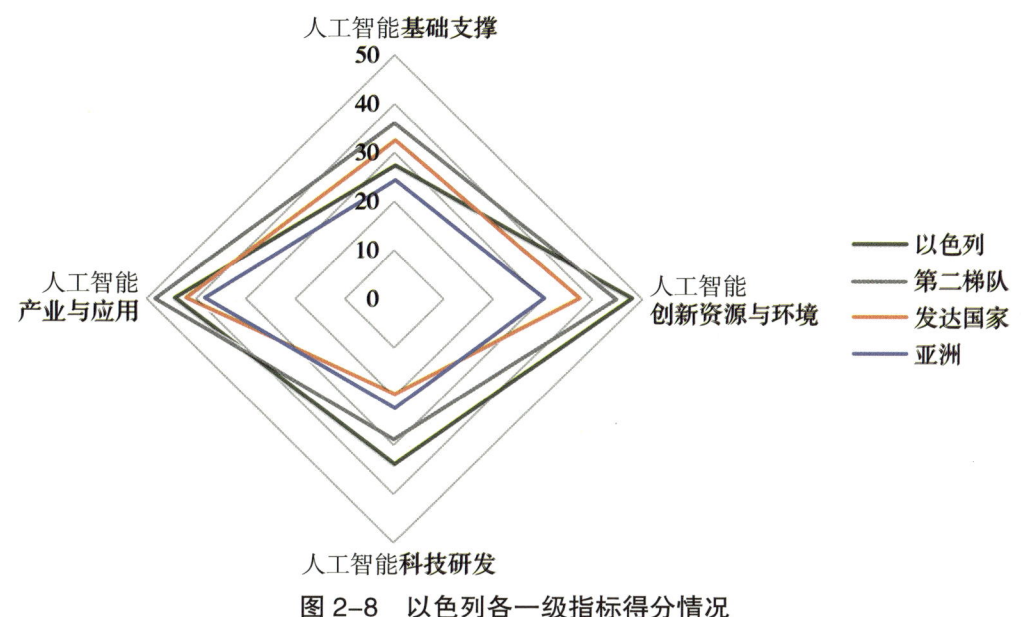

图 2-8　以色列各一级指标得分情况

人工智能基础支撑上，以色列排在第 23 位，其中，计算基础和网络基础均处于中等水平。计算基础方面，以色列排名第 19 位，其中，数据中心数量处于劣势。截至 2020 年 7 月，以色列共有 9 家数据中心，数据中心保有率仅排在第 42 位，是以色列所有三级指标名次最靠后的一项。网络基础方面，以色列排名第 25 位，各三级指标排名在第 20 位至第 26 位，处在中等水平。

人工智能创新资源与环境上，以色列居第 6 位，优势主要体现在人才储备和国家研发投入上。人才方面，以色列排名第 3 位。其中，人工智能顶级学者人口参与率和人工智能从业人员人口参与率分别达到 161 人/百万本科及以上入学人口和 62.18 人/万劳动人口，排名第 3 位和第 2 位。国家研发投入方面，2018 年，以色列的国家研发投入强度达到 4.95%，居第 1 位。教育方面，排名第 10 位，其中，全日制科学和工程博士生占比约为 73.31%，在参评国家中排名第 1 位。创新制度方面，仅排在第 29 位，其中，政策与规划和社会治理两项指标均处在中等偏下水平，分别排在第 28 位和第 32 位。

人工智能科技研发上，以色列排名第 7 位，专利研发水平较强，论文表现一般。在人工智能学术论文和人工智能专利两个二级指标上，以色列排在第 20 位和第 3 位。学术论文方面，各项指标均排在第 16 位至第 19 位，处在中等偏上水平。专利方面，人均人工智能专利申请量和授权量分别为 165.98 项/百万劳动人口和 99.49 项/百万劳动人口，均居第 1 位。

人工智能产业与应用上，以色列排在第 11 位，其中，人工智能企业和物联网企业发展较好。产业方面，以色列排名第 8 位，其中，企业指标优于开源代码指标。截至 2020 年 10 月，以色列共有 300 家人工智能企业，数量排名第 7 位，企业平均融资金额为 526 万美元，排名第 4 位。应用方面，排名第 18 位，其中，表现较好的指标是物联网 TOP500 企业占比，排名第 9 位，电子政务和智慧城市指数均处于中等水平。

（三）第三梯队：科技研发较弱

1. 总体情况

第三梯队共包含 24 个国家，按指数得分排序分别为卢森堡（29.94）、比利时（29.13）、奥地利（28.56）、捷克（27.11）、意大利（26.03）、西班牙（25.47）、葡萄牙（24.76）、爱尔兰（24.36）、俄罗斯（21.30）、爱沙尼亚（20.65）、印度（20.39）、波兰（19.97）、斯洛文尼亚（19.63）、斯洛伐克（19.06）、马耳他（18.64）、立陶宛（18.33）、匈牙利（18.20）、巴西（16.76）、希腊（16.65）、塞浦路斯（16.51）、克罗地亚（16.27）、保加利亚（15.55）、南非（15.27）和拉脱维亚（15.18）。

与第二梯队国家相比，第三梯队国家人工智能创新水平整体偏低，科技研发水平尤为薄弱。第三梯队国家的创新指数平均得分约为第二梯队国家平均得分的一半，其中，科技研发水平普遍较低，平均得分仅有 6.3 分，约为第二梯队国家平均水平的五分之一。第三梯队国家的差异主要集中在创新资源与环境、产业与应用两方面，两项指标的最高分与最低分之差分别为 33.9 分和 34.5 分，而基础支撑和科技研发两个一级指标的最大分差分别为 21.7 分和 24.6 分。第三梯队国家的各一级指标得分情况如图 2-9 所示。

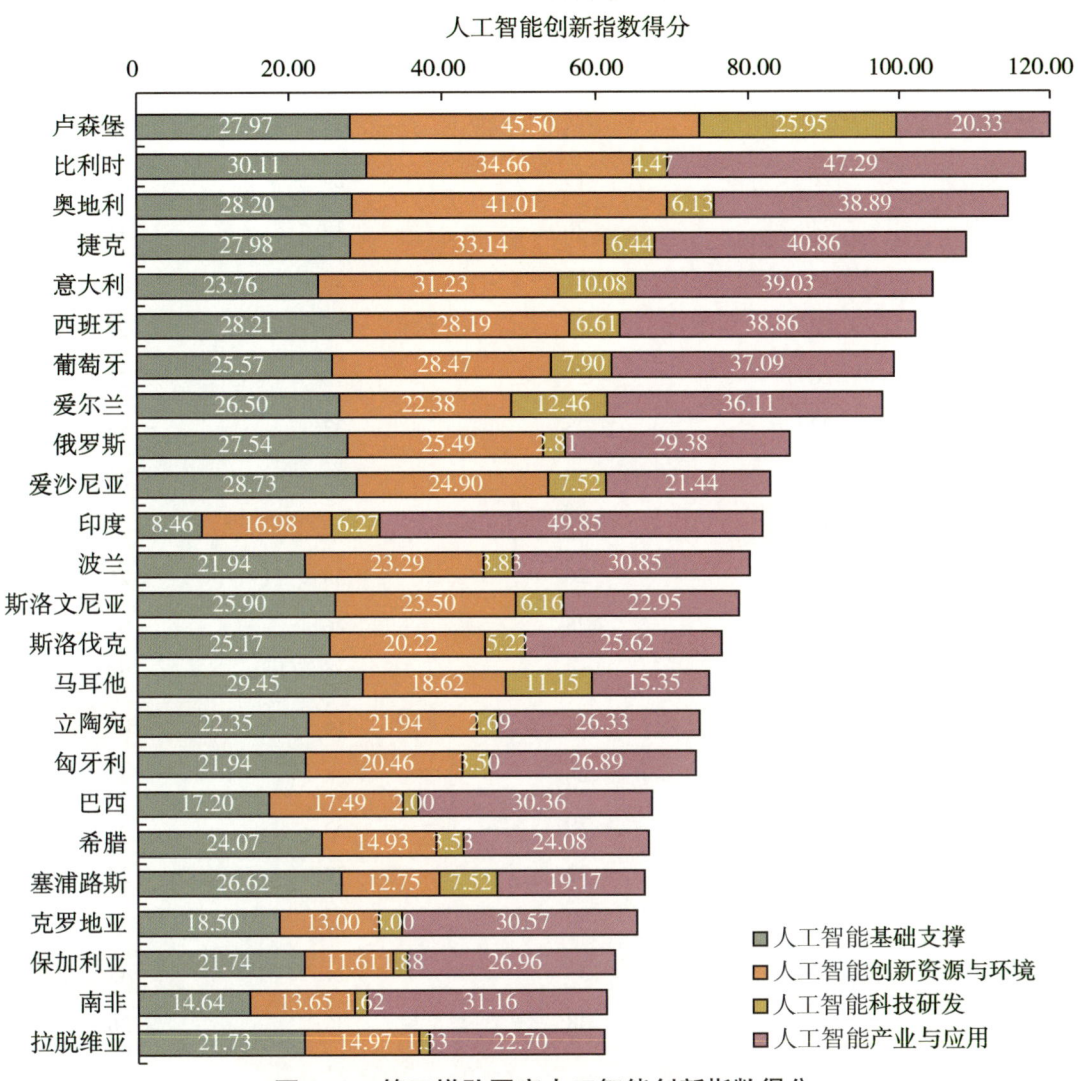

图 2-9　第三梯队国家人工智能创新指数得分

从优劣势指标项看（表 2-3），第三梯队各个国家均没有明显的优势指标。其中，保加利亚和南非拥有的劣势指标项最多，均为 2 个。保加利亚的劣势指标项分别为人工智能创新资源与环境和人工智能科技研发；南非的劣势指标项分别为人工智能基础支撑和人工智能科技研发。卢森堡、印度、马耳他、巴西、塞浦路斯和拉脱维亚各拥有 1 项劣势指标项，其他 16 个国家没有明显的劣势指标项。

表 2-3 第三梯队国家的优劣势指标

国家	人工智能基础支撑	人工智能创新资源与环境	人工智能科技研发	人工智能产业与应用
卢森堡	21	9	8	41
比利时	15	18	31	10
奥地利	19	13	27	19
捷克	20	19	24	13
意大利	31	20	18	18
西班牙	18	22	23	20
葡萄牙	28	21	20	22
爱尔兰	26	27	15	23
俄罗斯	22	23	37	28
爱沙尼亚	17	24	22	39
印度	45	33	25	7
波兰	34	26	33	25
斯洛文尼亚	27	25	26	37
斯洛伐克	29	30	28	33
马耳他	16	31	16	46
立陶宛	32	28	38	32
匈牙利	33	29	35	31
巴西	41	32	39	27
希腊	30	36	34	34
塞浦路斯	25	39	21	43
克罗地亚	39	38	36	26
保加利亚	35	42	41	30
南非	43	37	42	24
拉脱维亚	36	35	44	38

注：数值代表指标排名；橙色底纹为劣势指标。

2. 国别情况

为更好地反映第三梯队国家的特点，下面选取卢森堡、俄罗斯和印度 3 个代表性国家进行概述。

（1）卢森堡

卢森堡在本次评价中列第 16 位，居于第三梯队国家的首位。与所处组别的平均水平相比（图 2-10），卢森堡在人工智能基础支撑方面具有一定优势，但其他 3 个方面表现不佳，尤其是科技研发能力和发达国家的平均水平存在较大差距。

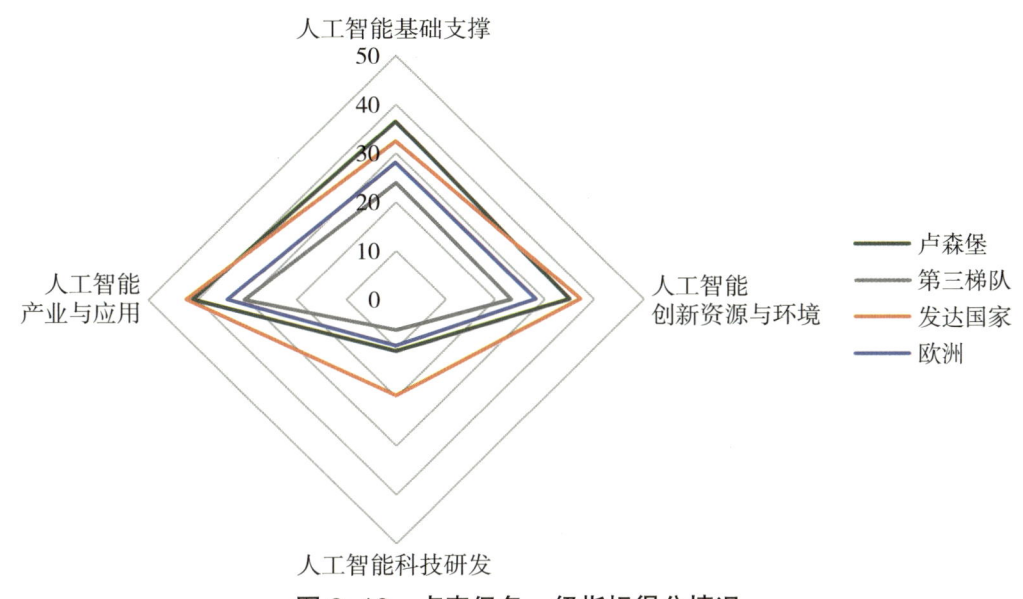

图 2-10 卢森堡各一级指标得分情况

人工智能基础支撑上，卢森堡排名第 21 位，网络基础处于领先水平，但计算基础较为薄弱。卢森堡的网络基础和计算基础二级指标分别排名第 5 位和第 41 位，发展十分不平衡。网络基础方面，互联网使用率较高，达到 97.36%，居参评国家的第 1 位，其余指标均处在上游水平。计算基础方面，表现相对较好的是超算中心指标，全球 TOP500 超算中心占比排名第 24 位，处于中等水平，数据中心保有率和人均发电量均处于下游水平。

人工智能创新资源与环境上，卢森堡列第 9 位，在教育和人才两方面表现突出。教育方面，卢森堡排名第 1 位，其中，高水平人工智能核心专业开设率、全日制科学和工程博士生占比两项指标均排名第 1 位。人才方面，排名第 2 位，其中，人工智能顶级学者人口参与率居第 1 位。在国家研发投入和创新制度方面，卢森堡均处在中等位置，二级指标分别排名第 26 位和第 23 位。

人工智能科技研发上，卢森堡排名第 8 位，优势体现在人均论文产出。学术论文方面，由于人口基数小，卢森堡的人均论文指标显著优于总量指标。其中，人均人工智能论文产出量排名第 1 位，而人工智能顶级论文量仅排在第 36 位。专利方面，排名第 11 位，其中，除人均 5G 专利授权量之外，其余三级指标均排在第 10 位左右，处于上游水平。

人工智能产业与应用上，卢森堡处于落后位置，仅排名第 41 位，其中应用方面尤为落后。具体看，卢森堡的人工智能应用二级指标得分排在末位，主要原因是智慧城市指数较低，仅排名第 44 位，电子政务和物联网企业相关指标处于中等水平。产业方面，卢森堡排名第 27 位，主要得益于人工智能企业平均融资金额指标比较靠前（排名第 5 位），而人工智能企业数量、人工智能开源代码贡献量和人工智能高收藏量开源代码占比 3 项指标均处于下游水平。

（2）俄罗斯

俄罗斯在本次评价中列第 24 位，人工智能创新发展整体水平处于中等位置。与所处组别的平均水平相比（图 2-11），俄罗斯在基础支撑、创新资源与环境、科技研发、产业与应用 4 个方面均存在一定短板，4 个一级指标得分均低于欧洲国家的平均水平。尤其在人工智能科技研发方面，甚至低于发展中国家的平均能力。

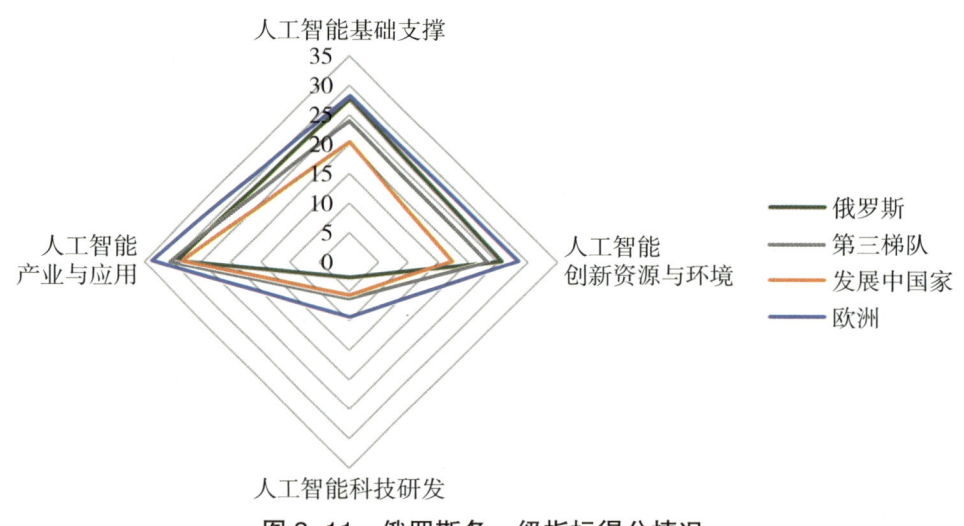

图 2-11 俄罗斯各一级指标得分情况

第二章 全球人工智能创新指数评价综合结果

人工智能基础支撑上,俄罗斯排名第22位,其中,计算基础相比网络基础发展较好。计算基础方面,俄罗斯排在第15位,其中,数据中心保有率、全球TOP500超算中心占比和人均发电量也均排在第15位左右,处于中等偏上水平。网络基础方面,排名第29位,其中,移动网络使用率较高。2019年,俄罗斯的移动蜂窝电话订阅率约为164.39%,居参评国家的第3位,与排名第1位的立陶宛(168.82%)差距较小;但其余指标均表现不佳,尤其是固定宽带订阅率,仅排在第36位。

人工智能创新资源与环境上,俄罗斯排名第23位,比较重视人工智能战略规划和相关政策制定。在4个二级指标中,俄罗斯的人工智能创新制度指标排名最为靠前,居第14位。其余3个二级指标均排在第30位以后,处于下游水平。人才方面,排名第37位。其中,人工智能顶级学者人口参与率和人工智能从业人员人口参与率分别排在第30位和第40位,人工智能从业人员仅有5815人,不到美国数量的1/10。教育方面,排名第34位,高水平人工智能核心专业开设率等分项指标均排在第30位至第33位。国家研发投入方面,2018年俄罗斯的国家研发投入强度约为0.99%,在参评国家中排名第30位。

人工智能科技研发上,俄罗斯排在第37位,主要原因在于人均论文产量较低。学术论文方面,俄罗斯排名第39位。其中,反映论文质量的两个指标表现相对较好,人工智能顶级论文量和人工智能全球TOP100高被引论文占比分别排在第18位和第16位,但人均人工智能论文产出量仅排名第39位。专利方面,排名第24位,各分项指标均排在第19位至第24位,处于中等水平。

人工智能产业与应用上,俄罗斯排名第28位,其中,开源代码的表现相对较好。产业方面,俄罗斯二级指标排名第29位。其中,截至2020年10月,俄罗斯共有56家人工智能企业,数量排名第19位,但企业融资规模较小,人工智能企业平均融资金额仅排名第38位;截至2020年10月,俄罗斯在GitHub上贡献的人工智能开源代码为8个,排名第14位;收藏数大于200的人工智能开源代码数量为3个,排名第17位。应用方面,俄罗斯排名第28位,各三级指标均排在中等以下水平,其中,智慧城市指数排名最为靠后,仅排名第30位。

（3）印度

印度在本次评价中列第 26 位，处于中等水平，主要得益于产业与应用发展较好。与所处组别的平均水平相比（图 2-12），印度仅在人工智能产业与应用方面具有一定优势，基础支撑、创新资源与环境和科技研发均存在短板，尤其在基础支撑方面，印度远远落后于发展中国家平均水平。

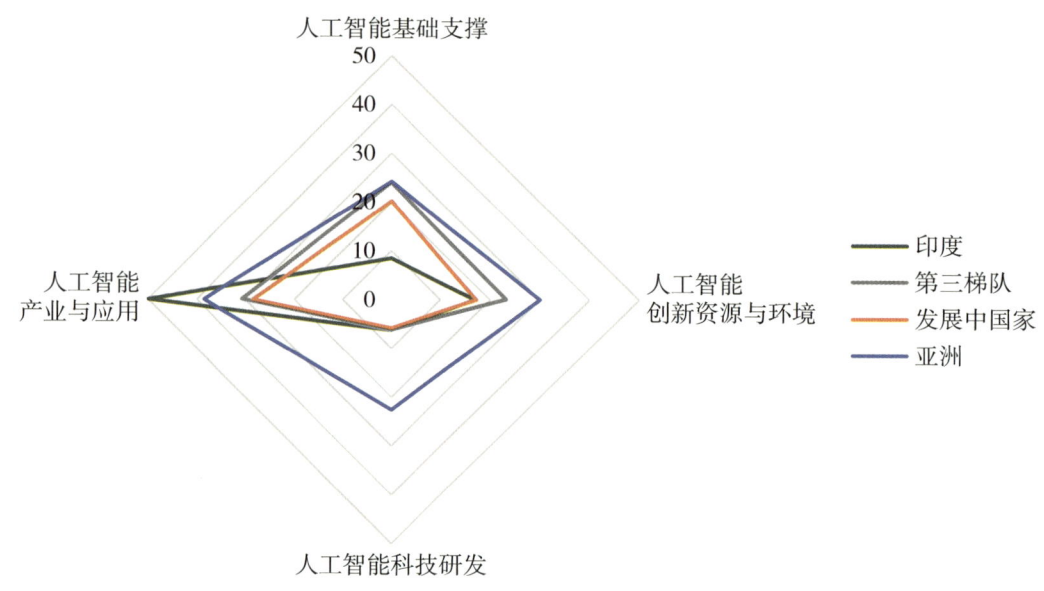

图 2-12　印度各一级指标得分情况

人工智能基础支撑上，印度排名第 45 位，其中，网络基础尤为落后。网络基础方面，印度总排名为最后一名，且各分项指标也基本都排在末位。计算基础方面，由于数据中心和超算中心建设较好，印度的计算基础整体处于中等水平。其中，印度现有 149 家数据中心，保有率约为 3.20%，居参评国家的第 6 位；拥有 2 家全球 TOP500 超算中心（印度电子和信息技术部的国家超级计算中心 PARAM Siddhi-AI、印度热带气象研究所的国家超级计算中心 Pratyush），占比达到 0.40%，在参评国家中排名第 15 位。

人工智能创新资源与环境上，印度为第 33 位，其中，仅全日制科学和工程博士生占比指标表现较好。人才方面，印度排名第 36 位。截至 2020 年 9 月，印度已有 35 名高水平的人工智能学者和 8.9 万名从业人员，但由于人口基数大，其人工智能顶级学者人口参与率和人工智能从业人员人口参与率仅排在第 31 位。教育方面，全日制科学和工程博士生占比较高，其余指标表现一般。截至 2020 年 9 月，印度共有全日制科学和工程博士生数量达到 15 967 名，占全国博士生总量的 63.63%，占比排名第 9 位。国家研发投入方面，2018 年印度的国家研发投入强度约为 0.65%，排名第 39 位，处于偏下水平。创新制度方面，印度也处于下游水平，排在第 33 位。

人工智能科技研发上，印度排在第 25 位，优势主要体现为较高的论文质量。学术论文方面，印度排名第 23 位，其中，人工智能顶级论文量、人工智能全球 TOP100 高被引论文占比两项指标均排名前 10 位。2019 年，印度的人工智能顶级论文量为 201 篇，居参评国家第 10 位；人工智能全球 TOP100 高被引论文为 2 篇，排名第 7 位。专利方面，排名第 29 位，大部分指标排在第 15 位至第 22 位。

人工智能产业与应用上，印度列第 7 位，其中，产业发展较好，应用发展相对落后。产业方面，印度排名第 3 位，除人工智能高收藏量开源代码占比排在第 21 位之外，其余 3 个指标均排名前 3 位。截至 2020 年 10 月，印度共有人工智能企业 662 家，数量排名第 3 位；人工智能企业平均融资金额为 0.22 亿美元，排名第 2 位，低于中国的 0.33 亿美元，但高于美国的 0.1 亿美元；人工智能开源代码贡献量为 55 项，列第 3 位。应用方面，印度发展较为落后，排在第 32 位，与产业发展水平相差较大。主要原因在于印度整体的信息化水平较低，其电子政务发展指数和智慧城市指数分别排在第 45 位和第 42 位。

（四）第四梯队：普遍发展落后

第四梯队共包含 7 个国家，按指数得分排序分别为越南（14.79）、沙特阿拉伯（14.6）、土耳其（14.53）、阿根廷（14.29）、罗马尼亚（14.00）、墨西哥（10.89）和印度尼西亚（8.45）。第四梯队国家人工智能创新指数得分相近，均未超过 15 分。

第四梯队国家人工智能发展普遍比较落后，尤其是人工智能创新资源与环境及科技研发水平，排名大多在第 40 位之后。部分国家在基础支撑和产业与应用方面则具有一定基础，越南的人工智能高收藏量开源代码占比和移动蜂窝电话订阅率、沙特阿拉伯的人均发电量、土耳其的数据中心保有率和人工智能开源代码贡献量均排在前 15 位。第四梯队国家的各一级指标得分情况如图 2-13 所示。

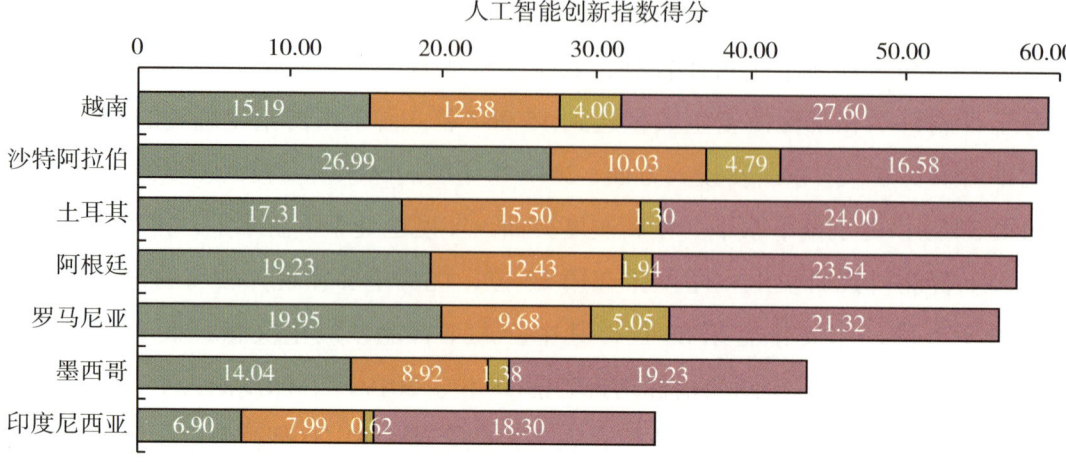

图 2-13 第四梯队国家人工智能创新指数得分

从优劣势指标项看（表2-4），第四梯队国家均没有优势指标，同时仅有阿根廷没有劣势指标。印度尼西亚和墨西哥两国劣势指标数最多，4个一级指标均排在第40位之后。

表 2-4 第四梯队国家的优劣势指标

国家	人工智能基础支撑	人工智能创新资源与环境	人工智能科技研发	人工智能产业与应用
越南	42	41	32	29
沙特阿拉伯	24	43	30	45
土耳其	40	34	45	35
阿根廷	38	40	40	36
罗马尼亚	37	44	29	40
墨西哥	44	45	43	42
印度尼西亚	46	46	46	44

注：数值代表指标排名；橙色底纹为劣势指标。

第三章
人工智能基础支撑

自 2006 年起，人工智能进入重视数据、自主学习的认知智能时代。计算能力和网络环境成为人工智能发展必不可少的基础支撑条件。本章从人工智能计算基础和人工智能网络基础两个层面对各国人工智能的基础支撑条件进行评价分析。

一、总体情况

人工智能基础支撑包含了人工智能计算基础和人工智能网络基础 2 个二级指标。其中人工智能计算基础由数据中心保有率、全球 TOP500 超算中心占比和人均发电量 3 个三级指标构成，人工智能网络基础下设移动蜂窝电话订阅率、互联网使用率、固定宽带订阅率和 5G 订阅率 4 个三级指标（图 3-1）。

从一级指标看，大多数国家的人工智能基础支撑能力有待提高。70% 以上的国家（33 个）得分位于 20~40 分，仅有美国、加拿大和瑞典 3 个国家的人工智能基础设施建设相对较好，得分超过 40 分。

从二级指标看，不少国家在计算基础和网络基础两方面发展明显不均衡。46 个国家中，有 14 个国家（约 1/3）的计算基础和网络基础排名相差超过 10 位，有 7 个国家的排名差甚至超过 20 名。例如，中国的计算基础排名第 2 位，但网络基础排名仅第 35 位；印度的计算基础排名第 24 位，但网络基础却排名最后一位；丹麦的计算基础处于中等水平，排在第 26 位，但网络基础却跻身前列，排名第 2 位。

从三级指标看，数据中心保有率和全球 TOP500 超算中心占比是各国基础支撑差异的主要来源，两项指标均存在"一家独大"的情况。数据中心保有率上，美国以满分的成绩遥遥领先；全球 TOP500 超算中心占比上，中国竞争优势十分明显。整体看，各国互联网使用率和固定宽带订阅率普遍较高，居民网络普及情况较好，为人工智能产品的大规模应用奠定良好基础。

	人工智能基础支撑	人工智能计算基础			人工智能网络基础			
		数据中心保有率	全球TOP500超算中心占比	人均发电量	移动蜂窝电话订阅率	互联网使用率	固定宽带订阅率	5G订阅率
美国	57.78	100.00	45.20	65.13	29.48	81.81	69.34	1.16
加拿大	44.74	37.79	5.20	87.65	17.01	87.14	79.56	0.00
瑞典	42.20	10.74	0.80	83.77	30.53	93.59	79.60	6.80
中国	38.87	18.25	90.40	22.28	28.14	34.71	62.67	10.82
英国	38.85	58.62	4.00	19.97	27.02	92.31	79.19	2.17
德国	38.57	45.09	6.40	33.33	31.34	77.71	83.99	2.41
韩国	38.38	4.29	1.20	54.81	33.80	92.96	85.53	14.38
法国	36.89	33.28	7.60	39.62	24.25	72.14	91.39	0.00
荷兰	36.43	24.26	6.00	32.00	30.91	90.29	87.25	0.00
澳大利亚	34.68	25.34	0.80	50.10	24.25	80.79	69.08	1.71
芬兰	33.74	4.72	0.80	60.09	31.70	82.10	64.97	3.71
日本	32.18	10.09	11.60	37.73	35.68	77.99	64.32	0.24
丹麦	31.64	6.87	0.00	22.53	30.20	95.86	87.89	0.00
新加坡	30.39	7.95	1.60	43.83	42.55	77.79	51.62	0.00
比利时	30.11	6.87	0.00	37.42	19.90	82.40	79.57	0.00
马耳他	29.45	1.72	0.00	24.20	37.66	72.87	90.49	0.00
爱沙尼亚	28.73	2.15	0.00	24.79	38.87	83.00	67.76	4.30
西班牙	28.21	13.53	0.40	25.80	27.30	78.00	66.72	0.72
奥地利	28.20	5.15	0.40	37.90	27.91	82.77	56.12	0.88
捷克	27.98	5.37	0.40	37.56	29.41	69.60	67.07	0.00
卢森堡	27.97	3.22	0.00	10.66	34.30	96.23	74.74	0.00
俄罗斯	27.54	11.81	0.80	35.08	45.76	65.73	45.28	0.00
以色列	27.17	1.93	0.00	39.12	30.71	73.69	58.24	0.00
沙特阿拉伯	26.99	4.29	1.20	49.63	28.21	74.46	39.70	0.03
塞浦路斯	26.62	3.22	0.00	17.31	37.54	72.49	75.58	0.00
爱尔兰	26.50	5.15	5.60	27.85	22.15	77.30	59.91	1.18
斯洛文尼亚	25.90	1.72	0.00	34.76	28.34	69.84	60.42	0.00
葡萄牙	25.57	6.01	0.00	22.37	26.59	62.56	77.60	0.00
斯洛伐克	25.17	3.01	0.00	23.42	34.24	73.76	58.09	0.00
希腊	24.07	3.01	0.00	19.96	25.38	57.93	78.64	0.00
意大利	23.76	15.89	2.80	19.41	33.23	47.26	57.40	1.42
立陶宛	22.35	2.58	0.00	1.84	47.53	68.03	57.39	0.00
匈牙利	21.94	1.93	0.00	13.18	22.43	66.79	55.87	0.32
波兰	21.94	7.09	0.40	17.50	35.18	65.70	41.16	0.12
保加利亚	21.74	6.01	0.00	27.30	26.48	47.73	55.30	0.00
拉脱维亚	21.73	3.65	0.00	12.38	23.46	71.59	53.38	4.00
罗马尼亚	19.95	10.52	0.00	10.90	26.83	48.24	54.51	1.50
阿根廷	19.23	3.01	0.00	11.18	32.35	63.28	39.27	0.00
克罗地亚	18.50	1.50	0.00	10.81	22.66	53.00	55.92	0.00
土耳其	17.31	12.88	0.00	14.20	18.73	49.54	34.12	0.00
巴西	17.20	13.31	1.60	10.34	19.54	53.53	30.86	0.00
越南	15.19	3.44	0.00	7.14	36.49	40.20	30.69	0.00
南非	14.64	4.51	0.00	17.44	46.24	37.39	4.27	0.00
墨西哥	14.04	2.15	0.00	9.75	18.05	48.36	30.06	0.00
印度	8.46	31.99	0.80	0.74	13.71	6.36	2.89	0.00
印度尼西亚	6.90	10.31	0.00	0.17	31.00	3.27	6.96	0.00

图 3-1 各个参评国家的人工智能基础支撑各级指标得分情况（圆形大小：指数得分）

美国计算基础较强,网络基础相对薄弱。美国的人工智能计算基础二级指标排名第 1 位,各细分指标表现突出。截至 2020 年 7 月,美国的数据中心数量达到 1785 家,保有率约为 38.33%,排名第 1 位;全球 TOP500 超算中心为 113 家,占比达到 22.60%,居第 2 位;2019 年全年人均发电量为 1.34 万千瓦时/人,排名第 3 位。但美国网络基础仅排在第 15 位,其中移动蜂窝电话订阅率表现最差,排名第 23 位。

加拿大和瑞典人工智能基础支撑总体水平相近,且均拥有较高的人均发电量、互联网使用率和固定宽带使用率。2019 年,加拿大、瑞典的人均发电量分别为 1.77 万千瓦时/人、1.69 万千瓦时/人,居前 2 位;互联网使用率分别为 91.0%、95.5%,居第 7 位和第 3 位;固定宽带使用率分别为 39.78% 和 39.80%,排名第 9 位、第 7 位。

韩国拥有领先的人工智能网络基础,计算基础处于中上水平。韩国的人工智能网络基础水平居参评国家首位,主要指标表现良好。截至 2020 年 9 月,韩国的 5G 订阅率达到 14.38%,排名第 1 位;互联网使用率和固定宽带订阅率分别为 95.07%、42.76%,排名第 4 位和第 5 位。相比发达的网络基础,韩国的计算基础略显欠缺,排在第 11 位,主要原因在于数据中心保有率低,仅排名第 30 位。

印度、印度尼西亚基本处于全面落后的状态,但个别指标表现相对较好。印度的基础支撑总得分排名倒数第 2 位,但由于数据中心的突出表现,其计算基础在参评国家中处于中等水平。截至 2020 年 7 月,印度共拥有 149 家数据中心,保有率排名第 6 位。印度尼西亚基础支撑总得分为最后一名,但数据中心保有率、移动蜂窝电话订阅率、5G 订阅率 3 个三级指标均处在中等水平,分别排在第 17 位、第 18 位和第 20 位。

二、人工智能计算基础

计算基础方面,美国以 70.11 分居第 1 位,比排名第 2 位的中国(43.64)和第 3 位的加拿大(43.55)得分高逾 25 分。其他位居前 10 位的国家还有瑞典(31.77)、德国(28.27)、英国(27.53)、法国(26.83)、澳大利亚(25.41)、芬兰(21.87)和荷兰(20.75)。立陶宛排名末位,得分仅为 1.47 分。

（一）数据中心保有率

数据中心保有率是指一个国家拥有的数据中心数量占全球数据中心总量的比例。数据是人工智能发展的基本要素之一，海量数据的产生使得信息数据的存储、处理和交互都发生了重大转变，数据中心则和交通、网络通信一样逐渐成为现代社会基础设施的一部分，成为支撑人工智能发展的重要基础。具体如图3-2所示。

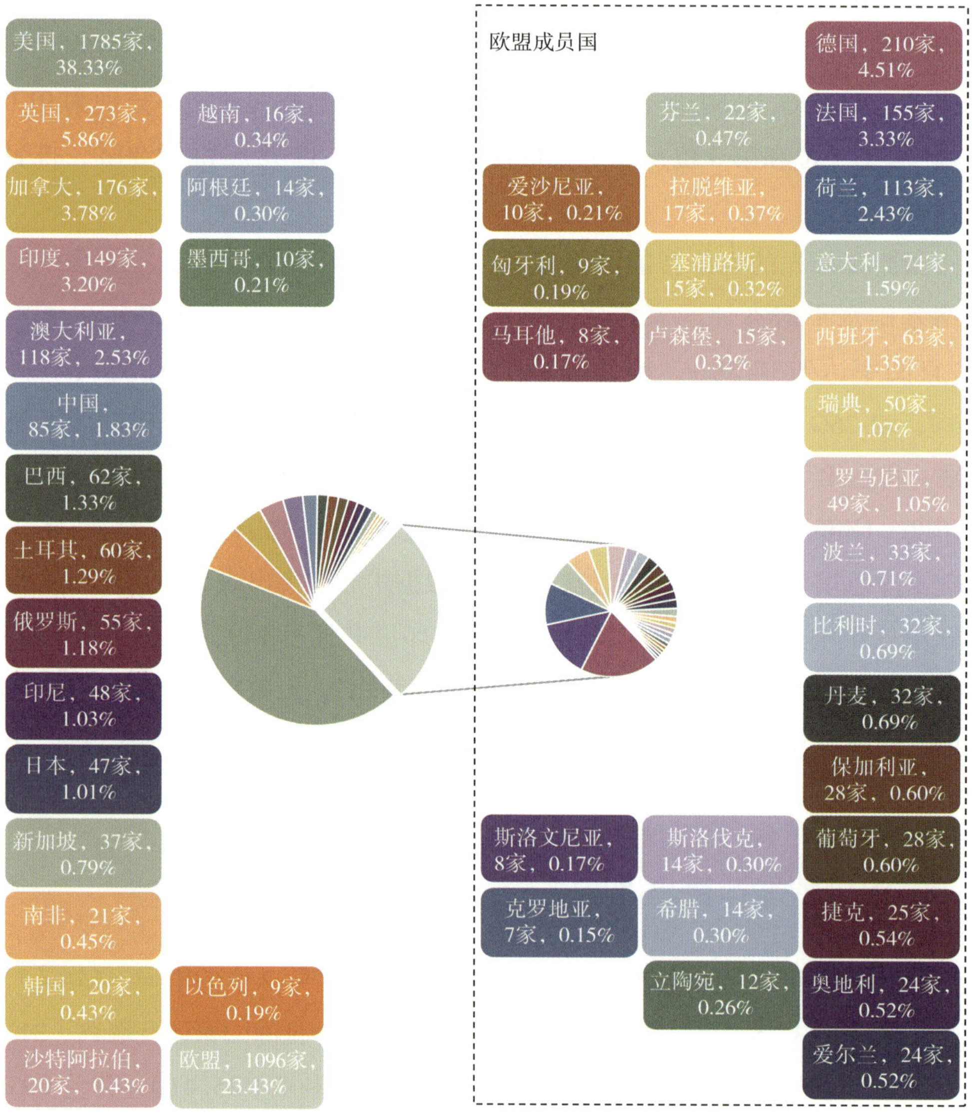

图 3-2 数据中心数量和保有率（截至 2020 年 7 月）

美国的数据中心保有率远超其他国家。截至2020年7月，美国共拥有1785家托管数据中心，保有率高达38.33%。而排名第2位的英国仅有273家数据中心，保有率约为5.86%，不足美国的1/6。德国、加拿大、法国和印度的数据中心数量分别居第3位至第6位。数据中心保有率居参评国家末位的克罗地亚仅拥有7家数据中心，不足美国的1/200。

中国的数据中心还有待发展。中国的数据中心数量为85家，保有率约为1.83%，居参评国家的第9位。近年来，中国重视大数据产业的发展，已在贵州、内蒙古、银川等地区建设了一批数据中心，但和美国、英国、德国、加拿大和法国等国家相比还存在较大差距。

※ 数据中心的区域集中度

经济活动的地理集中是一种普遍存在的空间现象，有竞争力的企业往往聚集在某些特定的地区，主宰着地区国家产业发展的格局，数据中心也是如此。为衡量一个国家数据中心的地理集中程度，使用赫希曼·赫芬达尔指数（H指数），即各个地区数据中心数量占国内数据中心总量比值的平方和，计算得出各个参评国家数据中心的区域集中情况，如图3-3所示。

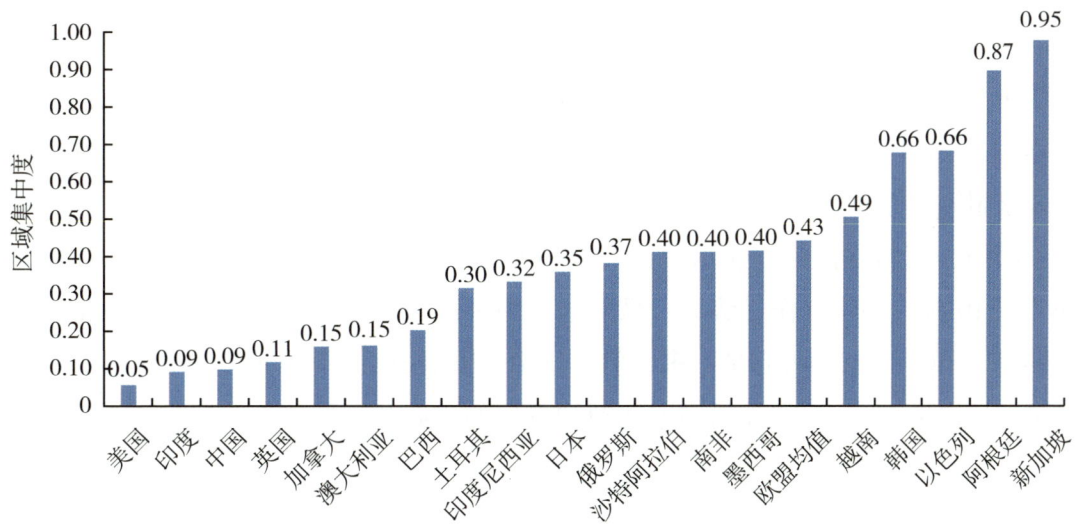

图3-3 数据中心的区域集中度

美国、印度、中国、英国和加拿大等数据中心保有率较高的国家，其数据中心的区域集中度普遍较低，说明这些国家的数据中心分散程度较高，发展较为均衡。

较高的集中度可能反映发展不均衡但也可能带来数据中心产业的规模效应，从而获得规模经济效益，可以更快捷地获取技术和市场信息，提高交易效率，减少交易成本，促进分工和专业化发展。

（二）全球TOP500超算中心占比

全球TOP500超算中心占比具体指一个国家进入全球超级计算机500强榜单的超算中心数量在该榜单中的占比，500强榜单由"国际TOP500组织"（www.top500.org）发布，统计了全球最强大的商用超级计算机系统。人工智能在实现过程中对数据量和运算速度都有非常高的要求，超算中心可以提供强大的计算能力，支持海量数据的处理和复杂的运算，被视为人工智能计算基础的重要组成部分。

中国和美国的全球500强超算中心占有量处于领先水平。中国共有226家超算中心进入全球500强行列，占总量的45.20%，居全球首位。美国进入全球500强的超算中心数量为113家，占比约为22.60%，是中国的1/2。中国的超算中心近几年发展迅速。2016年以前，中国进入全球500强的超算中心数量都低于美国；2016年中国与美国持平；2016年以后中国的全球500强超算中心数量便一直领先美国。

日本超算中心的国际竞争力有所下降。2020年，日本进入全球500强的超算中心数量为29家，占比达到5.80%，在参评国家中排名第3位。但从历史数据看，日本在2015年以前拥有37家全球500强超算中心，后逐年减少至现在的29家，有8家超算中心被挤出全球500强超算中心排行榜。

法国、德国、荷兰、爱尔兰、英国和意大利等欧洲国家的超算中心指标得分处于前10位，共享合作优势大。虽然这些国家进入全球500强超算中心数量仅有7~19家，单个国家的占有量不多，但由于都是欧盟成员国家（英国2020年1月31日正式脱离欧盟），有较深的国家渊源和良好的资源共享传统，在超算中心发展方面存在较大的合作空间（图3-4）。

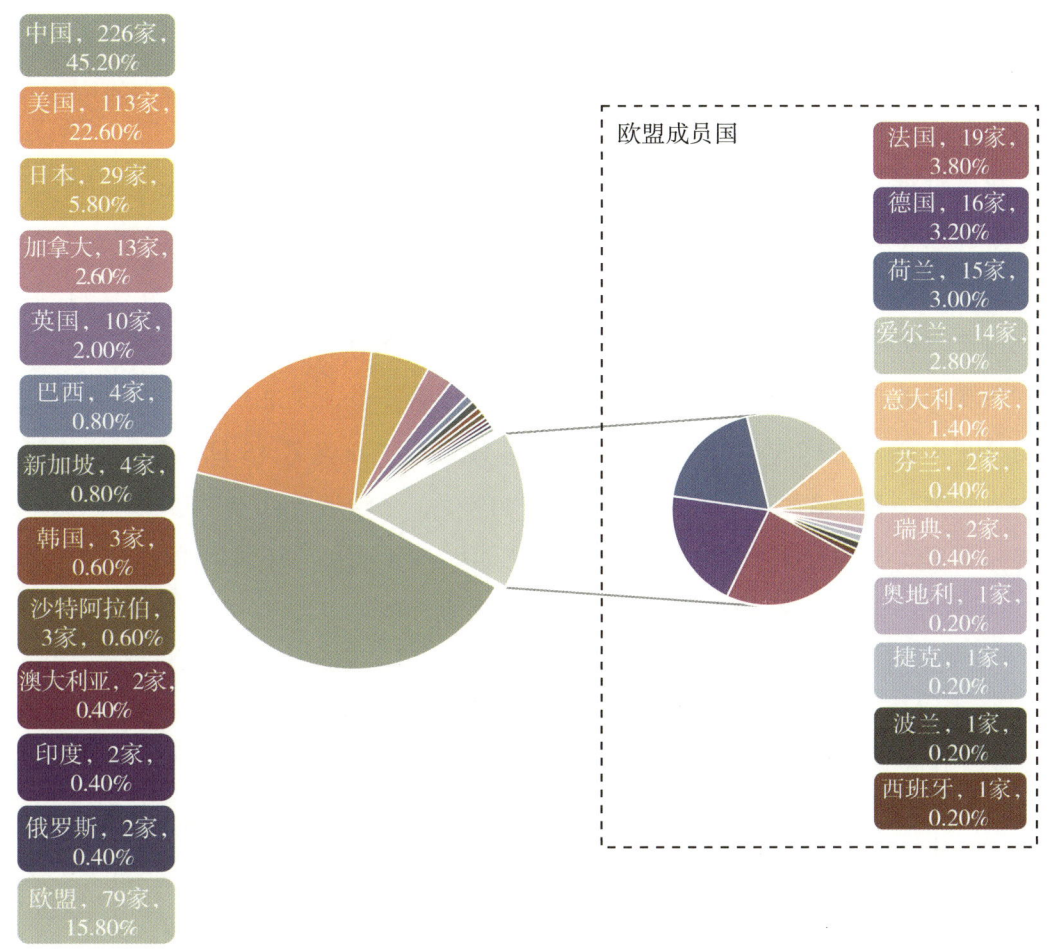

注：全球TOP500超算中心占比为0的国家未予显示。

图3-4　全球TOP500超算中心数量和占比（截至2020年7月）

※ 超算中心的运行效率

计算机系统的主要性能指标有峰值速度、实测速度和运行效率。计算速度一般以计算机系统每秒执行的浮点运算次数（Floatingpoint Operation Per Second, Flops）为单位。峰值速度是CPU的主频、每个时钟周期执行浮点运算的次数及CPU的数量三者的乘积，能在一定程度上反映处理器的性能，但并不能代表计算机的实际运算能力，故也称理论峰值速度。实测速度是指用评测软件对计算机系统计算速度的实际测试值，能更客观地反映系统的实际计算性能。对用户而言，实测速度比峰值速度更有意义。运行效率一般是指计算机实测速度与峰值速度的比率。运行效率越高，表明计算机系统的各个组件经过合理的设计和组合，性能得到了更有效的发挥。相对于由处理器数量和性能决定的理论峰值速度而言，运行效率是一个能够更全面、科学地反映超级计算机性能和技术先进性的指标。

中国的超算中心运行效率差异较大，需提高超级计算机的整体性能。虽然中国进入全球500强榜单的超算中心数量最多，但水平参差不齐，运行效率最高（96%）和最低（21%）的超算中心均来自中国。入榜的超算中心平均运行效率仅有52%，低于其他国家。此外，美国和日本也存在超算中心数量多但性能差异大的问题。

印度和英国的超算中心平均运行效率分别居第1位、第2位。印度虽然仅有2个超算中心进入全球500强榜单，总量在参评国家中排名第15位，但入榜的超算中心性能都较高，名次分别为第66位和第119位，平均运行效率达到93%，显著高于其他国家。英国进入全球500强榜单的超算中心数量在参评国家中排名第5位，入榜的10个超算中心平均运行效率为82%，仅次于印度（图3-5）。

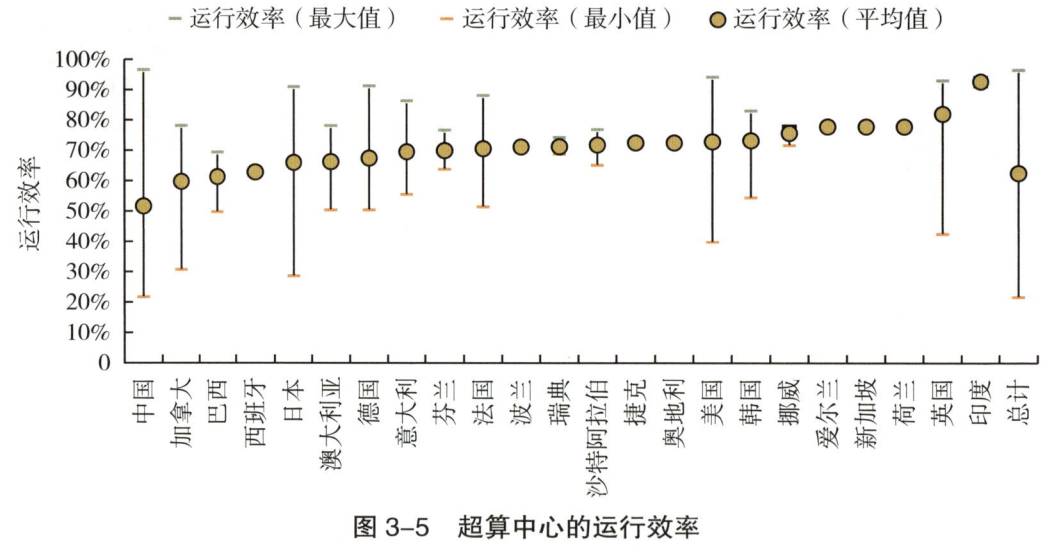

图3-5　超算中心的运行效率

（三）人均发电量

人均发电量是指一国发电总量与人口的比值，单位为千瓦时/人。人工智能的发展依赖于大量基础设施来进行数据存储、数据计算、数据传输等工作，这些基础设施的日常运转需要消耗大量的电力。人均发电量能在一定程度上反映一个国家的电力供给能力，因此本报告将其作为评价人工智能计算基础的指标之一。具体如图 3-6 所示。

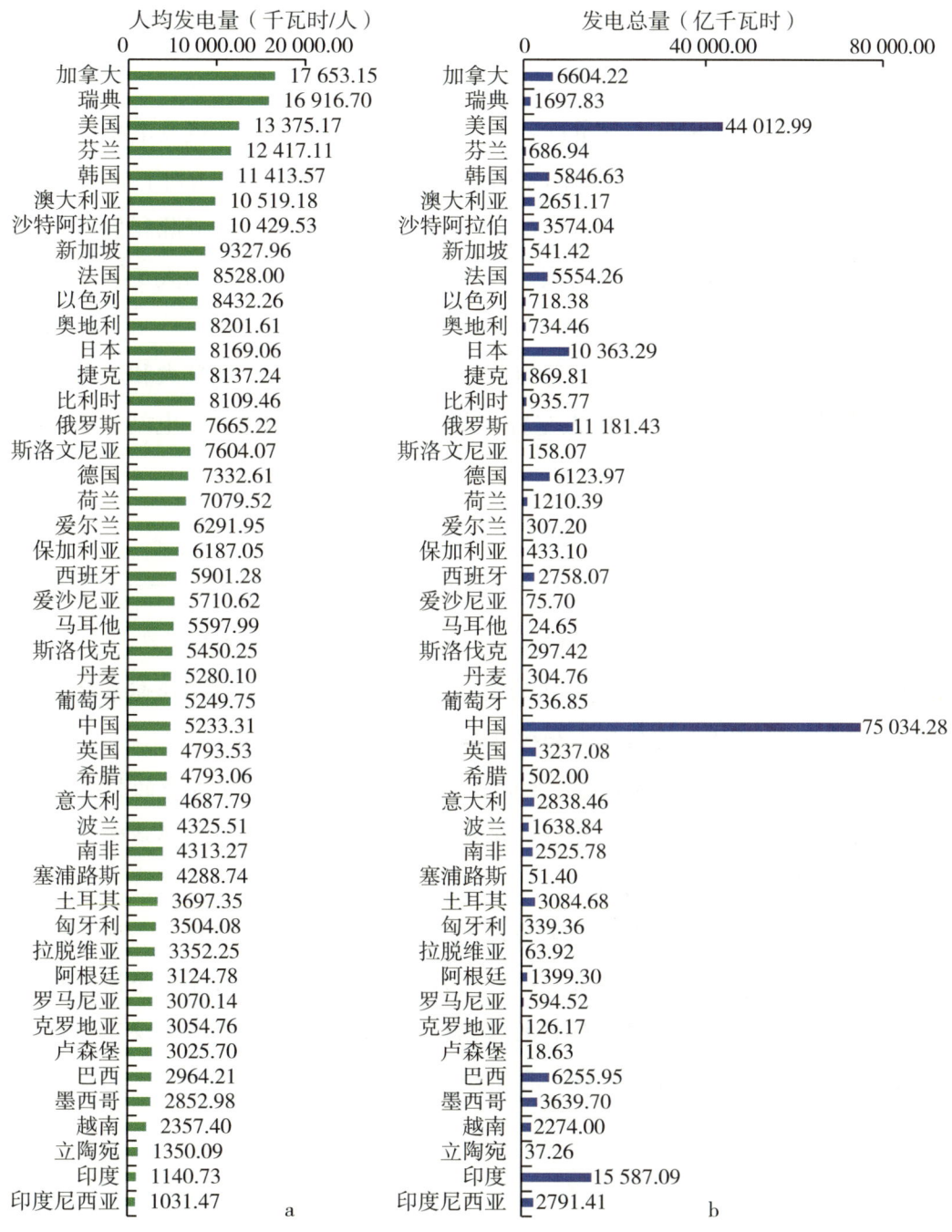

图 3-6　人均发电量和发电总量（2019 年）

中国的发电总量遥遥领先其他参评国家，但人均发电量尚未达到平均水平。2019 年，中国的发电总量超过 7.50 万亿千瓦时，远远超过其他参评国家，是总量排名第 2 位国家的 1.7 倍。但由于中国人口基数大，人均发电量仅有 5233.31 千瓦时 / 人，居参评国家的第 27 位，低于参评国家的平均水平（6390.03 千瓦时 / 人）。

美国的人均发电量和发电总量排名均居前 3 位。美国 2019 年度发电总量为 4.40 万亿千瓦时，仅次于中国，居参评国家第 2 位，年度人均发电量达到了 1.34 万千瓦时 / 人，居参评国家第 3 位。美国拥有丰富的风能、太阳能、水资源和化石能源，还是世界上电力净进口排名首位的国家，其强大的电力供给能力为人工智能发展提供了坚实的基础保障。

加拿大和瑞典的人均发电量指标得分领先其他参评国家。加拿大和瑞典的年度人均发电量都达到 1.7 万千瓦时 / 人左右，发电设施主要是国内的水电站和核电站，自给能力强。

※ 电力结构

电力来自一次能源。一次能源按照可否再生，可以分为两大类：

① 非再生能源，指不能重复产生的天然能源，它随人类的利用而越来越少，如化石能源（如煤、石油、天然气）和核燃料（如铀、钍等）。

② 可再生能源，指能够重复产生的天然能源，即不会随它本身的转化或人类的利用而日益减少，如太阳能、水能、风能、地热能、海洋能、生物质能、潮汐能等，这些能源也被称为绿色能源。

电力结构是指来自一次能源的电力比例。各国由于所处地理位置、资源丰裕程度等不同，因此电力结构存在较大差异。电力结构的合理调整关乎一个国家的能源安全，绿色能源发电占比（电力结构的绿色程度）也在一定程度上反映了一个国家在发展经济和科技时是否环境友好。具体如表 3-1 所示。

表 3-1　2018 年部分参评国家（地区）的电力结构

国家（地区）	原油	天然气	原煤	核能	水力发电	再生能源	其他	绿色程度
巴西	2.0%	8.0%	3.7%	2.7%	65.9%	17.8%	0.0%	83.7%
加拿大	0.1%	9.0%	9.1%	15.3%	59.2%	6.9%	0.0%	66.1%
越南	0.3%	20.8%	40.7%	0.0%	37.9%	0.2%	0.0%	38.1%
欧盟	1.4%	17.9%	21.2%	23.0%	15.5%	18.7%	2.2%	36.4%
英国	0.5%	39.4%	50%	19.5%	1.6%	31.6%	2.3%	35.5%
阿根廷	4.4%	58.2%	1.4%	4.7%	28.4%	2.6%	0.3%	31.3%
中国	0.2%	3.2%	66.5%	4.1%	16.9%	8.9%	0.2%	26.0%
世界	3.0%	23.2%	38.0%	10.1%	15.8%	9.3%	0.6%	25.7%
日本	5.7%	36.8%	33.0%	4.7%	7.7%	10.6%	1.5%	19.8%
澳大利亚	2.0%	19.2%	59.9%	0.0%	6.6%	12.2%	0.1%	18.9%
俄罗斯	1.0%	46.9%	16.0%	18.4%	17.2%	0.1%	0.4%	17.7%
美国	0.6%	35.4%	27.9%	19.0%	6.5%	10.3%	0.3%	17.1%
墨西哥	11.1%	59.2%	8.8%	4.1%	9.8%	6.4%	0.7%	16.9%
印度	0.6%	4.8%	75.4%	2.5%	8.9%	7.8%	0.0%	16.7%
印度尼西亚	7.6%	22.3%	58.5%	0.0%	6.1%	5.5%	0.0%	11.6%
南非	0.0%	0.7%	87.9%	4.3%	0.4%	4.8%	1.8%	7.0%
韩国	1.5%	27.0%	44.0%	22.5%	0.5%	3.7%	0.9%	5.1%
沙特阿拉伯	39.2%	60.7%	0.0%	0.0%	0.0%	0.1%	0.0%	0.1%

数据来源：中国电力网。

巴西、加拿大、越南、欧盟、英国、阿根廷和中国的电力结构绿色程度超过世界平均水平（25.7%），其他国家较世界平均水平仍有较大差距。例如，美国和俄罗斯大量依靠天然气和原煤等化石能源及核能用作发电，对可再生能源的开发不足。中国同样大量依靠燃煤发电，小火电的占比仍然较大，但原煤的可采储量远低于美国和俄罗斯。中国的水电占比仅次于煤电，水力发电总量居世界首位，但为了满足国内基数巨大且增长迅速的电力需求，水电的发展仍有很大提升空间。

三、人工智能网络基础

网络基础方面，韩国以 56.67 分领先其他参评国家，丹麦（53.49）、瑞典（52.63）、荷兰（52.11）、卢森堡（51.32）、马耳他（50.25）、英国（50.18）、德国（48.86）、爱沙尼亚（48.48）和法国（46.94）等国家分别居第 2 位至第 10 位。中国（34.09）居第 35 位，印度则以 5.74 分居末位。

（一）移动蜂窝电话订阅率

移动蜂窝电话订阅率是指一个国家的移动蜂窝电话订阅数与总人口的比值。移动蜂窝电话订阅率是衡量一个国家移动网络普及程度及移动终端（如智能手机）普及程度的重要指标。物联网的发展使移动蜂窝通信网不再仅限于移动电话，而是扩展到智能穿戴设备和智能水表、电表、井盖及车载终端等大量应用，涵盖教育、交通、环境监测、医疗保健等各个方面。

大多数参评国家的移动蜂窝电话订阅率超过 100%，仅有比利时、巴西、土耳其、墨西哥、加拿大和印度等 6 个国家的移动蜂窝电话订阅率低于 100%。中国移动蜂窝电话订阅率尚未达到参评国家的平均水平（124.37%），仅处于参评国家中的中等偏下位置（图 3-7）。

（二）互联网使用率

互联网使用率是指一个国家中使用互联网的人数占总人口的比重，是衡量国家总体网络普及程度和网络发展水平的重要指标。

卢森堡、丹麦、瑞典和韩国的互联网使用率均为 95% 以上，处于领先水平。截至 2019 年，卢森堡的互联网使用率为 97.36%，丹麦为 97.10%，瑞典为 95.51%，韩国为 95.07%，4 个国家的互联网使用率相差不大，最大差值仅为 2.29%。

中国的互联网使用率仅列第 44 位，排名靠后。截至 2019 年，中国的互联网使用率约为 54.30%，远远未达到参评国家的平均水平（77.17%），在参评国家中排名倒数第 3 位。

印度和印度尼西亚的互联网使用率未达 50%，排在末尾。截至 2019 年，印度的互联网使用率约为 34.45%，印度尼西亚的互联网使用率约为 32.29%，仍有很大的发展空间。其中,印度的人工智能总体发展水平位于参评国家的中游,但在互联网使用率指标上远远落后于其他国家(图3-8)。

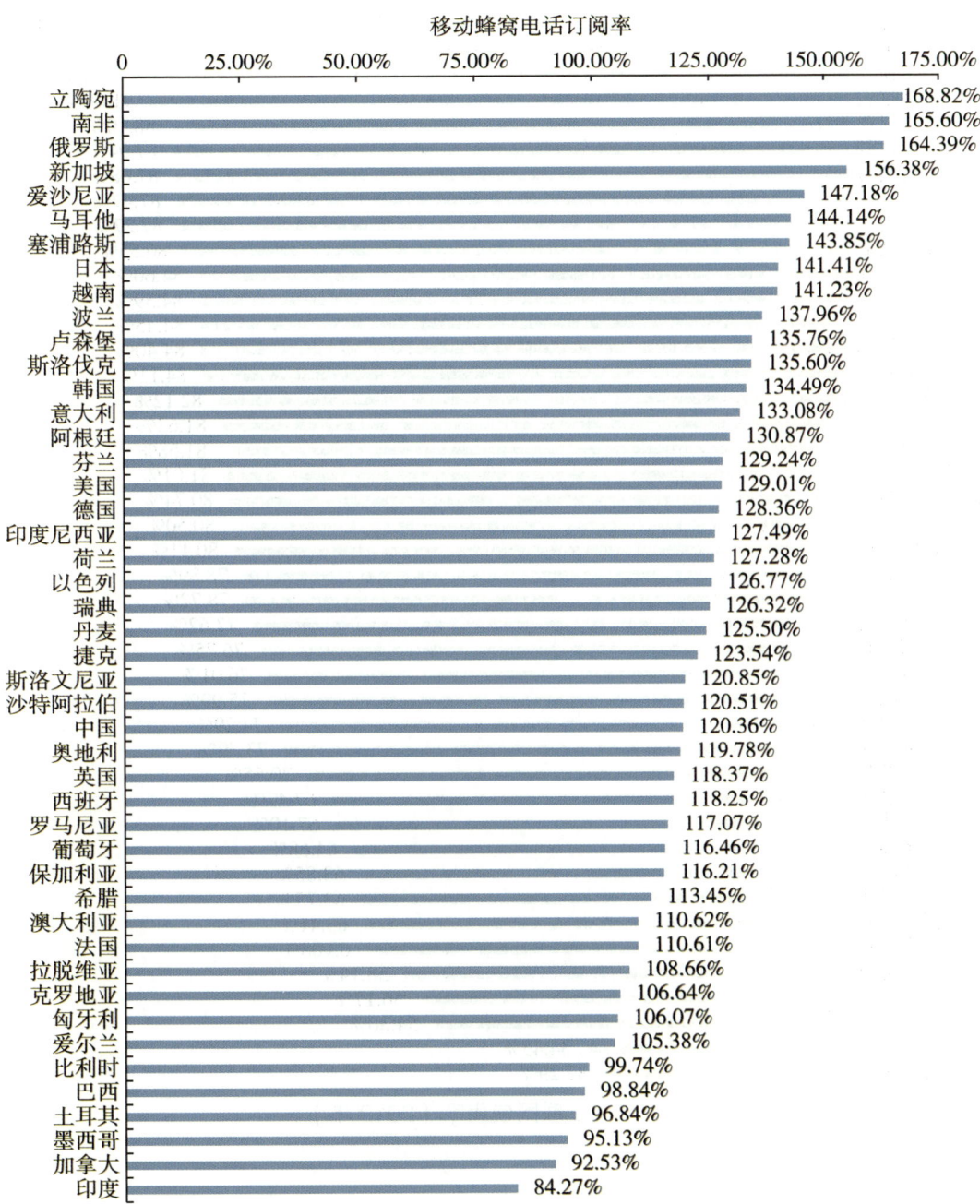

图3-7 移动蜂窝电话订阅率(2018年)

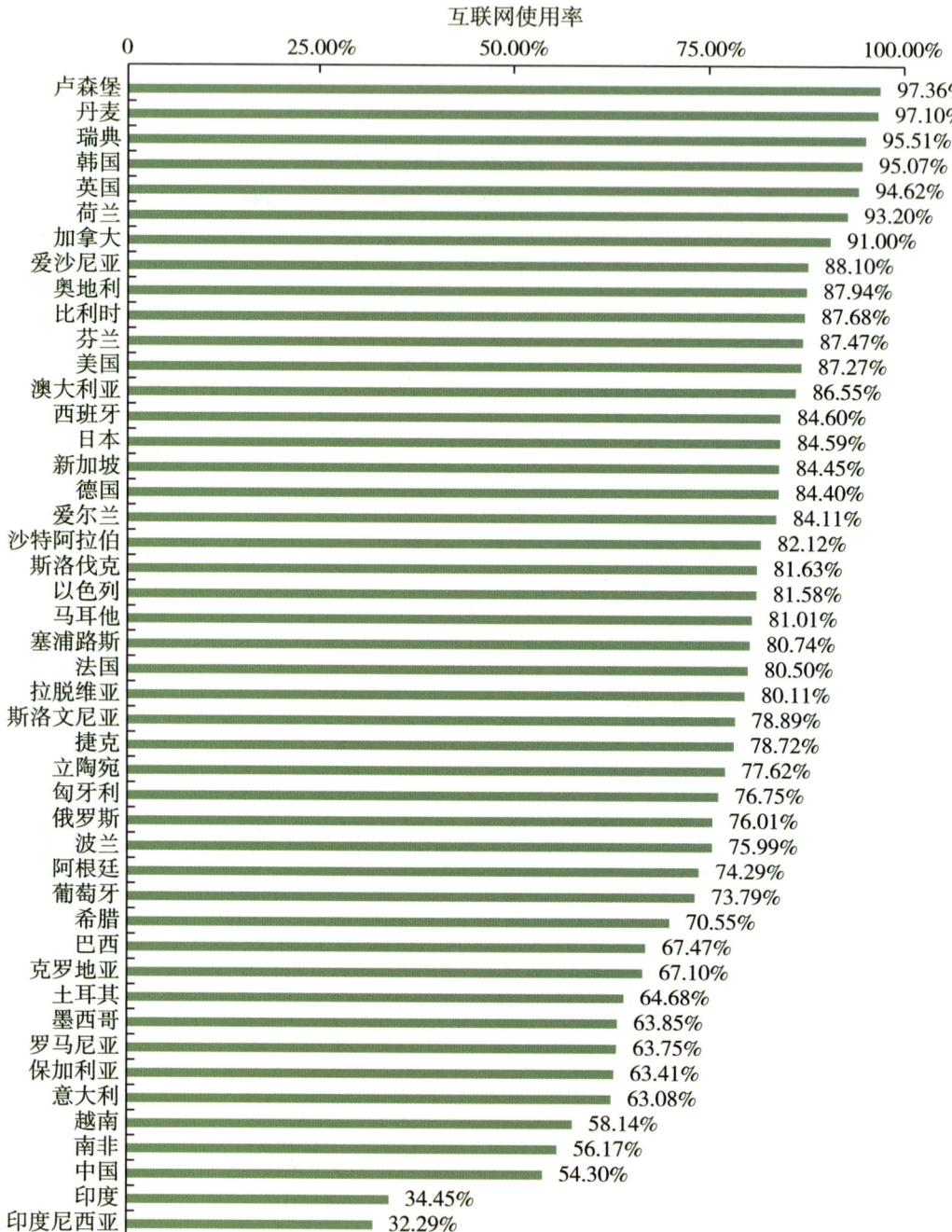

图 3-8 互联网使用率（2019 年）

（三）固定宽带订阅率

固定宽带订阅率是指一国固定宽带服务订阅数量与总人口的比值。固定宽带订阅率可作为衡量居民家庭网络普及程度的重要指标。具体如图3-9所示。

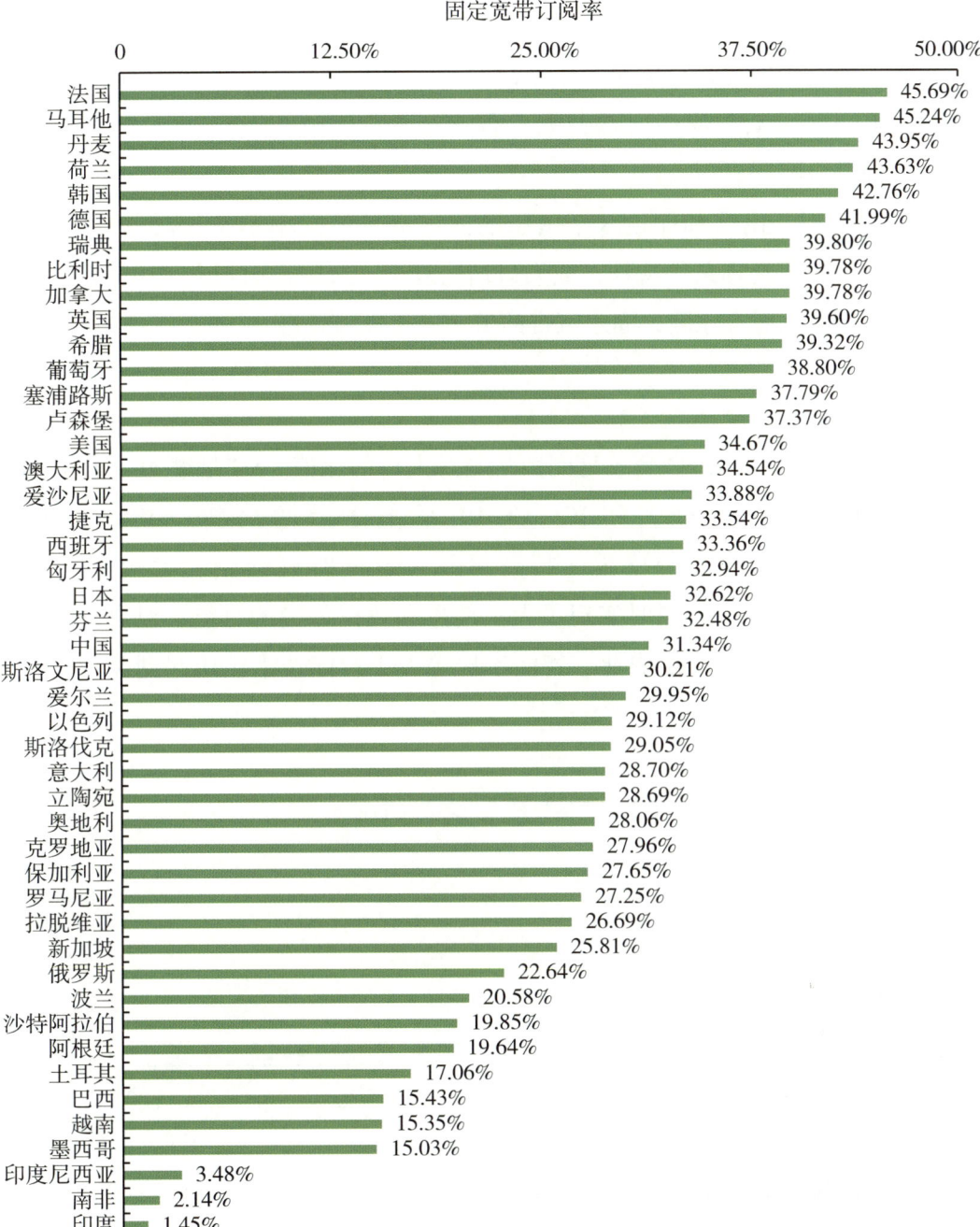

图3-9 固定宽带订阅率（2019年）

法国、马耳他、丹麦、荷兰、韩国和德国的固定宽带订阅率高于40%，居参评国家的前6位，其数值分别为45.69%、45.24%、43.95%、43.63%、42.76%和41.99%，最大差值仅约3.70%。

中国的家庭固定宽带订阅率处于参评国家的中等水平。中国的固定宽带订阅率约为31.34%，在参评国家中列第23位，仅比参评国家的平均得分高逾1个百分点，尚有较大提升空间。

印度尼西亚、南非和印度3个国家的固定宽带订阅率不及5%，居参评国家末尾。这些国家或地理条件特殊，或人口结构复杂，或国土面积大，由于基础设施建设或人员使用意愿等原因，固定宽带的覆盖进程较为缓慢。

（四）5G订阅率

5G订阅率是指一国5G套餐订阅数量与总人口的比值。5G是继4G（LTE-A、WiMax）、3G（UMTS、LTE）和2G（GSM）系统之后的最新一代蜂窝移动通信技术，具备移动宽带增强、超高可靠、超低时延通信、大规模互联等特点，在提高传输速率的同时实现了大量信息和数据传输的可能，对自动驾驶、智能医疗、智能制造、智能农业、智能家居等人工智能技术应用起到关键的支持作用。具体如图3-10所示。

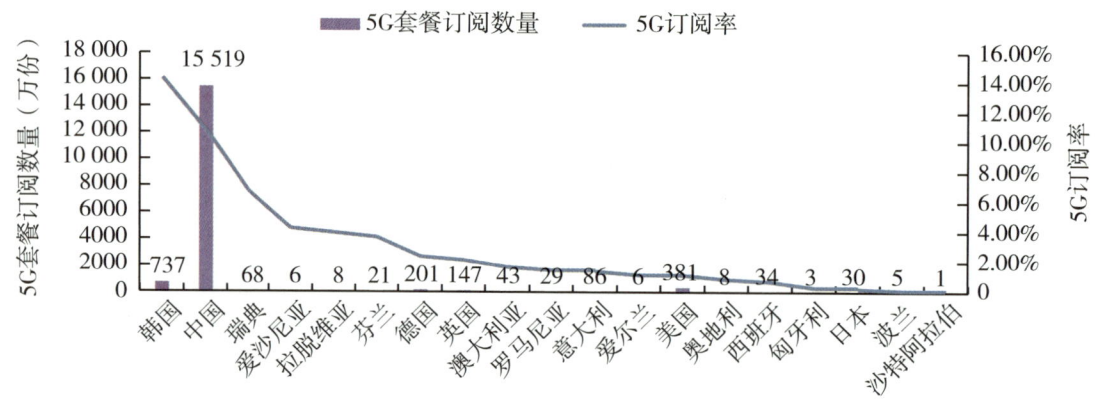

图3-10 截至2020年10月5G订阅率（仅显示订阅率大于0的国家）

仅有19个参评国家提供5G商用网络服务，多半参评国家的5G商用网络尚未正式投入使用。由于大部分参评国家的 5G 基站建设尚未大面积铺开，5G 商用网络的全面投入使用预计要到 2022 年左右才能实现。

韩国是全球首个成功研发 5G 核心技术并率先实现商用的国家，其 5G 订阅率也领先其他参评国家。2018 年 12 月 1 日，韩国三大电信运营商 SK、KT 与 LG U+ 同步在韩国部分地区推出 5G 服务。截至 2020 年 10 月，韩国的 5G 套餐订阅数量已达到 736.8 万份，5G 订阅率达到 14.38%。

中国的 5G 订阅率仅低于韩国，居参评国家的第 2 位。2019 年 6 月 6 日，工业和信息化部正式向中国电信、中国移动、中国联通、中国广电发放 5G 商用牌照，中国正式开始 5G 商用。截至 2020 年 10 月，中国的 5G 套餐订阅数量达到 1.55 亿份，5G 订阅率达到 10.82%。

第四章
人工智能创新资源与环境

创新资源与环境是滋养人工智能蓬勃发展的土壤，人工智能技术从研发到落地应用的全过程，离不开人才、资金、制度等方面的保障和支持。高水平的人工智能人才队伍是理论研究和技术研发的智力来源，相关学科教育是影响后备力量的重要因素，国家层面的资金投入和良好的制度建设将为人工智能的研发和应用提供有利的政策环境。本章从人才、教育、国家研发投入和创新制度4个方面衡量各国人工智能创新资源与环境状况。

一、总体情况

人工智能创新资源与环境包含人工智能人才、人工智能教育、国家研发投入和人工智能创新制度4个二级指标。其中，人工智能人才由人工智能顶级学者人口参与率和人工智能从业人员人口参与率两个3级指标构成；人工智能教育以高水平人工智能核心专业开设率、全日制科学和工程博士生占比以及PISA测试成绩作为3级指标；国家研发投入包括国家研发投入强度一个3级指标；人工智能创新制度包含了国家人工智能发展政策与规划、国家人工智能社会治理两个3级指标（图4-1）。

从一级指标看，按照人工智能创新资源与环境的优劣程度，可将参评国家均匀地分为3个梯队。其中，韩国、新加坡等15个国家具备良好的创新资源与环境，得分高于40分；日本、荷兰等15个国家水平中等，得分处在20~40分；马耳他、巴西等16个国家创新资源与环境相对较差，得分处于20分以下。

第四章 人工智能创新资源与环境

	人工智能创新资源与环境	人工智能人才		人工智能教育			国家研发投入	人工智能创新制度	
		人工智能顶级学者人口参与率	人工智能从业人员人口参与率	高水平人工智能核心专业开设率	全日制科学和工程博士生占比	PISA测试成绩	国家研发投入强度	国家人工智能发展政策与规划	国家人工智能社会治理
韩国	53.08	5.77	0.41	6.90	67.48	53.20	96.20	75.42	65.58
新加坡	52.22	97.63	14.27	20.59	82.78	86.60	38.89	57.91	43.57
美国	51.93	14.62	7.93	3.31	81.59	34.20	56.75	100.00	100.00
英国	50.52	14.56	2.86	55.66	82.26	38.80	34.48	100.00	100.00
芬兰	49.57	5.41	2.84	22.86	82.77	42.00	55.48	92.65	86.25
以色列	47.76	33.40	12.44	19.05	100.00	30.40	99.06	23.96	14.55
加拿大	47.74	11.07	5.62	28.13	100.00	48.20	31.33	95.00	90.00
中国	46.35	3.32	0.58	3.15	91.49	98.60	43.71	77.29	73.35
卢森堡	45.50	100.00	2.03	100.00	100.00	28.80	24.71	30.00	30.00
丹麦	42.37	7.04	1.90	23.08	90.02	31.60	61.28	66.67	44.29
瑞典	41.80	6.57	5.31	35.90	88.47	38.80	66.79	44.05	36.11
澳大利亚	41.04	12.40	0.73	59.52	83.07	37.80	37.47	61.25	60.00
奥地利	41.01	11.15	0.99	9.59	83.97	31.40	63.44	61.25	44.52
德国	40.54	9.12	1.89	13.53	77.37	38.20	61.88	52.50	51.00
法国	40.41	5.84	1.78	57.50	100.00	31.80	44.00	56.46	45.00
日本	38.51	4.31	0.87	2.56	66.81	46.60	65.29	57.50	37.50
荷兰	35.10	5.25	1.75	24.07	79.11	43.60	43.27	47.90	41.50
比利时	34.66	5.70	1.10	15.87	82.16	38.80	56.42	35.00	31.42
捷克	33.14	0.00	0.75	0.00	84.55	33.20	38.57	60.00	48.75
意大利	31.23	5.66	0.33	43.33	82.42	24.20	27.98	44.58	43.33
葡萄牙	28.47	6.92	0.83	4.35	81.00	30.40	27.31	48.40	39.83
西班牙	28.19	1.79	0.88	26.67	81.40	20.00	24.74	44.70	43.32
俄罗斯	25.49	0.31	0.16	1.48	75.47	21.60	19.80	61.25	36.90
爱沙尼亚	24.90	4.18	11.60	0.00	98.63	31.40	28.50	31.87	7.83
斯洛文尼亚	23.50	7.54	0.27	6.45	60.82	34.60	38.84	19.38	15.17
波兰	23.29	0.90	0.74	3.15	76.55	42.40	24.25	37.50	17.25
爱尔兰	22.38	8.89	9.85	6.90	85.57	30.80	22.93	18.33	13.92
立陶宛	21.94	0.00	0.76	0.00	82.45	22.20	18.90	35.00	32.16
匈牙利	20.46	0.70	0.29	0.00	69.32	22.60	31.10	23.33	15.93
斯洛伐克	20.22	0.00	0.32	3.13	73.49	25.60	16.65	30.00	30.00
马耳他	18.62	0.00	2.01	0.00	73.36	22.60	11.49	30.00	30.00
巴西	17.49	0.19	0.24	7.09	72.58	5.00	25.27	17.68	14.88
印度	16.98	0.21	0.36	0.38	90.89	27.60	13.00	15.00	15.00
土耳其	15.50	0.08	0.08	1.50	70.91	13.20	19.22	15.63	12.70
拉脱维亚	14.97	0.00	0.74	0.00	84.12	22.60	12.61	13.33	9.33
希腊	14.93	1.90	0.53	12.50	63.76	12.40	23.55	7.30	3.50
南非	13.65	0.18	0.10	7.69	73.96	22.80	16.64	3.83	2.17
克罗地亚	13.00	0.00	0.19	0.00	66.78	17.00	19.50	4.58	4.38
塞浦路斯	12.75	0.00	1.54	0.00	95.24	11.80	11.17	4.58	2.17
阿根廷	12.43	0.00	0.17	2.50	100.00	2.40	10.83	2.71	5.00
越南	12.33	0.00	0.09	0.00	81.74	1.00	19.24	1.88	3.42
保加利亚	11.61	0.00	0.90	0.00	61.87	11.00	15.36	5.00	7.67
沙特阿拉伯	10.03	1.43	0.10	7.14	37.59	0.60	16.30	8.13	7.75
罗马尼亚	9.68	1.13	0.20	2.56	67.64	8.20	10.10	2.17	1.48
墨西哥	8.92	0.00	0.06	0.08	40.91	2.20	6.24	15.00	15.00
印度尼西亚	7.99	0.00	0.01	0.00	48.72	1.20	4.53	12.08	9.46

图4-1 各个参评国家的人工智能创新资源与环境各级指标得分情况（圆形大小：指数得分）

从二级指标看，欧洲和北美洲是人工智能人才的主要集聚地，人工智能人才指标排名前 20 位的国家 80% 位于欧洲或北美洲。东亚国家虽然人才和教育基础不如欧洲、北美洲，但格外重视制度环境，中国、韩国、日本 3 个国家在创新制度上的表现普遍优于其在人才和教育上的情况。

从三级指标看，各国在创新资源与环境方面的差异主要体现在人工智能顶级学者人口参与率和高水平人工智能核心专业开设率两方面。人工智能顶级学者人口参与率以卢森堡、新加坡两国表现最为突出；高水平人工智能核心专业开设率上，卢森堡高达满分，而其余大部分国家得分甚至不到 10 分。整体看，各国的全日制科学和工程博士生占比普遍较高，为培养人工智能领域的专业人才打下了良好基础，但人工智能从业人员人口参与率普遍偏低。

韩国在人工智能创新资源与环境方面领先，主要得益于较高的国家研发投入强度及良好的创新制度。2018 年，韩国的国家研发投入强度达到 4.81%，排名第 2 位。制度层面，在国家人工智能发展政策与规划、国家人工智能社会治理两个指标上均排名第 6 位。但其余细分指标表现欠佳，尤其是人工智能从业人员人口参与率及全日制科学和工程博士生占比，分别排名第 30 位和第 38 位。

新加坡重视人才培养，在国家研发投入和创新制度上表现一般。新加坡在人工智能人才、人工智能教育两个二级指标上分别排名第 1 位和第 3 位，其中人工智能顶级学者人口参与率和从业人员人口参与率分别为 488 人 / 百万本科及以上入学人口、71.3 人 / 万劳动人口，排名第 2 位和第 1 位；PISA 测试成绩以 556 分居第 2 位。但国家研发投入强度和人工智能创新制度两个二级指标仅处于中等偏上水平，分别排名第 14 位和第 12 位。

卢森堡在顶级学者参与率和学科建设方面具有显著优势。卢森堡的人工智能顶级学者人口参与率、高水平人工智能核心专业开设率、全日制科学和工程博士生占比均居参评国家首位。其中，人工智能顶级学者人口参与率接近 570 人 / 百万本科及以上入学人口，高水平人工智能核心专业开设率为 100%，全日制科学和工程博士生占比达到 72.9%。

美国、英国在人工智能顶层设计上表现突出。两国发表的人工智能相关政策数量较多，且重视人工智能社会治理层面的政策制定，在国家人工智能发展政策与规划、国家人工智能社会治理两个三级指标上均拿到满分，并列第 1 位。

二、人工智能人才

人工智能人才指标排名前10位的国家分别是新加坡（55.95）、卢森堡（51.02）、以色列（22.92）、美国（11.27）、爱尔兰（9.37）、英国（8.71）、加拿大（8.35）、爱沙尼亚（7.89）、澳大利亚（6.56）和奥地利（6.07），中国得分1.95，排名第23位。排名较低的3个国家是越南（0.05）、墨西哥（0.03）和印度尼西亚（0.01）。

（一）人工智能顶级学者人口参与率

人工智能顶级学者人口参与率是指每百万本科及以上入学人口中人工智能顶级学者的数量。其中，人工智能顶级学者是指5年内在中国计算机协会推荐的7个全球人工智能顶级学术会议上发表2篇及以上论文的学者。人工智能顶级学术会议集成了该领域的最新科研成果，在人工智能顶级学术会议上发表论文的情况是一个国家人工智能人才质量的直接体现。

卢森堡和新加坡的人工智能顶级学者人口参与率遥遥领先。截至2020年9月，卢森堡共有4位人工智能领域的顶级学者，总量仅居第28位，但由于人口总量少，人工智能顶级学者人口参与率在所有参评国家中居第1位，约566人/百万本科及以上入学人口。排名第2位的新加坡共有95位人工智能顶级学者，总量排名第6位，人工智能顶级学者人口参与率接近490人/百万本科及以上入学人口，排名第2位。以色列人工智能顶级学者人口参与率超过160人/百万本科及以上入学人口，居第3位。其他国家人工智能顶级学者人口参与率均在100人/百万本科及以上入学人口以下，中国排名第23位。

中美两国人工智能顶级学者绝对数量遥遥领先，美国人工智能顶级学者人口参与率远高于中国。美国和中国分别有1390位及732位人工智能顶级学者，远高于其他国家。中国人工智能顶级学者绝对数约为美国一半，但人工智能顶级学者人口参与率仅为美国的1/5，美国约为73.1人/百万本科及以上入学人口，中国约为16.6人/百万本科及以上入学人口（图4-2）。

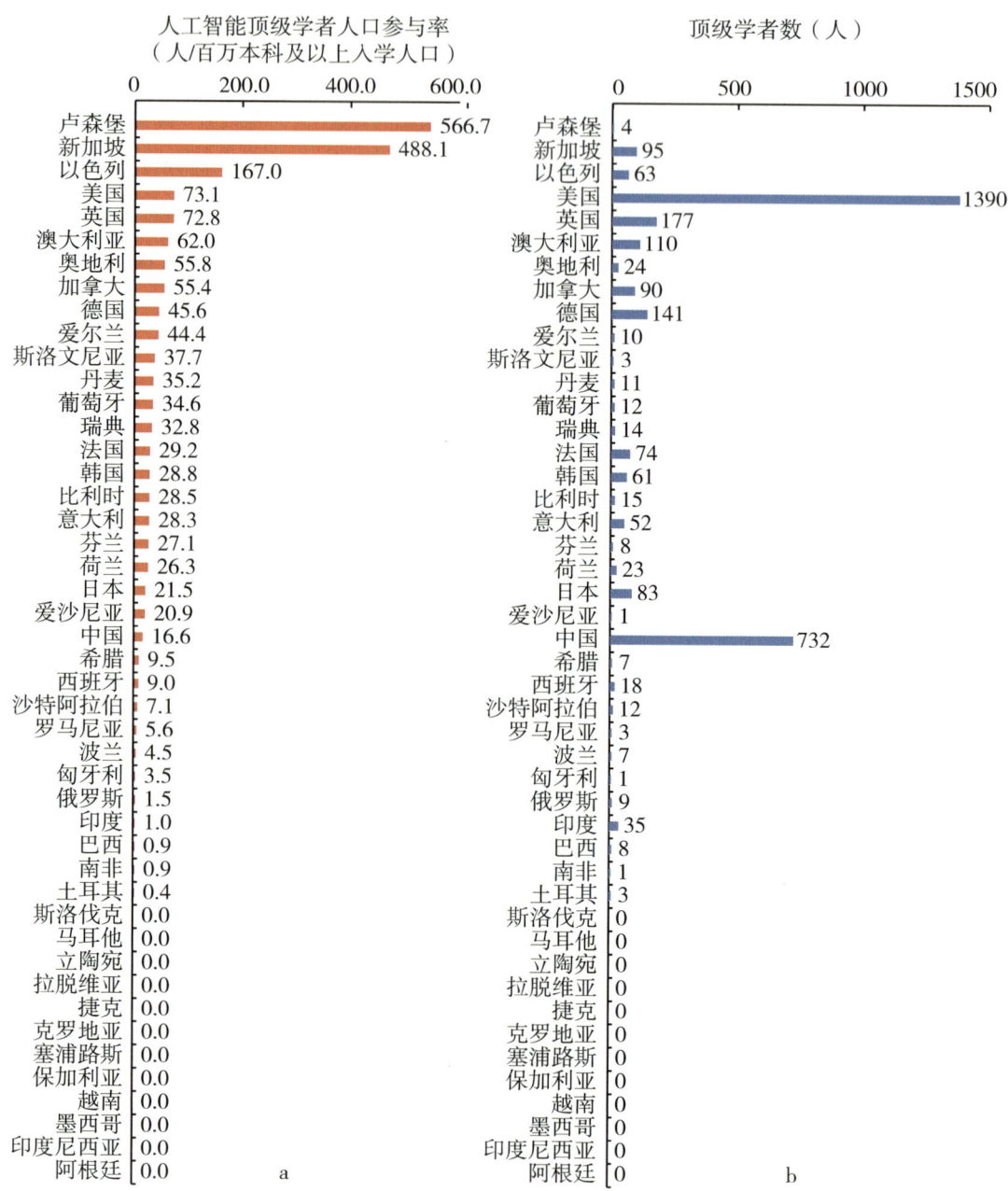

图 4-2 人工智能顶级学者人口参与率及数量

※ 顶级学者的空间分布

从空间分布看,北美洲和欧洲是人工智能顶级学者汇集之地。美国、加拿大两个北美洲国家的人工智能顶级学者人口参与率均居前10位。美国拥有斯坦福大学、哈佛大学等一批世界名校和IBM、微软、谷歌等众多科技企业巨头，为顶尖人才的创新研究提供了良好的科研保障。此外，开放的移民政策和学术环境也增强了美国的人才吸引力。欧洲人工智能顶级学者人口参与率的平均水平仅次于北美洲，参与率排名前10位的国家中，有5个地处欧洲，分别是卢森堡、英国、奥地利、德国和爱尔兰。

（二）人工智能从业人员人口参与率

人工智能从业人员人口参与率是指一个国家人工智能从业人员的数量占该国劳动人口数量的比例，其中，人工智能从业人员指人工智能产业链中相关企业的从业人员，包括专业技术人才、经营管理人才等。人工智能从业人员人口参与率反映了一国在人工智能领域的劳动人口规模，在一定程度上体现了该国人工智能业态的发达程度（图4-3）。

新加坡和以色列的人工智能从业人员人口参与率遥遥领先。两国均为人口规模较小但经济高度发达的国家，人工智能从业人员人口参与率均超过60人/万劳动人口，在所有参评国家中遥遥领先。以色列历来重视科技领域的教育，为人工智能领域的人才供应奠定了基础。新加坡在人工智能人才培养方面出台了一系列支持和培训计划，为人工智能领域储备了大量从业人员。2017年，新加坡出台人工智能学徒计划，通过开展培训课程培养新加坡本地的人工智能人才，课程费用由政府全额资助；2018年出台了工业人工智能计划（AI for Industry，AI4I），旨在帮助有学习意愿的人员正确理解和使用人工智能，并能够使用Python编写基本的人工智能和数据应用程序。

中国的人工智能从业人员人口参与率仅为2.9人/万劳动人口，处于参评国家中的中等偏下位置。中国的人工智能从业人员总量较大，约为22.6万人，仅次于美国，排名参评国家中的第2位。但由于人口基数庞大，人工智能从业人员人口参与率仅排名第28位，不及发达国家的平均水平。

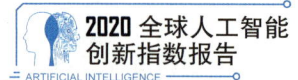

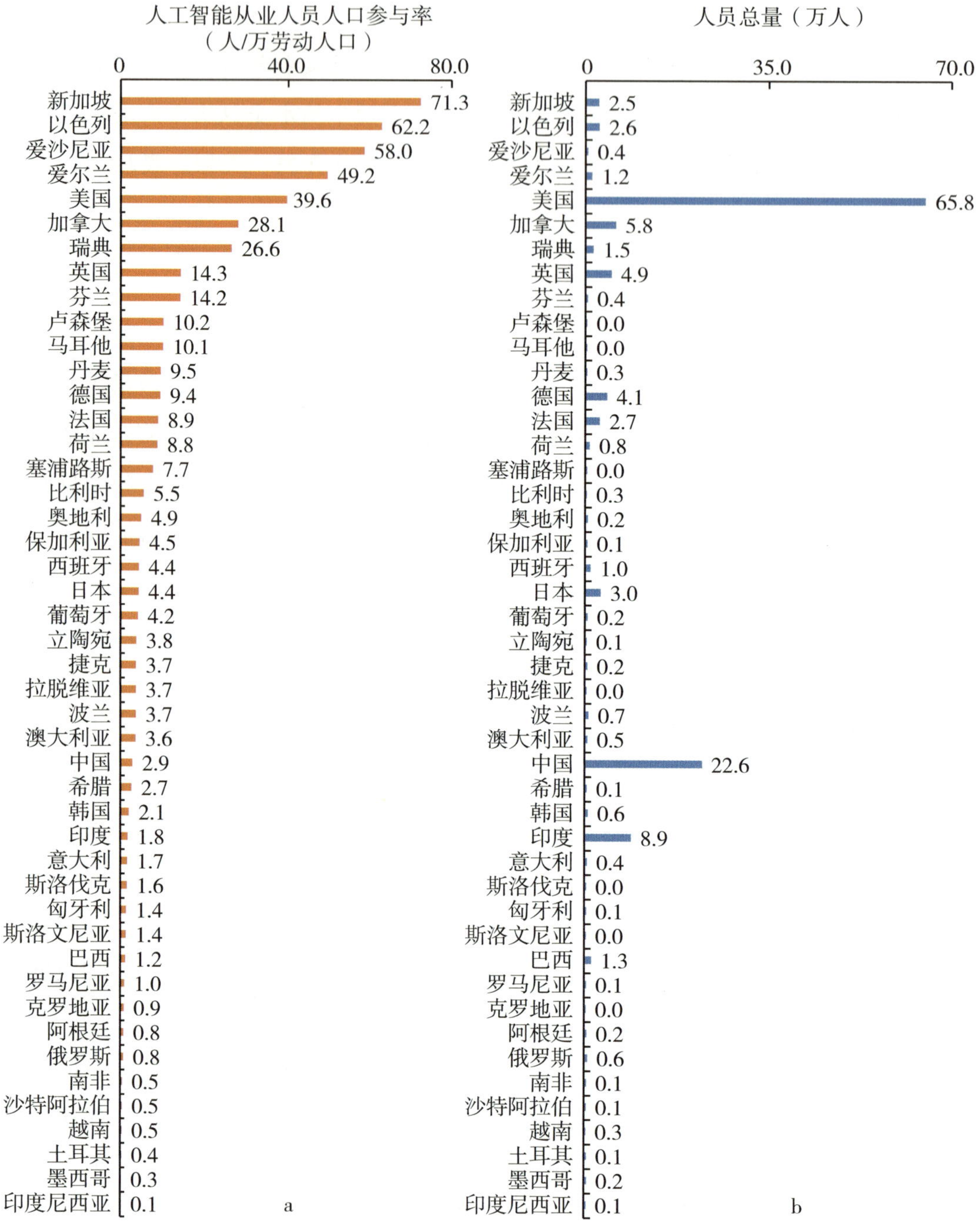
人工智能从业人员人口参与率
（人/万劳动人口）
0
40.0
80.0
新加坡 71.3
以色列 62.2
爱沙尼亚 58.0
爱尔兰 49.2
美国 39.6
加拿大 28.1
瑞典 26.6
英国 14.3
芬兰 14.2
卢森堡 10.2
马耳他 10.1
丹麦 9.5
德国 9.4
法国 8.9
荷兰 8.8
塞浦路斯 7.7
比利时 5.5
奥地利 4.9
保加利亚 4.5
西班牙 4.4
日本 4.4
葡萄牙 4.2
立陶宛 3.8
捷克 3.7
拉脱维亚 3.7
波兰 3.7
澳大利亚 3.6
中国 2.9
希腊 2.7
韩国 2.1
印度 1.8
意大利 1.7
斯洛伐克 1.6
匈牙利 1.4
斯洛文尼亚 1.4
巴西 1.2
罗马尼亚 1.0
克罗地亚 0.9
阿根廷 0.8
俄罗斯 0.8
南非 0.5
沙特阿拉伯 0.5
越南 0.5
土耳其 0.4
墨西哥 0.3
印度尼西亚 0.1
a
人员总量（万人）
0
35.0
70.0
新加坡 2.5
以色列 2.6
爱沙尼亚 0.4
爱尔兰 1.2
美国 65.8
加拿大 5.8
瑞典 1.5
英国 4.9
芬兰 0.4
卢森堡 0.0
马耳他 0.0
丹麦 0.3
德国 4.1
法国 2.7
荷兰 0.8
塞浦路斯 0.0
比利时 0.3
奥地利 0.2
保加利亚 0.1
西班牙 1.0
日本 3.0
葡萄牙 0.2
立陶宛 0.1
捷克 0.2
拉脱维亚 0.0
波兰 0.7
澳大利亚 0.5
中国 22.6
希腊 0.1
韩国 0.6
印度 8.9
意大利 0.4
斯洛伐克 0.0
匈牙利 0.1
斯洛文尼亚 0.0
巴西 1.3
罗马尼亚 0.1
克罗地亚 0.0
阿根廷 0.2
俄罗斯 0.6
南非 0.1
沙特阿拉伯 0.1
越南 0.3
土耳其 0.1
墨西哥 0.2
印度尼西亚 0.1
b

图 4–3　人工智能从业人员人口参与率及数量

三、人工智能教育

人工智能教育指标主要反映一个国家的人工智能学科建设水平和人才培养能力。该指标排名前 10 位的国家分别是卢森堡（76.27）、中国（64.41）、新加坡（63.32）、法国（63.10）、澳大利亚（60.13）、英国（58.91）、加拿大（58.78）、瑞典（54.39）、意大利（49.99）、以色列（49.82）。

（一）高水平人工智能核心专业开设率

高水平人工智能核心专业开设率是指一个国家入选 USNews 全球大学排行榜人工智能相关专业前 200 位的大学数与该国大学总数之比。人工智能相关专业的确定借鉴了国务院《新一代人工智能发展规划》与教育部《高等学校人工智能创新行动计划》中的有关表述，选择计算机科学、数学、物理和神经科学 4 个专业[①]。高水平人工智能核心专业开设率指标反映了一个国家计算机、数学、物理和神经科学等人工智能基础学科的国际水平，在一定程度上决定了该国在人工智能理论和技术研究方面的潜力（图 4-4）。

欧洲国家在高水平人工智能核心专业开设率方面名列前茅。高水平人工智能核心专业开设率排名前 10 位的国家中，有 8 个国家是欧洲国家，这可能与欧洲的高等学校有良好的基础科学传统和积累有关。

从高水平人工智能核心专业开设总量来看，美国、中国和英国名列三甲。美国累计有 215 个人工智能核心专业方面排名全球前 200 位，中国为 84 个，英国为 59 个。与英国相比，美、中两国虽然高水平人工智能核心专业开设总量较多，但由于高校总量大（美国为 6502 家，中国为 2663 家），两国的核心专业开设率较低，分别排在第 25 位和第 26 位，仅处于中等水平。

---

① 在统计过程中，若一个高校同时开设的多个高水平人工智能核心专业均进入全球前 200 位，则以累加方式计算。例如，哈佛大学 4 个专业均进入前 200 位，统计时即视作 4 个高校。

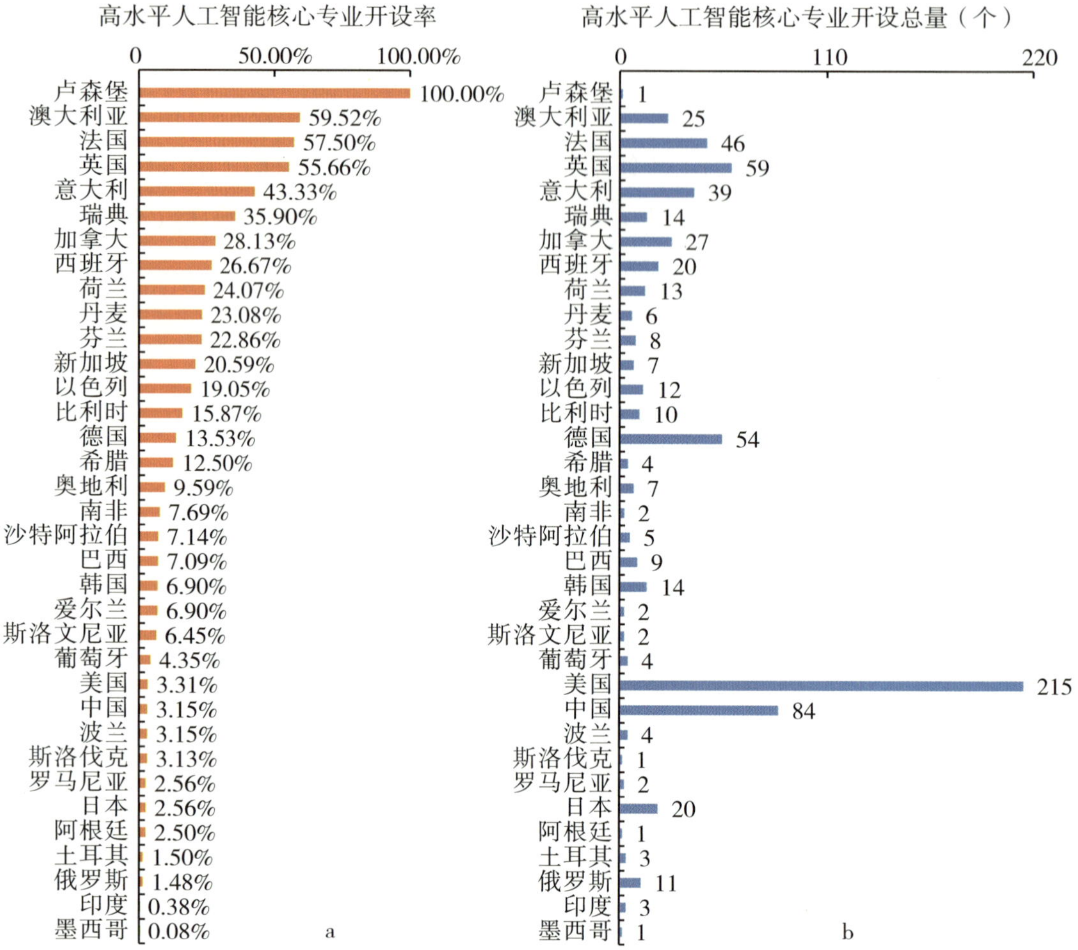

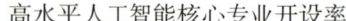
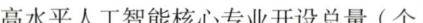

图 4-4 高水平人工智能核心专业开设率和高校数量

※ 人工智能核心专业的开设情况

对比美国、中国、英国、德国和法国，即核心专业开设总量排名前 5 位的国家（图 4-5）可以发现，美国的数学、物理和神经科学具有明显的竞争优势；中国除了在计算机专业方面较之美国略有优势之外，其余 3 个专业的建设水平仍与美国有较大差距；英国和法国的 4 个专业发展相对平衡，德国在神经科学领域优于中国、英国和法国。

第四章 人工智能创新资源与环境

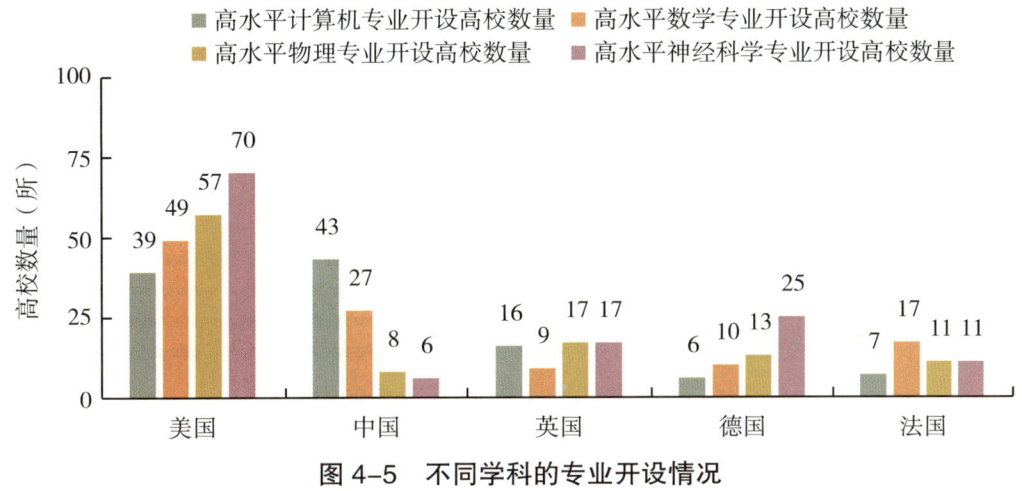

图 4-5 不同学科的专业开设情况

计算机专业前 200 位排行榜中,有中国高校 43 所,约占整个榜单数量的 1/5,美国高校有 39 所,与中国接近。开设高水平计算机专业较多的国家还有英国(16 所)和澳大利亚(10 所),其他国家开设数量均不足 10 所(图 4-6)。计算机专业排名前 10 位的高校中,中国占有四席,其中,清华大学排名第 1 位。美国有 3 所高校上榜,新加坡有 2 所高校上榜,沙特阿拉伯的阿卜杜勒阿齐兹国王大学居第 3 位(图 4-7)。

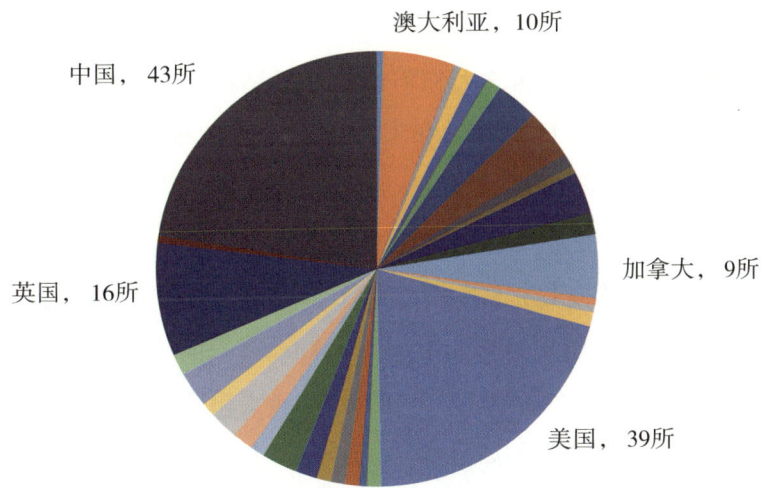

图 4-6 全球高水平计算机专业开设分布

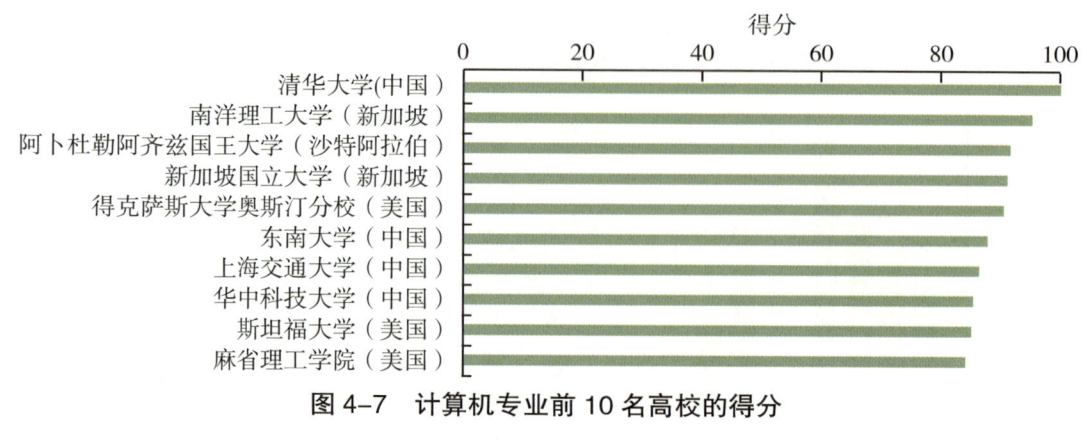

图 4-7 计算机专业前 10 名高校的得分

（二）全日制科学和工程博士生占比

全日制科学和工程博士生占比是指一个国家的全日制科学和工程专业在校博士生人数占该国所有在校博士生的比重。参考经济合作与发展组织（OECD）对科学与工程领域的界定，选取了物理、生物、数学和统计学，计算机科学，农业科学，社会和行为科学，工程学 5 个领域，基本涵盖了人工智能的主要研究和应用领域。博士研究生是科学研究的重要人力资源，是各国科研体系中不可缺少的重要力量。因此，对全日制科学和工程博士数量的分析能够反映出一国对人工智能领域高层次人才的教育和培养情况。

法国、以色列、卢森堡、加拿大和阿根廷全日制科学和工程博士生占比较高，且比例相近。其中，法国全日制科学和工程博士生占比最高，为 73.48%，其次为以色列（73.31%）、卢森堡（72.90%）、加拿大（71.52%）和阿根廷（71.32%），只有这 5 个国家的全日制科学和工程博士生占比超过 70%。

从全日制科学和工程博士生总数看，美国、中国、印度名列三甲。美国的全日制科学和工程博士生数量最多，人数接近 40 000 人，中国紧随其后，共有 34 440 名全日制科学和工程博士生。印度为 15 967 人，居于第 3 位。德国、英国和俄罗斯的全日制科学和工程博士生数量接近，均为 15 000 人左右（图 4-8）。

第四章 人工智能创新资源与环境

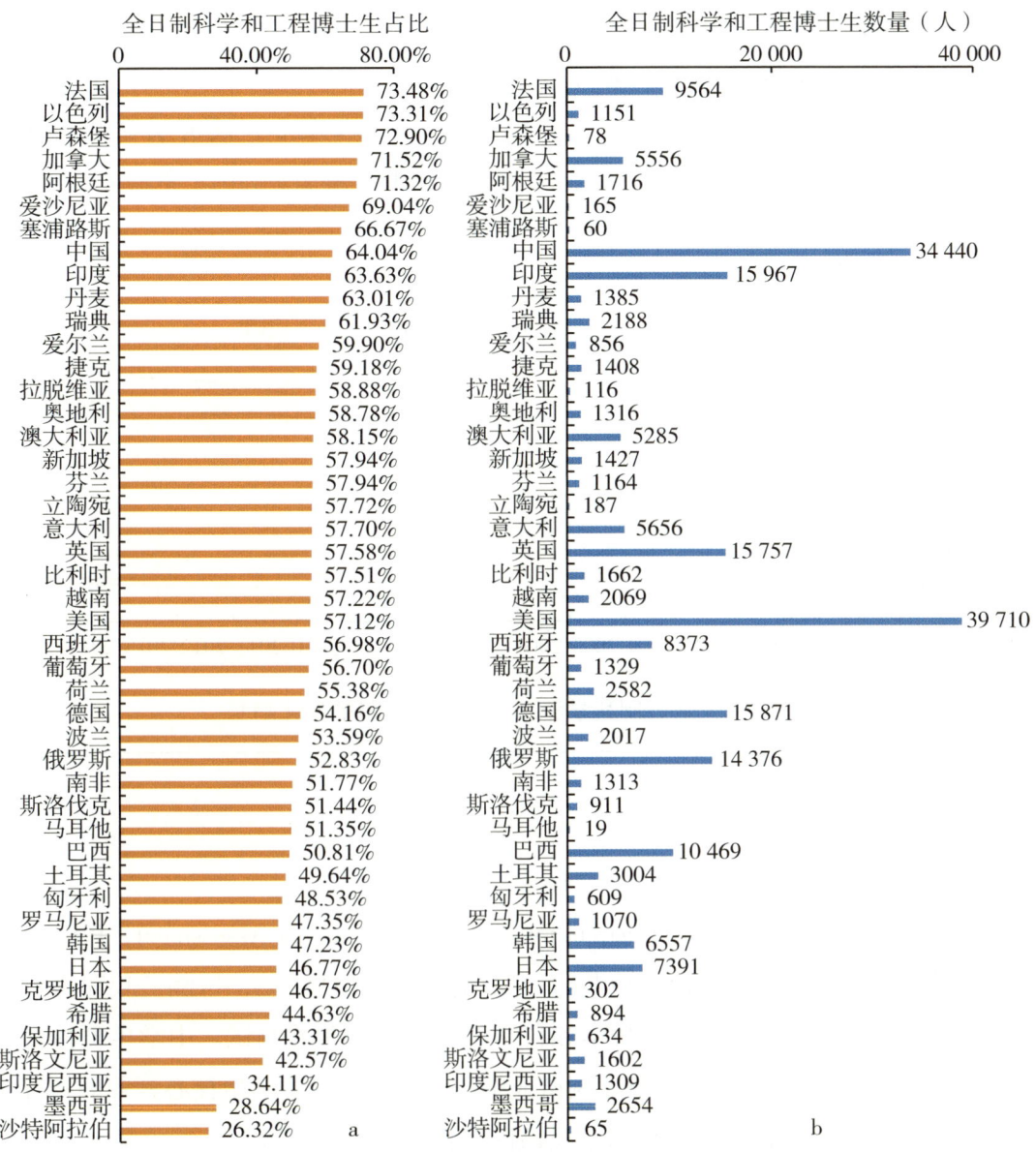

图 4-8 全日制科学和工程博士生占比及数量

※ 全日制科学和工程博士生数量的时间分布

从时间维度看，中国的全日制科学和工程博士生数量呈快速增长态势。21世纪初，中国只有 7766 名全日制科学和工程博士生，到 2015 年这一数字达到 34 440 名，增长了 4 倍以上。其中 2000—2009 年增速较高，2009 年以后增长势头有所减

59

缓。美国科学和工程博士生基础数量较大，总体呈缓慢增长趋势。2000年美国的全日制科学和工程博士生数量约为25 000人，到2015年已接近40 000人。日本的全日制科学和工程博士生数量稳定在7000人左右，没有明显的变化。韩国的科学和工程博士生数量从2000年的2914人增长到2015年的6557人，增长了两倍多（图4-9）。

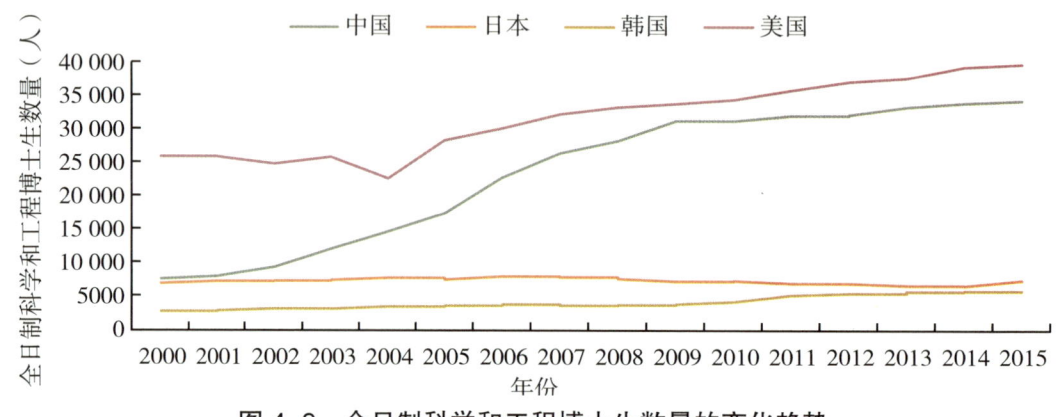

图4-9　全日制科学和工程博士生数量的变化趋势

（三）PISA测试成绩

国际学生评价项目（The Program for International Student Assessment，PISA）是经济合作与发展组织（OECD）举办的一项国际学生评估活动，每隔三年对来自世界各地的15岁学生进行阅读、数学和科学3个方面的素养测试。中学生群体是人工智能领域的潜在人才来源，PISA测试成绩作为一项衡量中学生核心素养的指标，能够反映出一个国家的初等教育水平及该国潜在人才群体的素养。

中国的PISA测试成绩得分列第1位。新加坡和爱沙尼亚以556分、525分的得分居第2位和第3位。三甲之间分数差距为20~30分。其他大多数国家的学生成绩得分接近，集中在480~520分。OECD国家平均得分为487分（图4-10）。

第四章
人工智能创新资源与环境

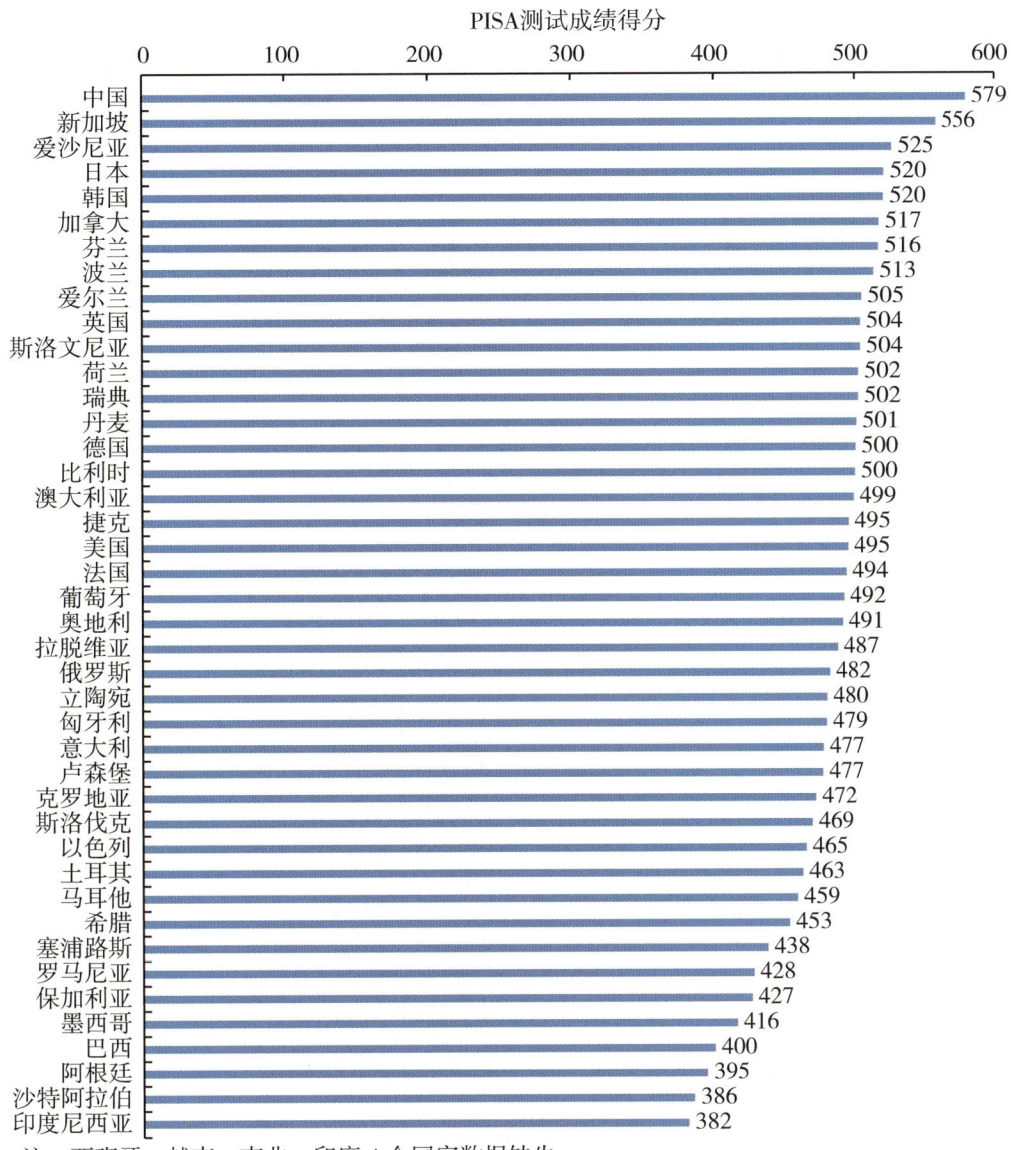

注：西班牙、越南、南非、印度4个国家数据缺失。

图 4-10　PISA 测试成绩得分

四、国家研发投入

国家研发投入反映出一国对科技创新的重视程度，会直接影响国家的科技发展水平、技术创新能力、高新技术产业发展后劲与可持续发展能力。本报告中，用国家研发投入强度（国家研发投入总量占该国 GDP 的比重）衡量一国的国家研发投入情况（图 4-11）。

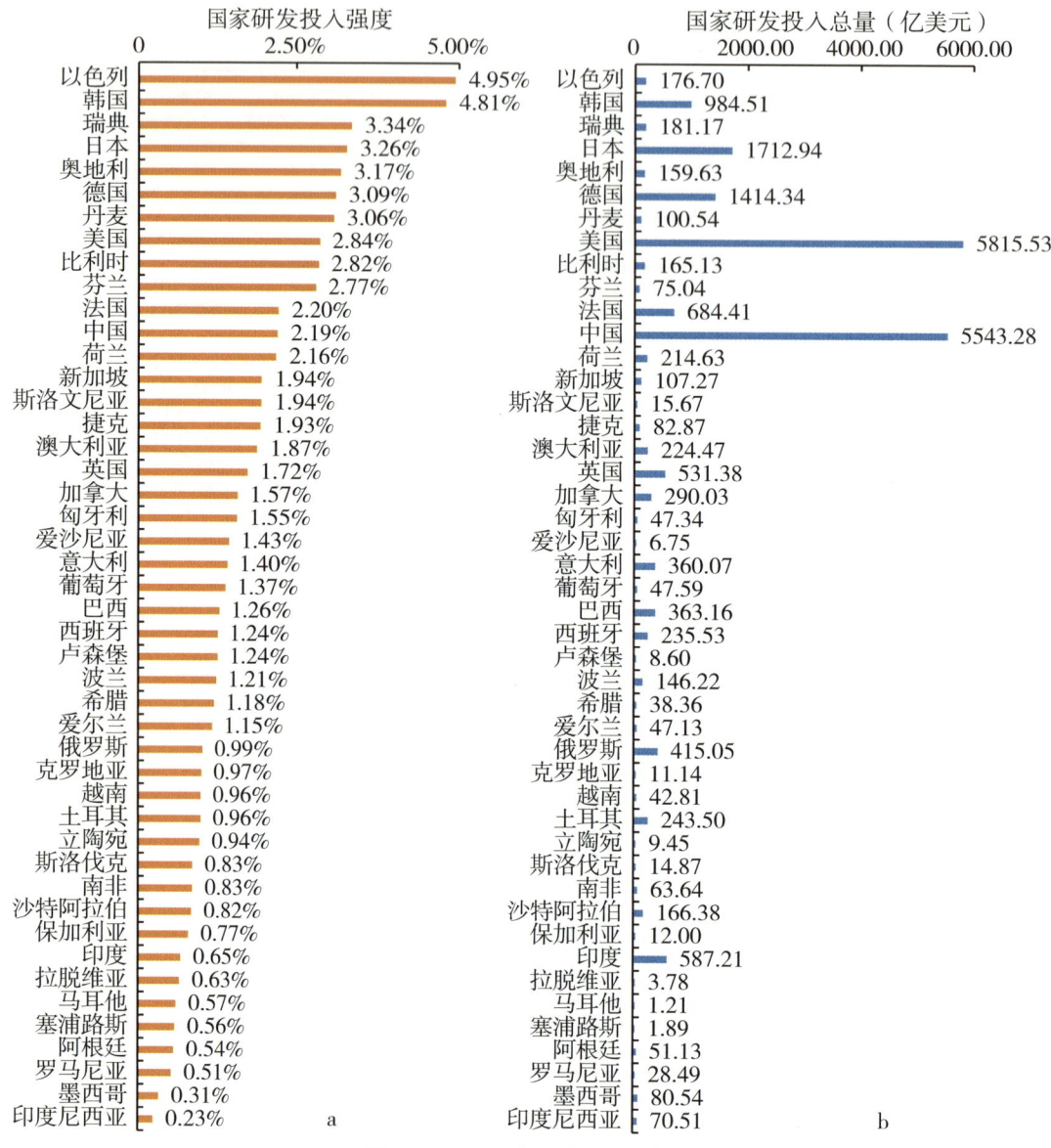

图 4-11　国家研发投入情况

以色列和韩国的国家研发投入强度遥遥领先。以色列和韩国的国家研发投入强度超过 4.8%，瑞典、日本、奥地利、德国、丹麦的国家研发投入强度在 3% 以上，且差距较小。美国、法国、中国等 6 个参评国家的研发投入强度超过 2%。澳大利亚、英国、加拿大等国的国家研发投入强度为 1%~2%。俄罗斯、印度等国家的研发投入强度在 1% 以下。

第四章
人工智能创新资源与环境

中美两国国家研发投入总量高。美国和中国是参评国家中仅有的两个国家研发投入总量超过5000亿美元的国家。2018年，美国研发投入总量为5815.53亿美元，列第1位，中国为5543.28亿美元。

绝大多数国家都在不同程度地增加国家研发投入。约40个国家的研发投入总体呈增长趋势（图4-12），只有俄罗斯、澳大利亚、芬兰、斯洛文尼亚、阿根廷和墨西哥的国家研发投入年均增长率为负数。

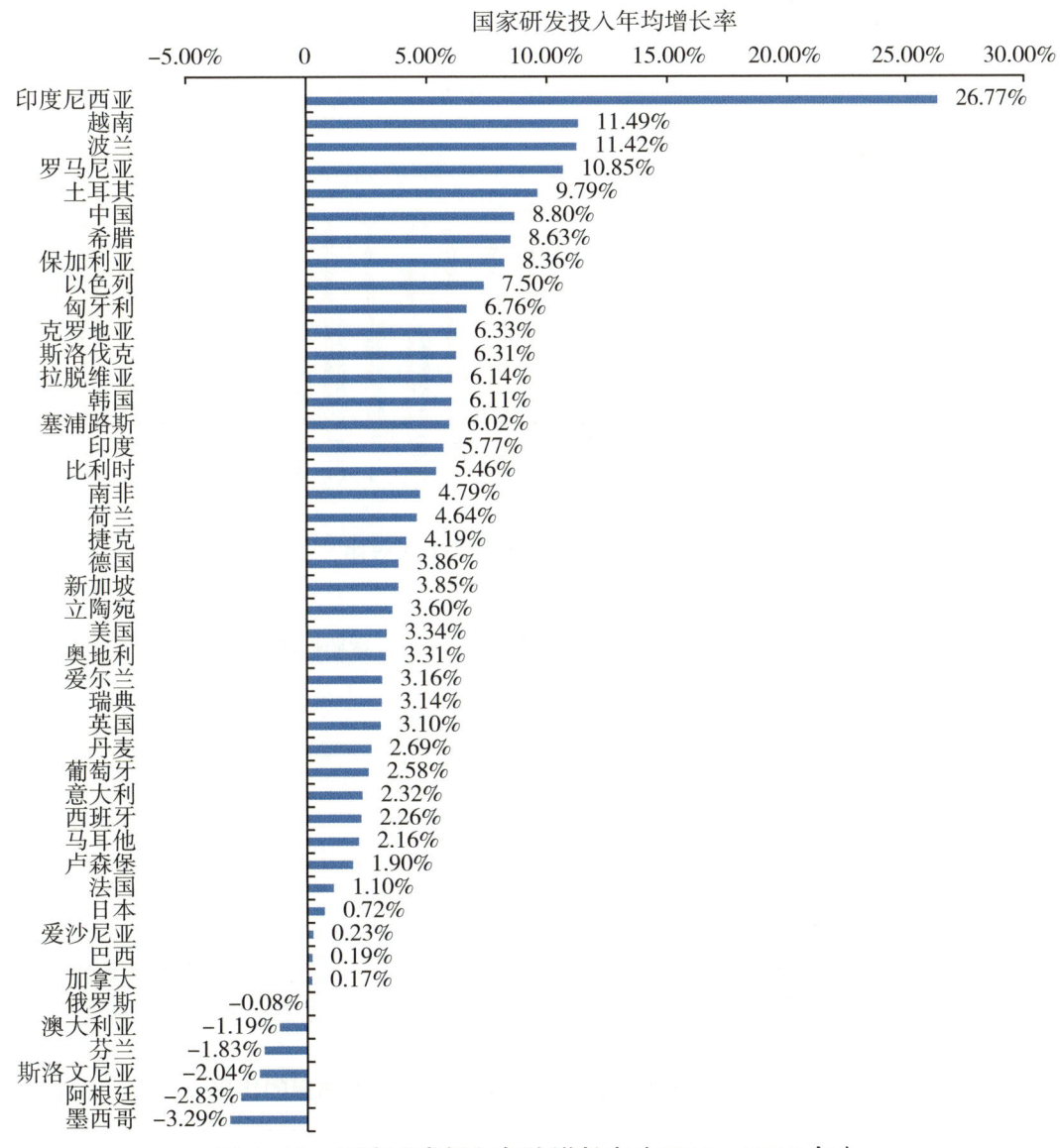

图4-12　国家研发投入年均增长率（2013—2018年）

※ 中美之间的国家研发投入对比

美国一直是全球研发投入最大的国家,中国的研发投入快速增长,与美国在总量上的差距逐渐缩小(图4-13)。美国认为其经济的发展、政治的稳定离不开高等教育机构的学术研究,且持续的成功要基于长远的基础研究。美国将其学术研究分为基础研究、应用研究和试验性研究,各类学术研发投入占研发投入总量的比重如图4-14所示。从图中可以看出,基础研究一直是美国的科研重点,自1962年占比超过40%后,一直维持在40%~60%,其中2006年占比高达58.38%。

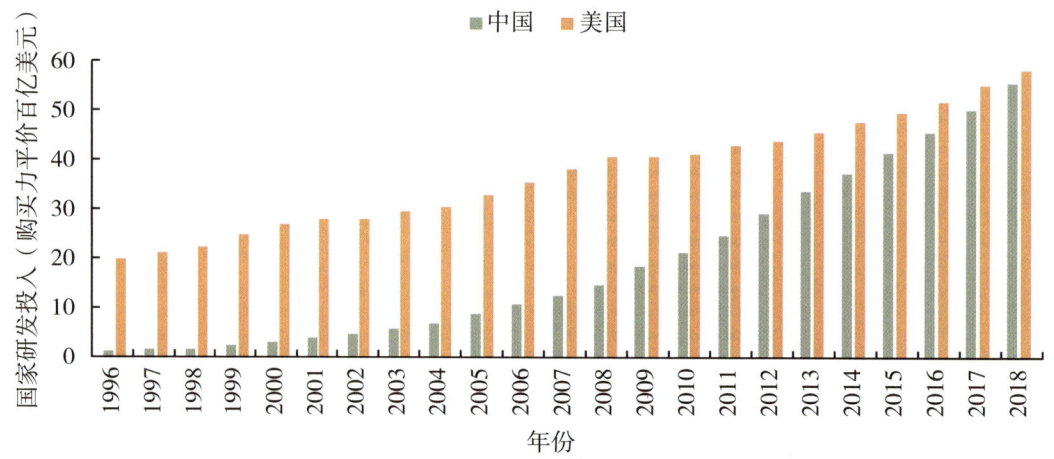

图4-13 中美国家研发投入对比

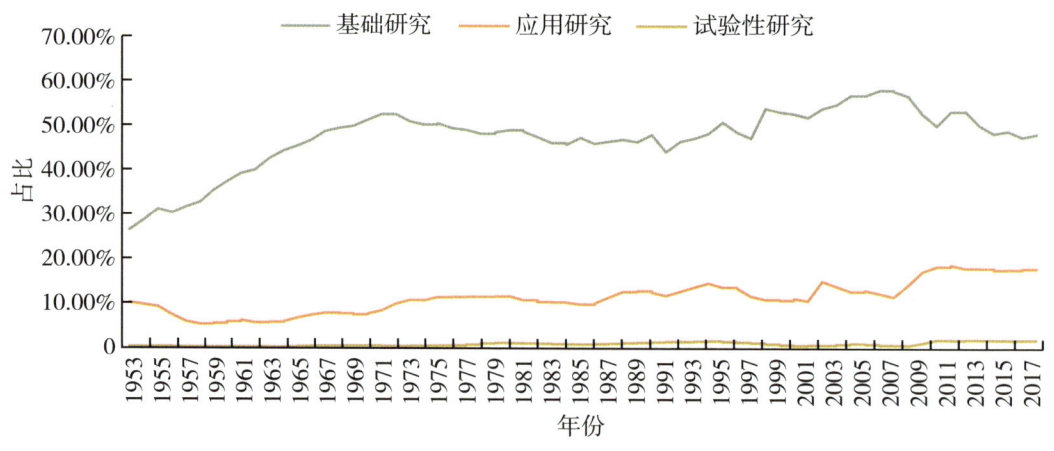

图4-14 各类学术研发投入占美国研发投入总量的比重

五、人工智能创新制度

人工智能创新制度旨在评价各个国家发布的人工智能相关政策的情况，包括战略规划、创新计划、预算、白皮书、倡议、行动方案、专项政策等。各国对人工智能发展的布局，基本体现在其相关政策规划中，既有关于前端理论研究与技术开发方面的内容，如部分国家提出的在大学中增设人工智能学科等，又涉及人工智能的应用，如部分国家大力支持无人驾驶汽车的发展等。本报告主要从两方面对制度环境进行考察：一是国家人工智能发展政策与规划的完备性；二是对人工智能伦理、标准、隐私等内容的政策关注度。

人工智能创新制度指标排名前10位的国家分别是英国（100）、美国（100）、加拿大（92.5）、芬兰（89.45）、中国（75.32）、韩国（70.50）、澳大利亚（60.00）、丹麦（55.48）、捷克（54.38）、奥地利（52.89）。

（一）国家人工智能发展政策与规划

国家政策与规划方面旨在刻画各国的战略侧重点，通过对政策文本的分析，定量测度各国在投资、教育和应用三方面的布局强度。本报告共搜集到35个国家的114份政策规划（详见附录七）。其中，美国发布的政策规划数量最多，共24项，英国其次，共13项，加拿大、澳大利亚、中国、日本、德国、意大利等国发布的政策数量在5项左右。

从图4-15可以看出，参评国家在人工智能发展政策与规划方面可以分成4个梯队：第一梯队为美国、英国、加拿大、芬兰、中国、韩国；第二梯队为丹麦、俄罗斯、奥地利、澳大利亚、捷克、新加坡、日本、法国、德国、葡萄牙、荷兰、西班牙、意大利、瑞典；第三梯队为波兰、比利时、立陶宛、爱沙尼亚、卢森堡、马耳他、斯洛伐克、以色列、匈牙利；其余国家为第四梯队。

第一梯队国家十分重视人工智能发展政策与规划，发布相关政策数量多且具备可操作性。第一梯队国家关于人工智能的政策和规划数量较多，既有宏观的整体政策和规划，又有针对某一特殊领域或特殊目的的政策和规划。此外，大多数第一梯队国家的政策和规划不仅指明了本国人工智能发展的方向，还列出了要具体优先发展的领域及实施的步骤，具备很强的可操作性。

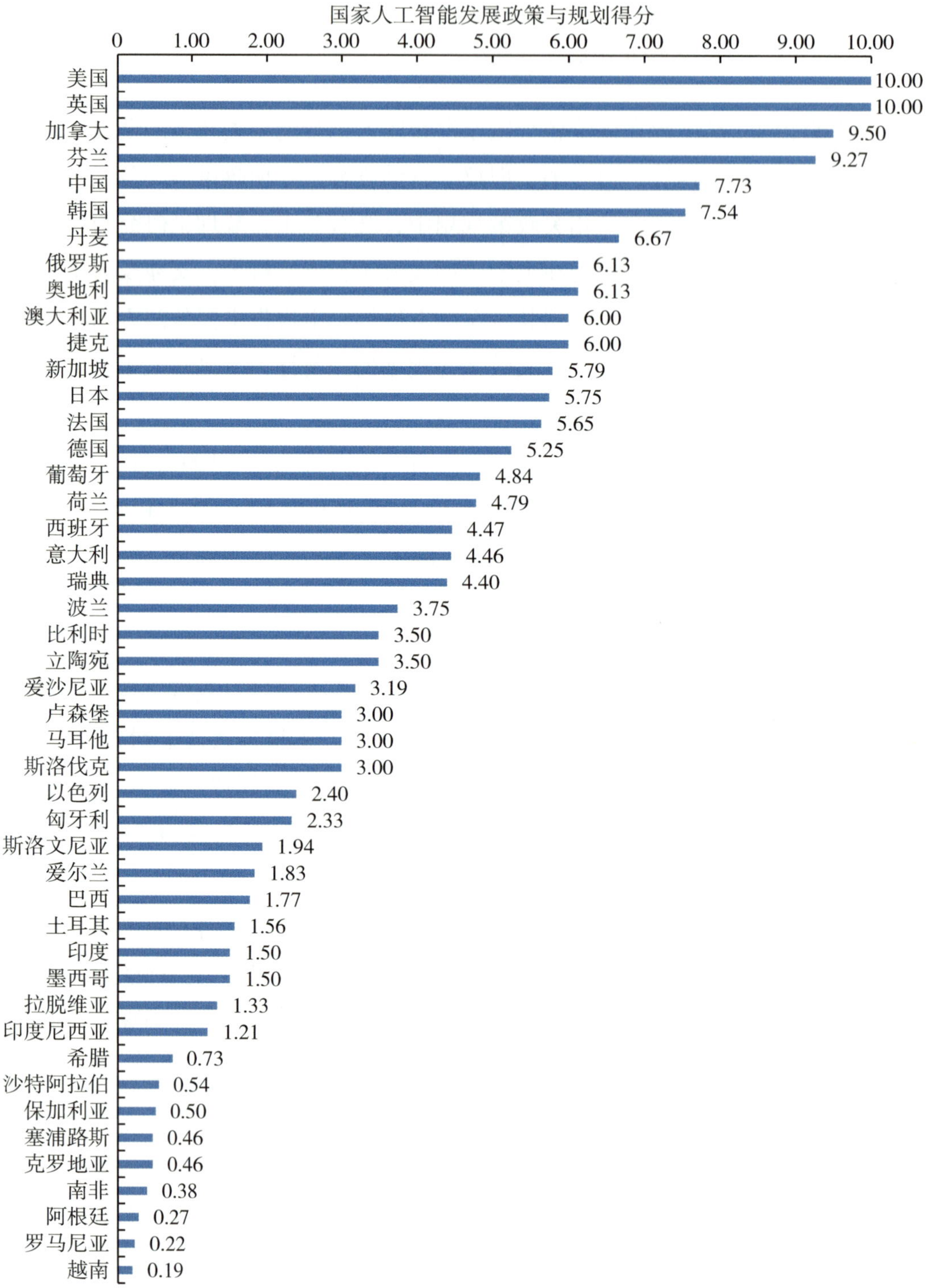

图 4-15 国家人工智能发展政策与规划得分

第二梯队国家十分重视本国的人工智能发展布局，制定了相应的政策和规划，但是第二梯队国家细分领域规划及部署不及第一梯队国家完备。第二梯队国家发表了较多人工智能方面的政策，如德国发布了 5 个与人工智能相关的政策和规划，澳大利亚发布了 6 个与人工智能相关的政策和规划，但在政策和规划的细节方面与第一梯队国家相比还有待完善。

第三梯队国家也比较重视本国的人工智能发展，但与第一梯队和第二梯队国家相比，无论是在政策和规划的数量及完备性方面，还是在政策和规划的可操作性方面，都有一定差距。

第四梯队国家在国家层面上对人工智能发展政策和规划关注度不够，相关的政策和规划只涉及人工智能发展的局部问题。相对于前三个梯队，第四梯队国家更注重短期内人工智能的发展，发展人工智能的目标多是保障其在全球人工智能发展中不掉队，促进经济发展，因此政府将焦点集中在人工智能的应用上，而非全方面部署人工智能的发展。

（二）国家人工智能社会治理

随着人工智能的迅速发展，越来越多的国家开始着眼于人工智能伦理、隐私保护、安全评估等方面的讨论和研究，并着手制定相关政策法规，以便有效地防范人工智能可能对经济社会产生的负面影响。本报告从伦理、标准、隐私三方面对各国的国家人工智能社会治理进行评价。各国得分情况如图 4-16 所示。

可以看出，参评国家在国家人工智能社会治理方面可以分成 3 个梯队：第一梯队为美国、英国、加拿大、芬兰、中国、韩国、澳大利亚；第二梯队为德国、捷克、法国、奥地利、丹麦、新加坡、意大利、西班牙、荷兰、葡萄牙、日本、俄罗斯、瑞典、立陶宛、比利时、卢森堡、马耳他、斯洛伐克；第三梯队为其他国家。

第一梯队国家格外重视安全评估、伦理、隐私保护等问题，均发布了涉及人工智能社会治理的政策文件。美国的 24 个政策规划中有 3 个政策文件专门针对人工智能伦理问题，还有 3 个针对标准制定进程。美国成立了人工智能国家安全委员会（National Security Commission on AI），负责评估人工智能的安全伦理及法律等风险。英国的 13 个政策皆涉及人工智能社会治理，其中针对伦理问题专门发布了 2 个政策。英国成立人工智能委员会（UK AI Council），作为独立的专家委员会，就

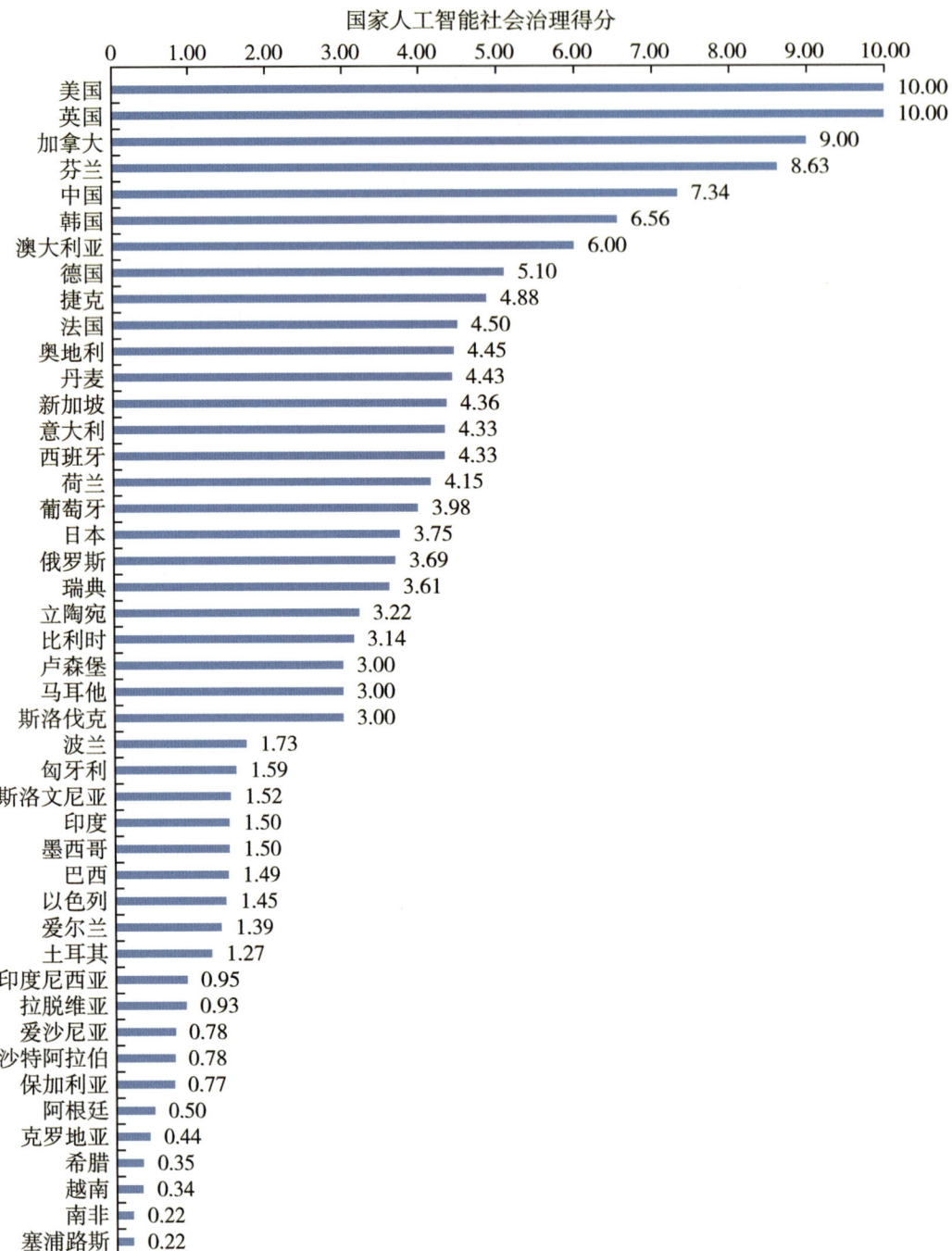

图 4-16　国家人工智能社会治理得分

如何刺激人工智能的应用、促进人工智能的伦理使用及最大限度地提高人工智能对经济增长的贡献提出建议咨询。加拿大推出人工智能与社会项目（The AI & Society Program），旨在对人工智能在发展过程中对社会的挑战如在伦理和道德上的挑战等提出相关的应对策略。中国成立了国家新一代人工智能治理专业委员会，发布了《新一代人工智能治理原则——发展负责任的人工智能》，提出了人工智能治理框架和行动指南。

在第二梯队国家中，俄罗斯、意大利并没有在人工智能的伦理、隐私和标准方面制定专门规划；德国发布了1份针对人工智能伦理的规划；日本发布了2份针对人工智能伦理的规划；法国发布了1份针对人工智能伦理的规划，1份针对人工智能标准的规划。这些政策和规划对人工智能的伦理、标准、监管等方面都有所涉及，但内容还不够具体和详细。

第三梯队国家缺乏国家层面的人工智能社会治理政策。印度国家研究院在人工智能规划中着重提及了人工智能的伦理问题，其他国家多是在相关文件中初步讨论了人工智能社会治理问题或正在规划解决人工智能社会治理问题，尚未形成全面的可实际操作的规范。

※ 中美人工智能创新制度对比

由于技术的不确定性和应用的广泛性，人工智能的发展正引发个人隐私侵犯、就业结构改变、法律和社会伦理体系受冲击等现实问题。为此，各国在发展与治理两者之间进行权衡考量，制定了相应的政策、法律、法规等。

美国发表了24个人工智能相关政策文件，涉及34个政府部门，包括白宫科技政策办公室、国防部、能源部、商业部、食品药品监督管理局、农业部、教育部等机构。白宫科技政策办公室设立了国家人工智能计划办公室，负责监督和实施美国国家人工智能战略，统筹政府与私营部门协作。能源部专门成立了人工智能与技术办公室，以提升能源利用效率，建设智慧城市。

在24个政策中，有18个政策文件详细规定了对人工智能的资金资助，其中有6个政策文件是针对政府机构对人工智能公共研究进行资助的规定，有2个政策文件涉及人工智能公共研究项目补助金的规定，有2个政策文件是对人工智能研究生贷款和奖学金的规定。此外，在24个政策中，有11个涉及人工智能的基础架构建设，其中有3个政策文件是关于建设人工智能网络和协作平台，有3个政策文件是对人工智能研究基础设施的专项支持，有5个政策文件是对人工智能信息服务和数据集获取的支持。

中国发布了5个人工智能相关的政策文件，涉及国务院、工业和信息化部、科技部、交通运输部、教育部、国家发展改革委等政府部门。2017年7月，国务院颁布《新一代人工智能发展规划》。为更好地服务于人工智能发展，中国成立了国家新一代人工智能治理专业委员会等。

中国在政策中虽然未直接提出资金投入金额，但提出了人工智能发展分三步走的战略目标。在人工智能的基础架构建设上，《新一代人工智能发展规划》中明确提出要支持基础材料、元器件、传感器的发展，鼓励发展大数据人工智能集成平台、新产品设计平台、群智众创计算支撑平台、智能化服务平台等，以加快人工智能深度应用，培育壮大人工智能产业。

第五章
人工智能科技研发

人工智能是引领未来的战略性技术,特别是进入新一轮发展热潮之后,主要国家都将人工智能基础理论和核心技术的突破作为战略部署的重点,全球人工智能学术界和产业界的创新产出快速增长。本章从人工智能学术论文和人工智能专利两个维度来衡量各国人工智能科技研发水平。

一、总体情况

人工智能科技研发包含人工智能学术论文和人工智能专利 2 个二级指标。其中,人工智能学术论文由本科及以上入学人口的人均人工智能论文产出量、人工智能顶级论文量和人工智能全球 TOP100 高被引论文占比 3 个三级指标构成;人工智能专利由人均人工智能专利申请量、人均人工智能专利授权量、人均 5G 专利申请量及人均 5G 专利授权量 4 个三级指标构成(图 5-1)。

从一级指标看,参评国家在科技研发上呈现美国、韩国、中国"三足鼎立"的现象,大部分国家研发能力较弱。葡萄牙、西班牙、印度等 27 个国家科技研发能力较差,得分处于 10 分以下;法国、瑞典、芬兰等 12 个国家科技研发能力相对一般,得分在 10~30 分;以美国为首的 7 个国家科技研发能力较强,得分高于 30 分,且美国、韩国、中国 3 个国家领先优势明显。

国家	人工智能科技研发	人工智能学术论文			人工智能专利			
		人均人工智能论文产出量	人工智能顶级论文量	人工智能全球TOP100高被引论文占比	人均人工智能专利申请量	人均人工智能专利授权量	人均5G专利申请量	人均5G专利授权量
美国	62.12	22.26	100.00	100.00	54.74	80.46	47.01	18.42
韩国	55.92	62.32	12.44	10.00	100.00	100.00	100.00	34.32
中国	54.78	25.03	100.00	100.00	73.76	42.26	20.82	1.38
加拿大	41.09	40.42	11.64	10.00	17.78	100.00	28.18	100.00
新加坡	40.48	100.00	7.40	40.00	22.97	12.47	72.01	19.85
德国	37.69	29.79	14.92	50.00	78.09	92.20	3.44	1.49
以色列	34.06	29.53	5.28	0.00	100.00	100.00	8.13	17.94
卢森堡	25.95	100.00	0.08	0.00	22.58	38.71	12.90	0.00
英国	24.02	31.84	17.84	40.00	40.95	28.32	3.01	0.29
日本	23.77	25.24	9.28	10.00	52.76	46.99	30.17	0.88
澳大利亚	22.34	28.19	11.48	50.00	19.98	1.64	37.57	0.00
法国	17.95	23.46	8.44	10.00	31.13	55.29	1.12	0.16
瑞典	15.41	32.41	1.52	0.00	8.96	13.89	38.76	16.45
芬兰	15.16	34.45	1.20	0.00	13.14	9.49	21.91	29.21
爱尔兰	12.46	30.84	1.12	0.00	0.83	47.97	0.00	8.27
马耳他	11.15	36.05	0.04	0.00	0.00	41.08	0.00	0.00
荷兰	10.63	27.30	4.12	20.00	4.74	8.62	0.43	2.70
意大利	10.08	38.62	4.88	0.00	11.49	11.18	0.00	0.00
丹麦	10.05	30.60	1.00	20.00	5.62	5.29	0.66	0.00
葡萄牙	7.90	46.46	0.92	0.00	0.00	0.00	0.00	0.00
塞浦路斯	7.52	29.60	0.04	0.00	0.00	12.71	0.00	7.94
爱沙尼亚	7.52	32.22	0.12	0.00	0.00	17.04	0.00	0.00
西班牙	6.61	28.25	4.88	0.00	1.51	0.87	5.88	0.43
捷克	6.44	37.18	1.20	0.00	0.00	0.37	0.00	0.00
印度	6.27	4.85	8.04	20.00	1.22	0.36	4.68	0.05
斯洛文尼亚	6.16	36.71	0.28	0.00	0.00	0.00	0.00	0.00
奥地利	6.13	25.84	1.16	0.00	5.64	6.94	0.43	0.00
斯洛伐克	5.22	30.76	0.04	0.00	0.00	0.73	0.00	0.00
罗马尼亚	5.05	29.38	0.24	0.00	0.45	0.45	0.00	0.00
沙特阿拉伯	4.79	9.66	1.56	10.00	4.31	5.70	0.00	0.00
比利时	4.47	22.25	1.32	0.00	0.78	2.74	0.78	0.00
越南	4.00	7.65	0.12	10.00	0.16	0.00	8.12	0.00
波兰	3.83	21.60	0.92	0.00	0.27	0.22	0.11	0.00
希腊	3.53	19.97	0.60	0.00	0.00	0.84	0.00	0.00
匈牙利	3.50	19.51	0.24	0.00	0.85	0.85	0.00	0.00
克罗地亚	3.00	17.92	0.08	0.00	0.00	0.00	0.00	0.00
俄罗斯	2.81	7.10	1.40	0.00	3.11	4.77	3.23	0.00
立陶宛	2.69	15.10	0.00	0.00	0.00	1.37	0.00	0.00
巴西	2.00	5.24	1.16	0.00	0.47	0.24	6.63	0.00
阿根廷	1.94	0.94	0.04	0.00	0.10	12.13	2.02	0.00
保加利亚	1.88	11.04	0.00	0.00	0.30	0.00	0.00	0.00
南非	1.62	6.90	0.04	0.00	0.00	0.09	3.52	0.00
墨西哥	1.38	4.55	0.40	0.00	0.16	0.07	4.20	0.00
拉脱维亚	1.33	7.96	0.04	0.00	0.00	0.00	0.00	0.00
土耳其	1.30	5.63	1.04	0.00	0.66	0.24	0.42	0.15
印度尼西亚	0.62	1.80	0.00	0.00	0.05	0.40	1.90	0.19

图 5-1 各个参评国家的人工智能科技研发各级指标得分情况（圆形大小：指数得分）

从二级指标看，大部分国家的学术能力和技术研发能力保持相对一致，34个国家学术论文和专利两项二级指标的排名差都不超过10名。其中，美国、韩国、中国、加拿大、新加坡、德国6个国家在科技研发整体水平及学术论文和专利两个子领域上都排名前10位。

从三级指标看，各国在各维度上都呈现明显的断层分布，尤其是学术论文方面。人工智能顶级论文量上，美国和中国得分为满分，有31个国家大约只有1分，剩余13个国家也仅在10分左右；人工智能全球TOP100高被引论文占比上，美中两国同样以满分的成绩并列第1位，而有29国家得分为0分。专利方面，韩国、加拿大、德国、以色列等国都具有各自的竞争优势。

美国、中国科研实力突出。两国在人工智能顶级论文量、人工智能全球TOP100高被引论文占比两项指标上均并列第1位。2019年，46个参评国家共发表人工智能相关论文14.2万篇，美国、中国共计7.6万篇，占比超过50%。其中，在本次统计的9950篇顶级论文中，美中两国共计6486篇，占比超过65%；在统计的98篇高被引论文中，美中两国共计74篇，占比超过75%。

韩国在专利方面具有明显优势。虽然韩国在人工智能顶级论文量、人工智能全球TOP100高被引论文占比等学术论文指标上逊色于中美两国，但在专利上却首屈一指，人均人工智能专利申请量和授权量、人均5G专利申请量3个指标均排名第1位，人均5G专利授权量指标排名第2位。其中，人均人工智能专利申请量、授权量分别为109.43项/百万劳动人口、71.10项/百万劳动人口，人均5G专利申请量、授权量分别为57.27项/百万劳动人口、6.86项/百万劳动人口。

加拿大的人均人工智能专利授权量处于领先水平。与专利申请量相比，加拿大的专利授权量表现更好，其人均人工智能专利授权量和人均5G专利授权量得分均排名第1位，而人均人工智能和5G专利申请量则分别排名第12位和第7位。

以色列尤为注重人工智能专利产出。以色列的人均人工智能专利申请量和授权量两个指标均排名第1位，其他指标表现相对一般，尤其是在学术论文方面，3个三级指标均排在第15位左右。

新加坡和卢森堡的优势主要体现在人均人工智能论文产出量上。由于人口基数的原因，新加坡和卢森堡两国的人均人工智能论文产出量指标均为满分，遥遥领先其他国家。但其他指标并不突出，如新加坡的人均人工智能专利授权量排名第16位，卢森堡的人工智能顶级论文量仅排名第36位。

二、人工智能学术论文

从人工智能学术论文总体水平看，中国（75.01）、美国（74.09）和新加坡（49.13）列前3位，卢森堡（33.36）、德国（31.57）和英国（29.89）紧随其后，处在末尾的国家是墨西哥（1.65）、印度尼西亚（0.60）和阿根廷（0.33）。

（一）人均人工智能论文产出量

人均人工智能论文产出量是指一个国家于统计周期内发表在会议及期刊上的人工智能论文总量与本科及以上入学人口数量之比。图5-2反映了参评国家2019年人工智能论文产出总量和人均论文产出量的情况。

卢森堡人均人工智能论文产出量领先优势明显。卢森堡每百万本科及以上入学人口人工智能论文产出量为12 609.80篇，居第1位。居第2位的新加坡每百万本科及以上入学人口人工智能论文产出量为6664.44篇，仅为卢森堡的50%左右。韩国每百万本科及以上入学人口人工智能论文产出量为3116.25篇，不到新加坡的50%。意大利等41个国家的人均人工智能论文产出量都低于2000篇/百万本科及以上入学人口。

中美两国论文发表总量处于领跑地位，但人均人工智能论文产出量不高。中国、美国的每百万本科及以上入学人口人工智能论文产出量分别为1251.40篇和1112.99篇，居第26位和第28位。

第五章 人工智能科技研发

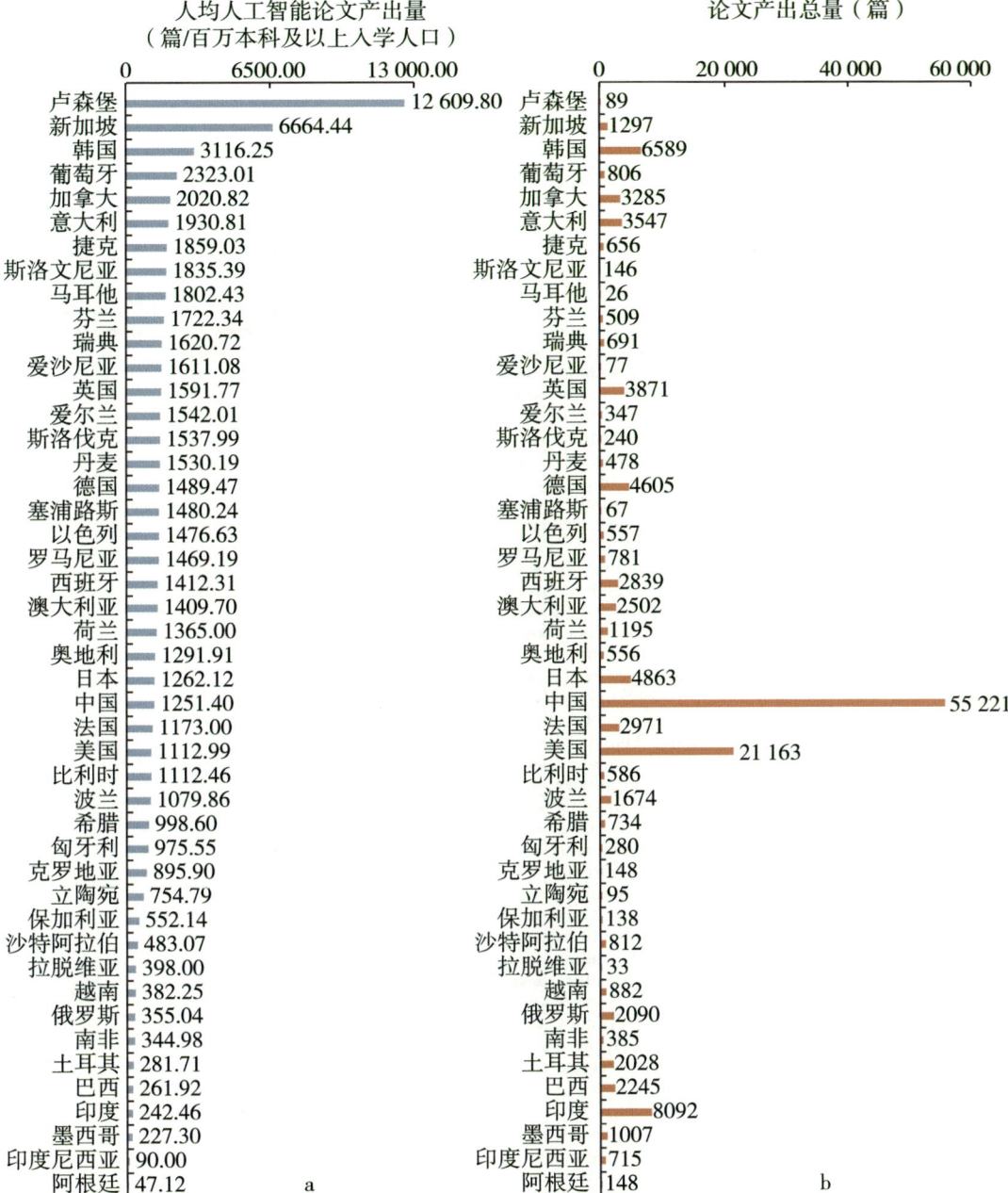

图 5-2 各参评国家的人工智能论文产出情况

※ 人工智能论文主题、机构分析

跨学科、多领域融合的人工智能研究增多。人工智能学术论文涉及多个学科领域，体现了人工智能研究的学科交叉性。图 5-3 是 WOS 数据库中 2019 年人工智能

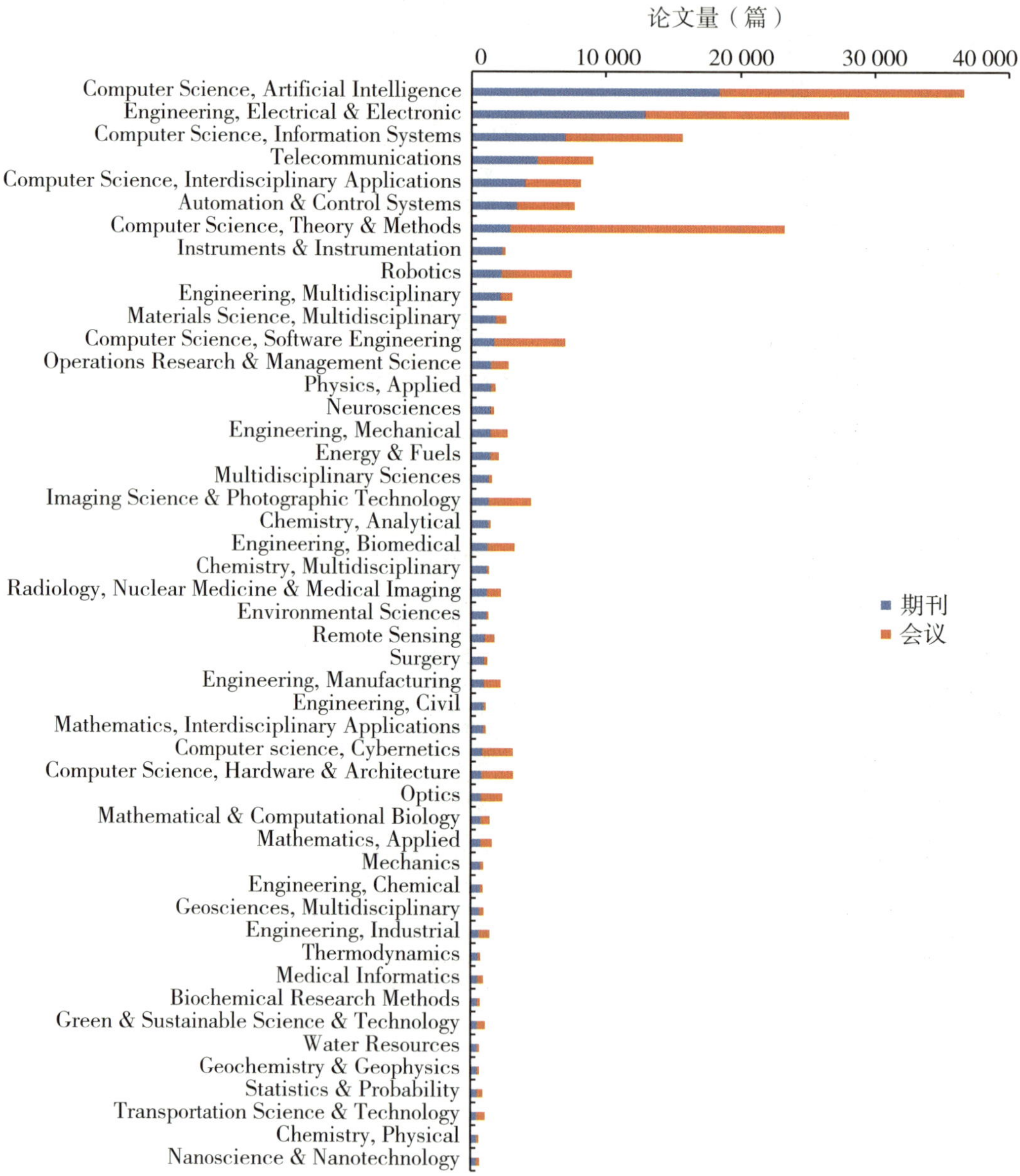

图 5-3　2019 年人工智能学术论文主题分布

学术论文的学科主题分布情况。

从图中可以看出，人工智能论文的学科主题集中在工程、电气和电子（Engineering，Electrical & Electronic）和计算机科学（Computer Science）等领域，同时也涉及多学科科学（Multidiscipline）、电信（Telecommunications）、运筹学与管理科学（Operations Research & Management Science）、材料科学（Materials Science）等多个学科主题。

世界各国的高等院校是人工智能研究的主力军。由表5-1和表5-2可知，各国的人工智能学术论文主要来自高等院校。在国外高等院校中，除美国外，各国公立高等院校表现优于私立院校，在中国，理工和技术类大学的表现要优于综合性大学。

表5-1 人工智能会议论文产出机构排名

排名	中国	美国	其他国家
1	中国科学院	卡内基梅隆大学	东京大学
2	清华大学	麻省理工学院	韩国科学技术研究所
3	中国科学院大学	斯坦福大学	国立首尔大学
4	上海交通大学	加州大学伯克利分校	南洋理工大学
5	北京大学	北卡罗来纳大学	瑞士联邦理工学院
6	北京航空航天大学	伊利诺伊州大学	慕尼黑技术大学
7	北京理工大学	佐治亚理工学院	伦敦帝国学院
8	北京邮电大学	约翰·霍普金斯大学	新加坡国立大学
9	浙江大学	南加州大学	牛津大学
10	哈尔滨工业大学	加州大学洛杉矶分校	滑铁卢大学

表5-2 人工智能期刊论文产出机构排名

排名	中国	美国	其他国家
1	中国科学院	加州大学洛杉矶分校	伊斯兰阿扎德大学
2	清华大学	斯坦福大学	首尔国立大学
3	哈尔滨工业大学	伊利诺伊州大学	越南孙德盛大学
4	上海交通大学	麻省理工学院	延世大学

续表

排名	中国	美国	其他国家
5	浙江大学	佐治亚理工学院	韩国高级科技研究所
6	华中科技大学	约翰·霍普金斯大学	德黑兰大学
7	中国科学院大学	美国密歇根大学	南洋理工大学
8	北京航空航天大学	卡内基梅隆大学	韩国大学
9	西北工业大学	北卡罗来纳大学	印度理工学院
10	电子科技大学	匹兹堡大学	新加坡国立大学

（二）人工智能顶级论文量

人工智能顶级论文量是指一个国家于统计周期内在人工智能顶级期刊和会议上发表的论文总数。其中，顶级期刊为 Web of Science《期刊引证报告》（Journal Citation Reports™，JCR）人工智能类别中影响因子排名前 5% 的期刊，顶级会议是中国计算机学会推荐的学术会议（人工智能）A 类会议，包括 AAAI（美国人工智能协会年会）、CVPR（IEEE 国际计算机视觉与模式识别会议）、ICCV（国际计算机视觉大会）、ICML（国际机器学习大会）、IJCAI（国际人工智能联合会议）、NeurIPS（神经信息处理系统大会）、NIPS（神经信息处理系统进展大会）和 ACL（计算语言学协会年会）。人工智能顶级期刊与会议是最新科研成果与发展趋势的集中体现，因此这一指标反映了一国科研人员在人工智能学术方面的竞争力。图 5-4 反映了参评国家 2019 年人工智能顶级论文量情况。

中美领先优势明显，表现出较强的研究实力。中国顶级论文数量为 3555 篇，绝对数值排名第 1 位，美国的顶级论文数量为 2931 篇，绝对数值排名第 2 位，紧随其后的英国和德国则分别为 446 和 373 篇，与中国和美国的差距较大。

国家间顶级论文数量差距较大，1/3 参评国家人工智能顶级论文量仅为个位数。沙特阿拉伯、瑞典、俄罗斯等 15 个国家的人工智能顶级论文量为两位数，斯洛文尼亚、匈牙利、罗马尼亚等 16 个国家的人工智能顶级论文量仅为个位数字。

欧洲国家顶级论文数量表现不佳。虽然人均人工智能论文产出量这一指标排名中，欧洲国家整体表现较好，在前 10 位中占了 7 个席位，然而欧洲国家在顶级论

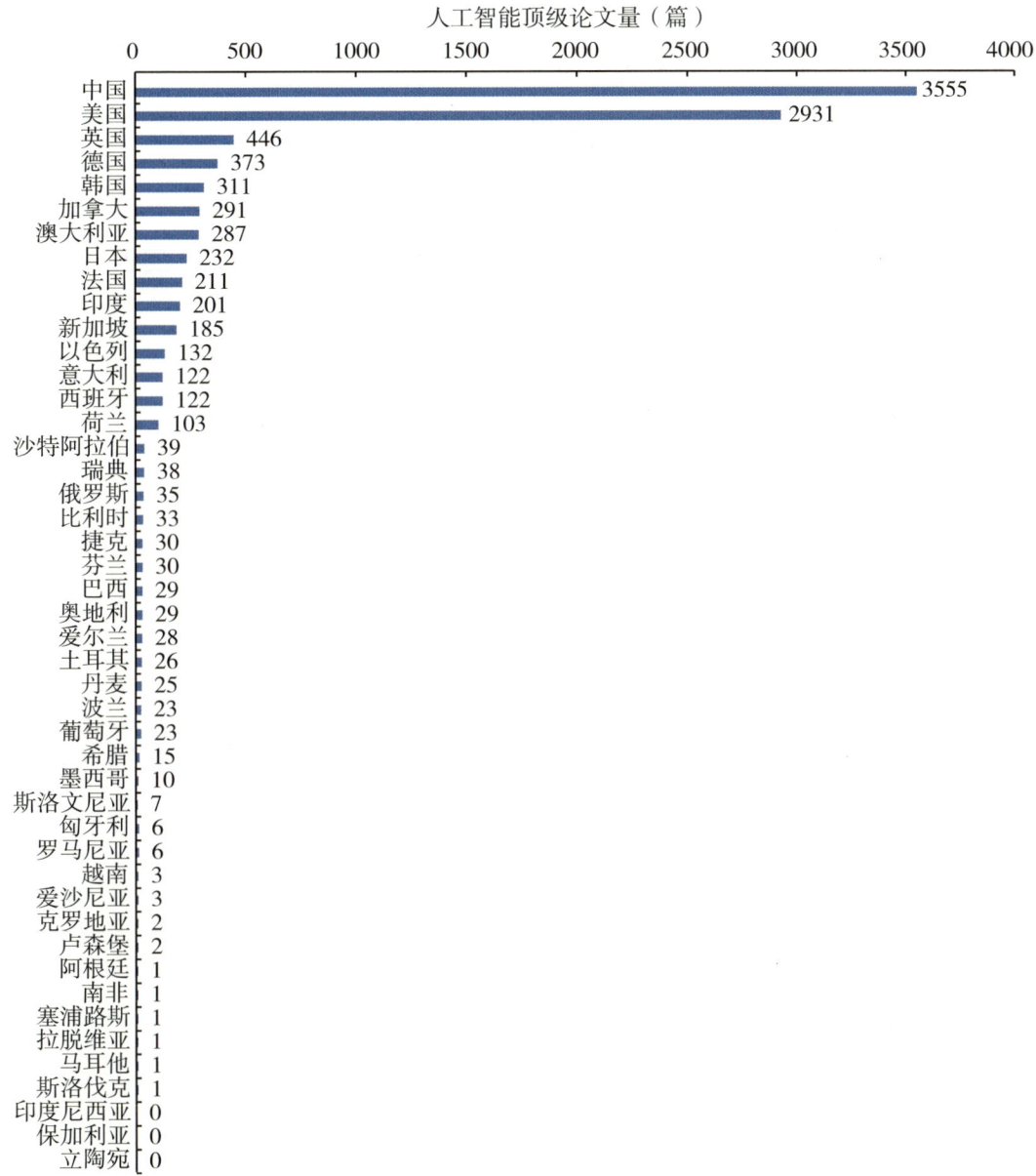

图 5-4 参评国家人工智能顶级论文量

文方面的表现则不尽如人意,仅有英国、德国、法国 3 个国家居前 10 位,大部分欧洲国家排在第 23 位以后。

※ 顶级期刊和顶级会议论文分布

各国顶级会议论文数量普遍比顶级期刊论文数量多,如图 5-5 所示。很多国家顶级期刊论文数量不到顶级会议论文数量的50%。美国在人工智能顶级会议论文方面的领先优势更为明显。虽然美国的顶级论文总量低于中国，但顶级会议论文比中国多200篇左右。从占比上看，美国的人工智能顶级论文中93%为会议论文，而中国则为71%。

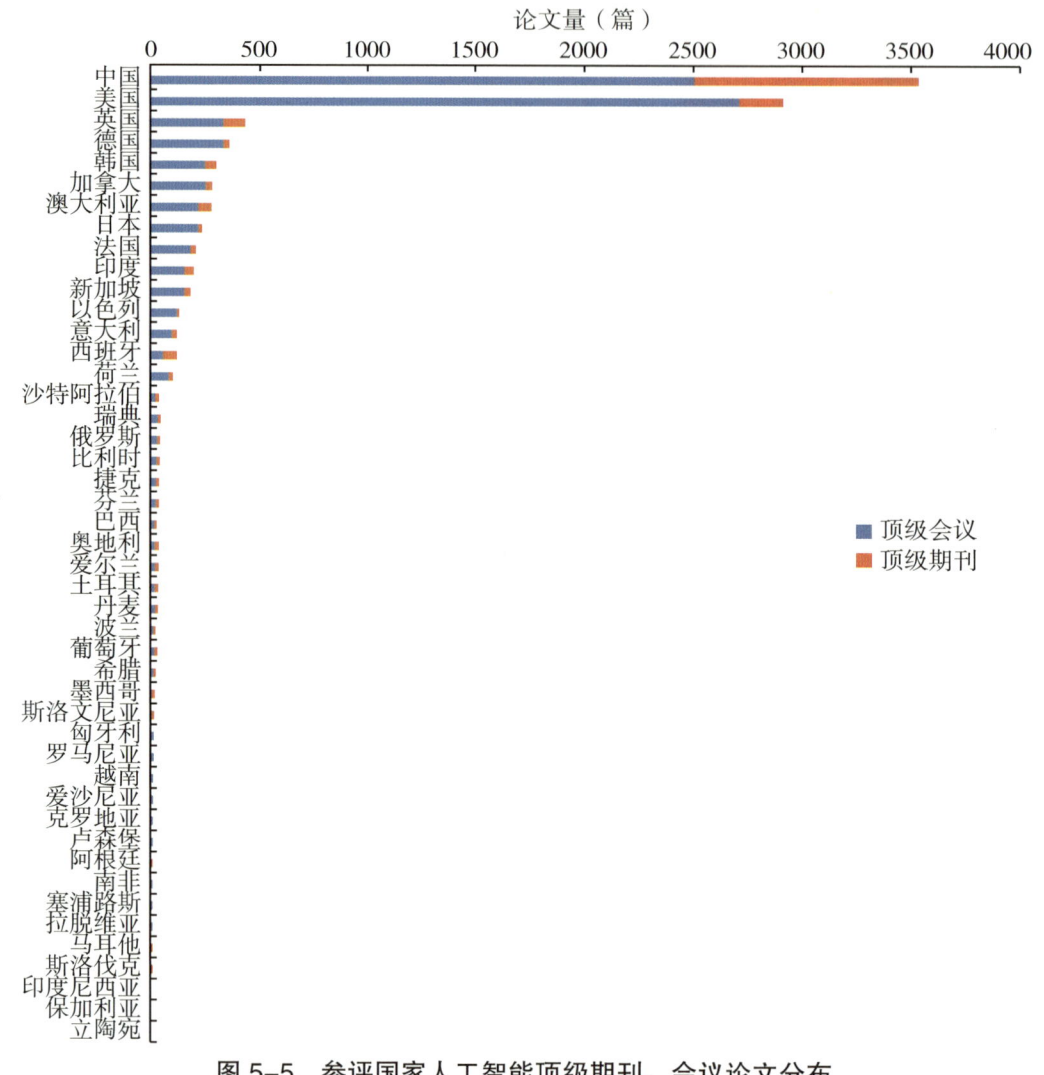

图 5-5 参评国家人工智能顶级期刊、会议论文分布

（三）人工智能全球 TOP100 高被引论文占比

人工智能全球TOP100高被引论文占比是指一个国家于统计周期内发表的被引次数排名全球前100位的论文数占参评国家入选论文总数的比例，这一指标可以体

现出一国在人工智能领域的科研影响力。图 5-6 反映了参评国家 2019 年人工智能全球 TOP100 高被引论文的数量情况。

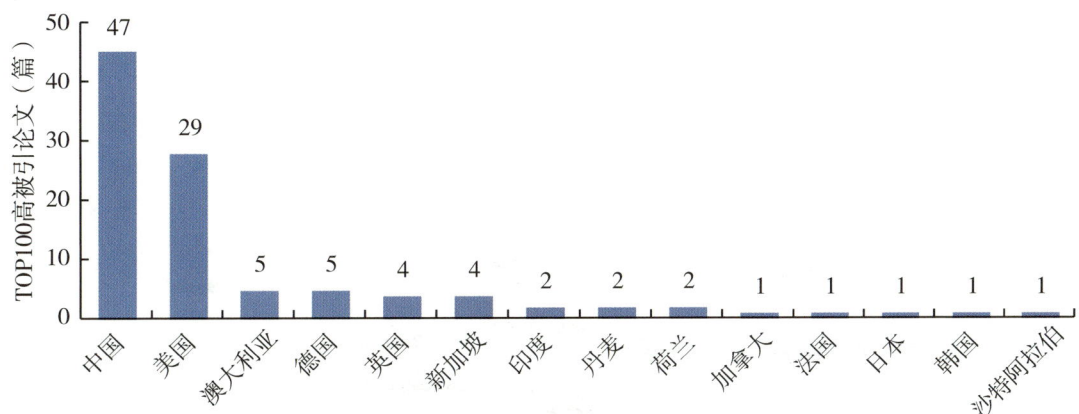

注：论文的国别按第一作者所在机构的所属国家进行统计，一篇论文可能属于多个国家。

图 5-6　人工智能全球 TOP100 高被引论文的国别分布情况

人工智能全球 TOP100 高被引论文主要集中在中国和美国。46 个参评国家共有 98 篇论文[①] 入选人工智能高被引论文全球 TOP100 排行（另外两篇分别来自挪威和埃及），其中中国为 47 篇，美国为 29 篇，两国总量占论文总数的 77.6%。

上榜的多为发达国家，大部分参评国家榜上无名。除中国、印度和沙特阿拉伯以外，人工智能全球 TOP100 高被引论文分属美国、德国、澳大利亚、英国、新加坡、丹麦、荷兰、加拿大、法国、日本、韩国等 11 个发达国家。

※ 论文作者国家合作网络分析

中国学者的国际合作程度进一步提升。在 2018 年度人工智能全球 TOP100 高被引论文中，中国学者参与的论文共有 65 篇，其中 29 篇由中国学者独立完成，36 篇由中国学者与国外学者合作完成，国际合作论文占比为 55.4%。2019 年度人工智能全球 TOP100 高被引论文中，中国学者参与的论文共有 53 篇，其中，由中国学者独立完成的论文为 22 篇，由中国学者与国外学者合作完成的论文为 31 篇，国际

---

① 剔除重复计算的论文。

合作论文占比为 58.5%。

中国与美国的论文合作最为紧密，如图 5-7 所示。2019 年，中国学者与 17 个国家的学者有合作关系，既有美国、日本、韩国等人工智能发展排名较为靠前的国家，也有科威特、卡塔尔等人工智能发展相对不充分的国家。其中，中国学者与美国学者合作最为紧密，论文合作篇数达 13 篇。在国际合作论文中，中国的第一作者占比较高，在合作完成的 31 篇 TOP100 论文中，中国的第一作者率达到 70%。

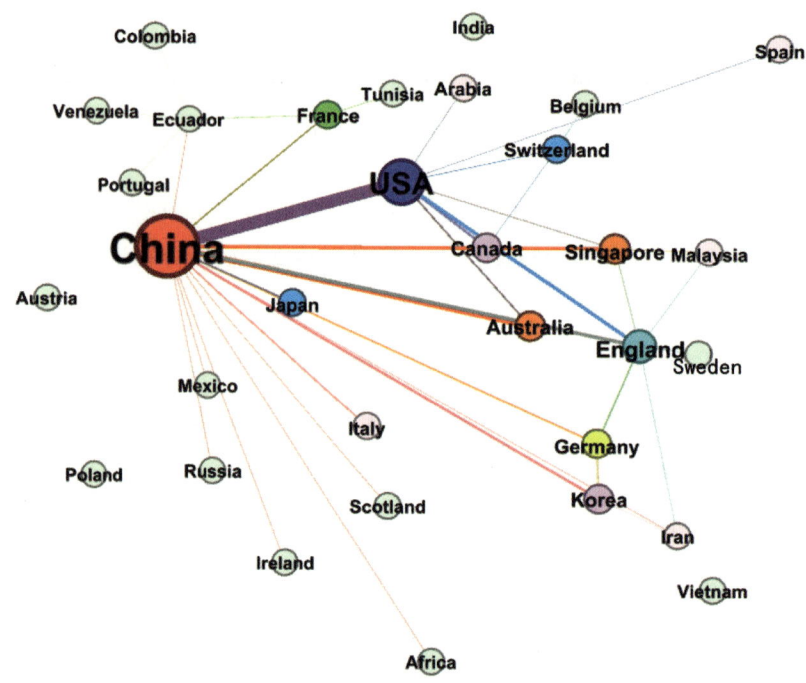

图 5-7　2019 年全球 TOP100 人工智能论文作者国家合作网络

三、人工智能专利

从人工智能专利方面的整体表现看，韩国拥有绝对领先优势（83.58），加拿大与以色列则分别以 61.49 和 56.52 的得分居第 2 位和第 3 位，其余排名前 10 位的国家还有美国（50.16）、德国（43.81）、中国（34.55）、日本（32.70）、新加坡（31.83）、法国（21.93）和瑞典（19.52）。

（一）人均人工智能专利申请量

人均人工智能专利申请量是指一个国家在一个统计周期内人工智能专利申请数量与该国劳动人口数量之比。专利是技术发展及应用水平的重要体现，人均人工智能专利申请量能直观体现出一国创新主体在人工智能领域的研发活力。图 5-8 反映了参评国家人工智能专利的申请情况。

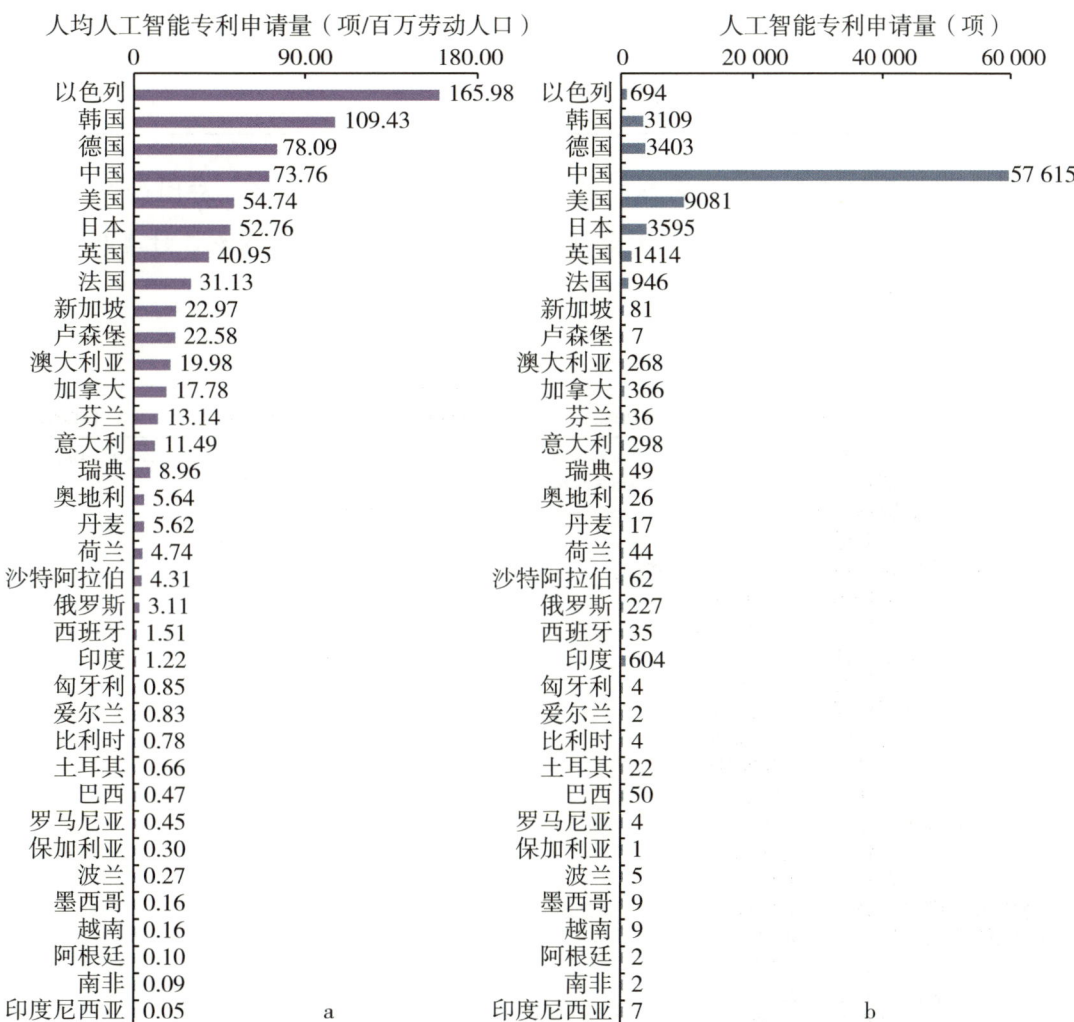

图 5-8　人工智能专利申请量与人均专利申请量（仅显示申请量大于 0 的国家）

以色列人均人工智能专利申请量优势明显。以色列人均人工智能专利申请量为 165.98 项 / 百万劳动人口，绝对数值排名第 1 位，绝对数值排名第 2 位的韩国为

109.43 项/百万劳动人口，与以色列存在一定差距。德国、中国紧随其后，且差距不大，均为 75 项/百万劳动人口左右。美国和日本在人均人工智能专利申请量上水平相近，处在 53 项/百万劳动人口左右。

中国、美国在总量指标和人均指标上均处于领先行列。从总量看，2019 年，中国、美国的人工智能专利申请总量分别为 57 615 项和 9081 项，远远高于其他国家。从人均水平看，中美两国人均人工智能专利申请量也处于上游水平，分别排在第 4 位和第 5 位。

※ 人工智能专利申请学科分布

人工智能专利主要集中在工程、仪器仪表和计算机科学领域。如图 5-9 所示，2019 年人工智能专利申请涉及几十个领域，其中，工程、仪器仪表、计算机科学 3 个学科的占比最高。

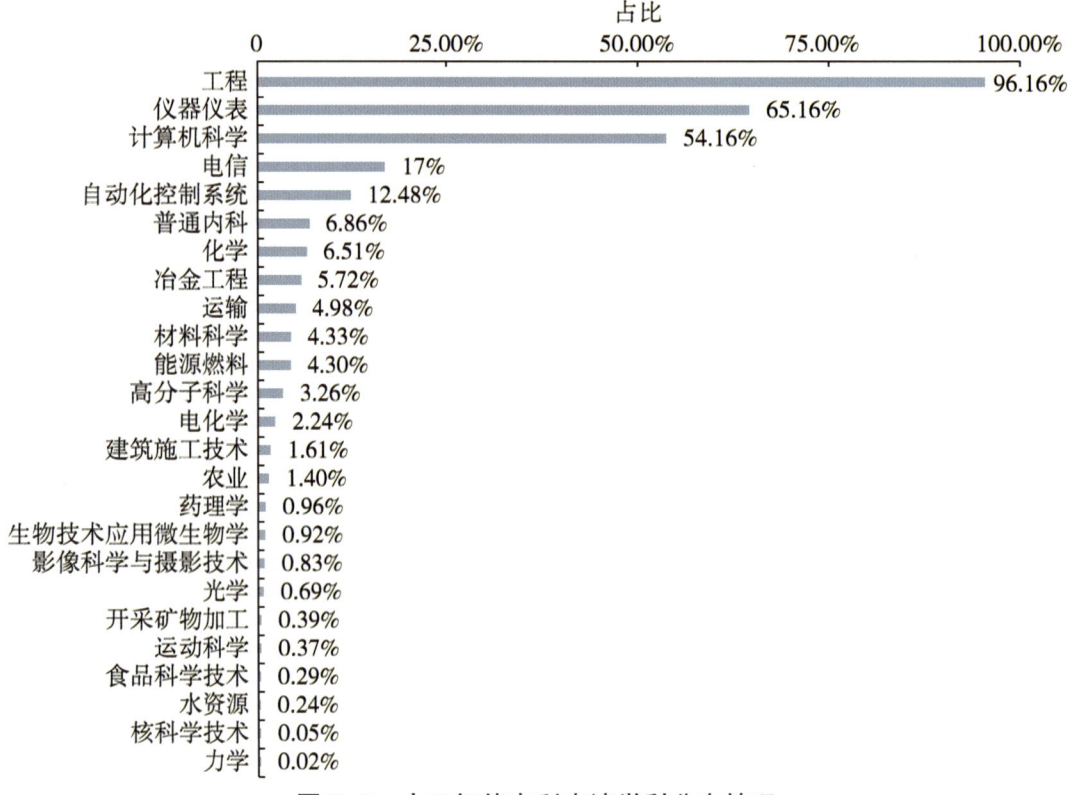

图 5-9　人工智能专利申请学科分布情况

（二）人均人工智能专利授权量

人均人工智能专利授权量是指一个国家在一个统计周期内人工智能专利授权数量与该国劳动人口数量之比。在所有申请的专利中，只有具备一定的新颖性、创造性和实用性，才会获得授权，因此专利授权量是更具含金量的指标，更能体现出人工智能核心技术的研发能力。图5-10反映出参评国家人工智能专利的授权情况。

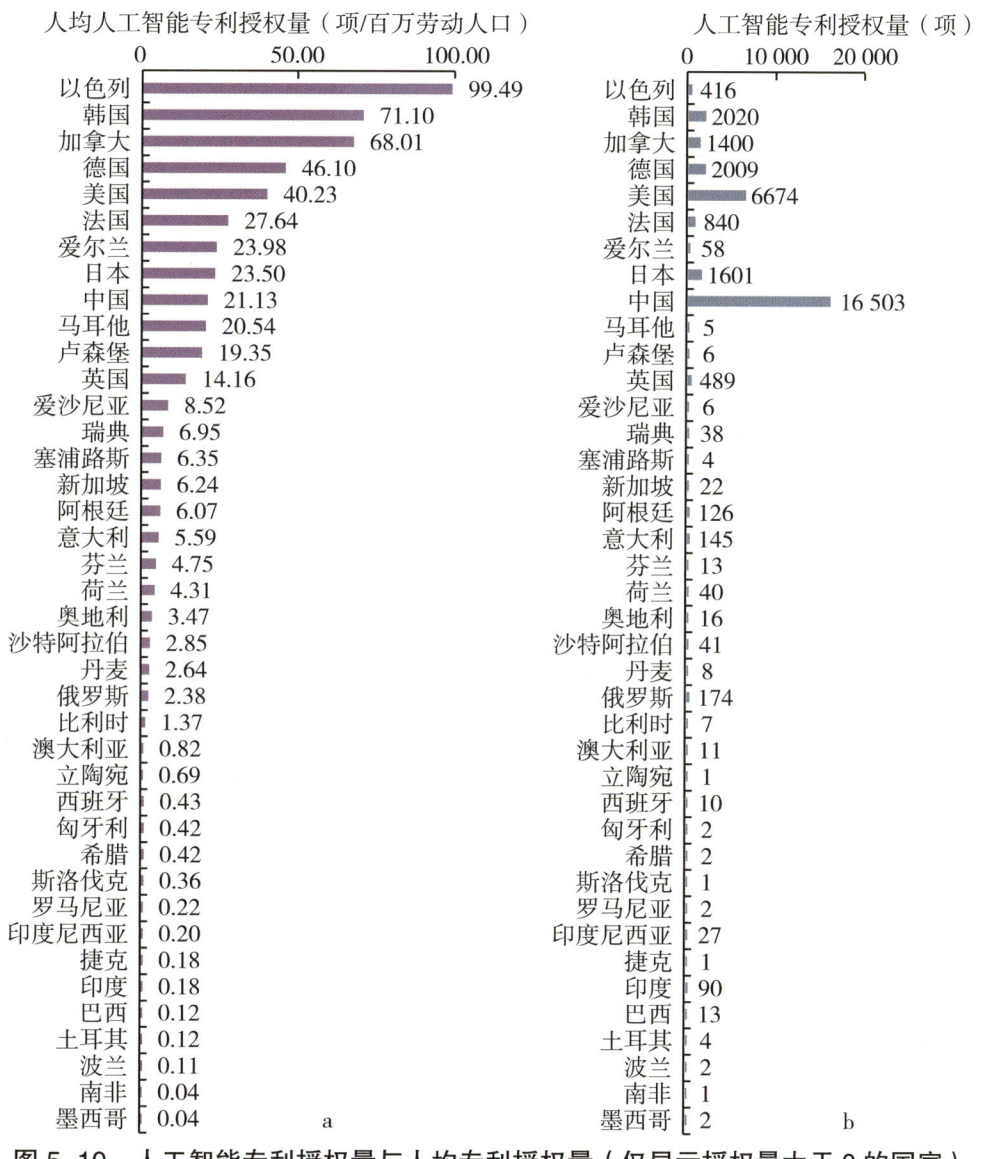

图5-10 人工智能专利授权量与人均专利授权量（仅显示授权量大于0的国家）

以色列、韩国、加拿大的人均人工智能专利授权量居前3位。与人均人工智能专利申请量的情况相同,以色列和韩国在人均人工智能专利授权量上也分别排名第1位和第2位。加拿大在人均人工智能专利授权量上的表现明显优于申请量。德国和美国水平相近,法国、爱尔兰、日本、中国、马耳他的人均人工智能专利授权量均在20项/百万劳动人口以上。

从总量看,中美两国领先,韩国、德国水平相近。中国的人工智能专利授权量遥遥领先,约为美国的2.5倍、韩国的8倍。韩国、德国的人工智能专利授权量均在2000项左右,加拿大、日本在1400~1600项。其余国家的授权量均低于1000项。

※ 人工智能授权专利国际合作网络

图5-11展示了人工智能授权专利国际合作网络,图中节点大小表示度中心性,即反映一国在人工智能授权专利国际合作网络中的重要性。从图中可以看出,美国在专利国际合作中居于核心位置,加拿大、德国、英国、法国等欧美国家的度中心性也较高。亚洲国家中,中国、印度、日本的度中心性相对较高。

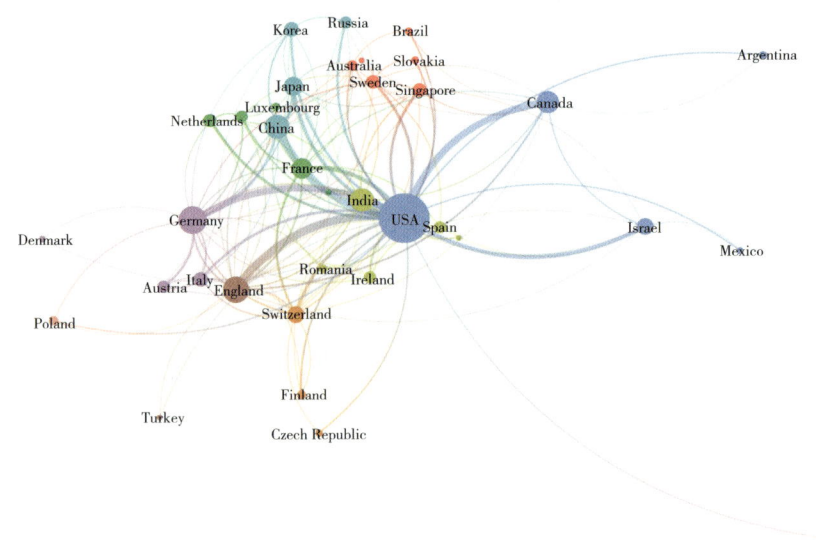

图5-11 人工智能授权专利国际合作网络

从合作对象看,美国几乎和世界上所有开展人工智能研究的国家都有合作,而中国的主要合作者是美国,与其他国家的合作相对较少。

※ 人工智能授权专利所属主要机构

东亚国家的创新主体专利表现突出。如表5-3所示，中日韩3个国家的企业和高校具有较强的专利研发能力。在人工智能授权专利所属的主要机构中，前10位机构中有5家来自中国，2家来自韩国，2家来自日本，1家来自美国。分国别看，中国人工智能专利授权量排名前10位的机构中高等院校占比较高，而美国、韩国则是企业占比较高。这在一定程度上表明了中国和美国、韩国在人工智能领域的专利起源、专利转化路径方面存在一定的差异，值得关注和进一步研究。

表5-3 人工智能授权专利所属的主要机构（前10位） 单位：项

全球机构	授权数量	中国机构	授权数量
三星电子公司	730	国家电网	591
LG电子公司	672	平安科技(深圳)有限公司	568
发那科公司	621	浙江大学	487
国家电网	591	华南理工大学	446
平安科技(深圳)有限公司	568	电子科技大学	421
IBM公司	551	清华大学	405
浙江大学	487	天津大学	399
华南理工大学	446	东南大学	375
精工爱普生公司	424	广东工业大学	374
电子科技大学	421	西安电子科技大学	352
美国机构	授权数量	韩国机构	授权数量
IBM公司	551	三星电子公司	730
英特尔公司	298	LG电子公司	672
谷歌公司	229	韩国科学技术院	100
微软技术授权有限责任公司	188	韩国电子通信研究院	97
ETHICON公司	187	LG化学公司	74
高通公司	177	斯特拉德	68
柯惠医疗公司	152	现代汽车	62
波音公司	148	首尔大学	57
X development公司	138	高丽大学	41
通用电气	125	起亚汽车	39

(三)人均5G专利申请量

人均5G专利申请量是指一个国家在一个统计周期内5G专利申请数量与该国劳动人口数量之比。5G作为与人工智能密切相关的技术,其发展水平也将影响到人工智能技术本身的研发应用。因此,将5G专利也作为国家人工智能专利研发能力的衡量指标之一。图5-12反映了参评国家5G专利申请的情况。

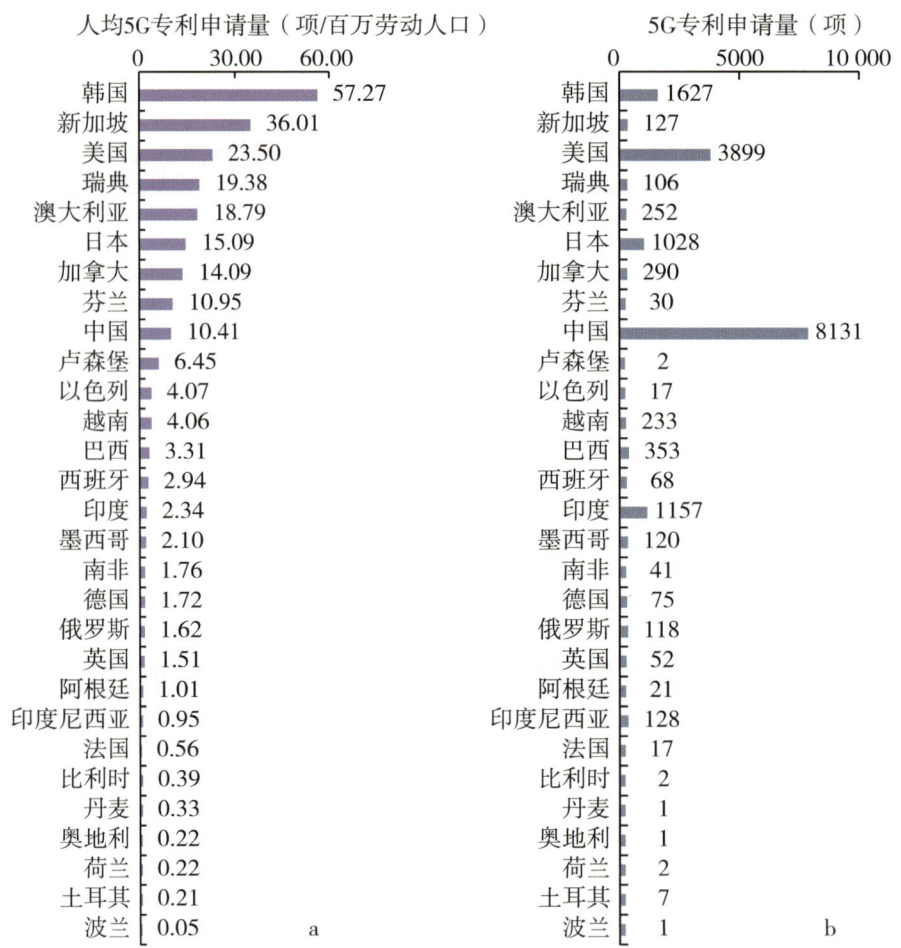

图5-12 5G专利申请量与人均5G专利申请量(仅显示申请量大于0的国家)

韩国人均5G专利申请量领先优势明显。韩国人均5G专利申请量为57.27项/百万劳动人口,绝对数值排名第1位,约为第2位新加坡的1.5倍。美国、瑞典、澳大利亚的人均5G专利申请量水平相近。

发展中国家在5G领域正努力赶超发达国家。在人均5G专利申请量排名前20位的国家中，有7个是发展中国家，有13个是发达国家。与人均人工智能专利申请量排名前20位中有17个发达国家这一现象相比，发达国家在人均5G专利申请量上尚未形成绝对优势。

亚洲国家在5G专利申请量上表现突出。从总量上看，5G专利申请量排名前10位的国家中有6个为亚洲国家，分别是中国、韩国、印度、日本、越南、印度尼西亚。其中，中国遥遥领先，韩国、印度、日本水平相近，在1000~1500项，越南和印度尼西亚在100~250项。

（四）人均5G专利授权量

人均5G专利授权量是指一个国家在一个统计周期内5G专利授权数量与该国劳动人口数量之比。人均5G专利授权量可以反映5G专利的质量。图5-13显示了参评国家5G专利授权的情况。

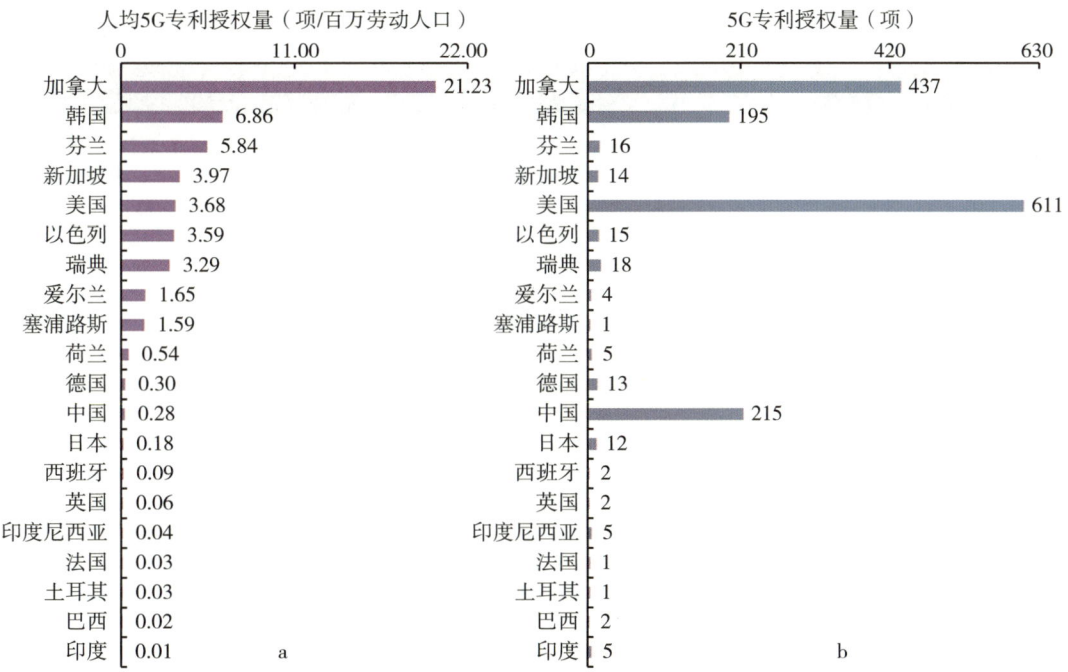

图5-13 5G专利授权量与人均5G专利授权量（仅显示授权量大于0的国家）

加拿大、韩国、美国的人均指标和总量指标均排名前 5 位。具体看，加拿大的人均 5G 专利授权量高达 21.23 项 / 百万劳动人口，领先优势明显，5G 专利授权量也仅次于美国。韩国的人均 5G 专利授权量排名第 2 位，5G 专利授权量排名第 4 位。美国 2019 年度共产出 611 项 5G 授权专利，总量显著高于其他国家，人均 5G 专利授权量也处于上游水平，指标排在第 5 位。

发达国家 5G 专利质量比较高。与人均 5G 专利申请量的情况有所不同，在授权量方面，发达国家优势明显。人均 5G 专利授权量排名前 10 位的国家均为发达国家。在排名前 20 位的国家中，有 15 个发达国家。

※ 5G 授权专利所属主要机构

中国和韩国企业是主要的 5G 专利贡献者。如表 5-4 所示，在全球 5G 专利授权量排名前 10 位的机构中，3 家来自韩国，3 家来自中国，2 家来自美国，1 家来自日本，1 家来自瑞典。

表 5-4　全球 5G 专利授权量前 10 位的机构　　　　单位：项

全球机构	授权数量
三星电子公司	712
华为技术有限公司	626
高通公司	512
LG 电子公司	410
爱立信公司	297
都科摩公司	202
英特尔公司	182
OPPO 广东移动通信有限公司	124
诺基亚科技公司	114
中兴通讯公司	105

企业是中国5G专利研发的主力军。如前文所述，在中国的人工智能专利研发方面，高校的整体表现优于企业，而5G的情况则恰好相反。如表5-5所示，在中国5G专利授权量最多的10家机构中，企业占有7席，仅有3家是高校。

表5-5　中国5G专利授权量前10位的机构　　单位：项

中国机构	授权数量
华为技术有限公司	626
OPPO广东移动通信有限公司	124
中兴通讯公司	105
重庆邮电大学	67
vivo移动通信有限公司	63
中国联通	59
北京邮电大学	53
西安电子科技大学	53
国家电网	46
中国移动	41

※ 5G授权专利国际合作网络

图5-14展示了5G授权专利国际合作网络。从图中可以看出，与人工智能专利不同，中国是5G专利国际合作中心节点之一。除中国以外，美国、日本、德国、英国、芬兰、韩国等的网络度中心性也很高，这些国家也都在5G国际合作中扮演着重要的角色。

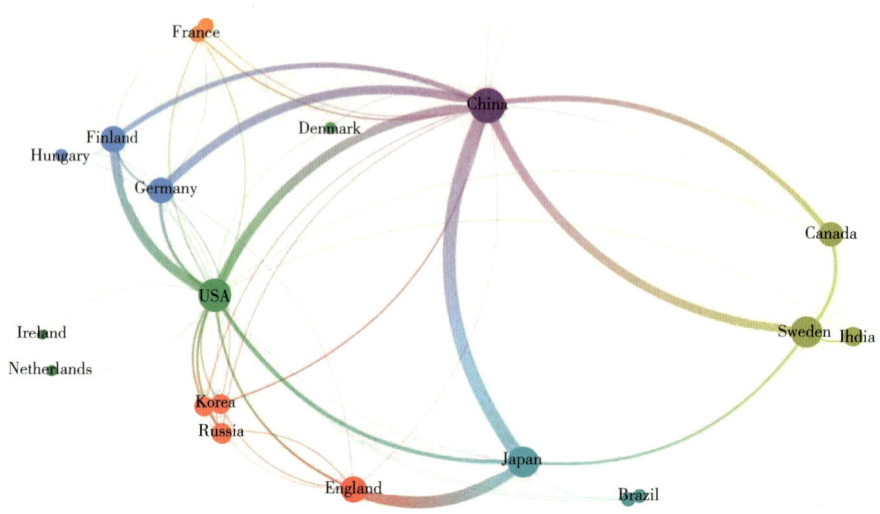

图 5-14　5G 授权专利国际合作网络

第六章
人工智能产业与应用

人工智能已成为经济发展的新引擎，加快推进人工智能深度应用，特别是以技术创新创造新的人工智能应用场景，已成为主要国家培育壮大人工智能产业的重要抓手。本章从人工智能产业和人工智能应用两个方面评价各国人工智能产业与应用的情况。

一、总体情况

人工智能产业与应用包含了人工智能产业和人工智能应用2个二级评价指标。其中，人工智能产业由人工智能企业数量、人工智能企业平均融资金额、人工智能开源代码贡献量、人工智能高收藏量开源代码占比4个三级指标构成；人工智能应用由电子政务发展指数、物联网TOP500企业占比、智慧城市指数3个三级指标构成。图6-1展示出了各国人工智能产业与应用的得分情况。

从一级指标看，参评国家在人工智能产业与应用上整体发展较好，在4个一级指标中，产业与应用的平均分最高。其中，仅有墨西哥、印度尼西亚等5个国家发展略微落后，得分在20分以下；澳大利亚、意大利等25个国家发展良好，得分在20~40分；美国、德国等16个国家产业发展水平与应用程度较高，得分在40分以上。

从二级指标看，亚洲国家的人工智能产业发展势头良好，人工智能产业二级指标排名前10位的国家中亚洲国家就有5个，占据半壁江山，分别是中国、印度、

国家	人工智能产业与应用	人工智能产业				人工智能应用		
		人工智能企业数量	人工智能企业平均融资金额	人工智能开源代码贡献量	人工智能高收藏量开源代码占比	电子政务发展指数	物联网TOP500企业占比	智慧城市指数
美国	93.40	100.00	100.00	100.00	57.28	92.97	100.00	99.50
德国	62.60	37.30	30.48	16.33	51.02	85.24	92.00	96.98
中国	62.39	82.30	100.00	46.33	0.00	79.48	52.00	71.36
英国	61.50	51.10	50.13	18.33	63.64	93.58	38.00	100.00
日本	53.44	18.20	19.45	2.33	85.71	89.89	38.00	98.49
法国	50.04	29.70	33.87	10.33	35.48	87.18	32.00	98.99
印度	49.85	66.20	100.00	18.33	34.55	59.64	48.00	27.14
新加坡	49.38	18.00	44.08	1.67	60.00	91.50	16.00	95.98
加拿大	49.23	45.10	36.25	6.67	45.00	84.20	26.00	85.43
比利时	47.29	4.30	51.21	1.00	100.00	80.47	6.00	79.90
以色列	44.47	30.00	52.62	2.33	42.86	83.61	22.00	65.33
瑞典	43.49	7.90	20.55	1.33	50.00	93.65	14.00	93.47
捷克	40.86	2.80	7.37	0.33	100.00	81.35	0.00	80.90
荷兰	40.82	12.80	11.01	4.67	35.71	92.28	8.00	96.48
丹麦	40.58	5.00	21.54	2.00	33.33	97.58	2.00	97.49
芬兰	40.10	5.00	20.20	1.00	33.33	94.52	12.00	89.45
澳大利亚	39.40	12.10	10.29	6.00	27.78	94.32	8.00	91.96
意大利	39.03	7.80	8.93	3.00	55.56	82.31	16.00	79.40
奥地利	38.89	4.40	15.12	2.67	37.50	89.14	8.00	91.46
西班牙	38.86	14.20	8.10	6.33	26.32	88.01	16.00	87.94
韩国	38.60	8.70	17.02	1.33	25.00	95.60	6.00	90.95
葡萄牙	37.09	3.50	13.69	1.00	66.67	82.55	2.00	74.37
爱尔兰	36.11	4.00	26.94	2.33	28.57	84.33	2.00	83.92
南非	31.16	1.70	34.11	0.33	0.00	68.91	0.00	90.95
波兰	30.85	9.40	10.66	2.67	12.50	85.31	0.00	73.37
克罗地亚	30.57	0.20	11.06	1.67	60.00	77.45	0.00	51.26
巴西	30.36	16.70	10.70	6.00	55.56	76.77	0.00	38.69
俄罗斯	29.38	5.60	3.60	2.67	37.50	82.44	0.00	56.78
越南	27.60	1.30	0.00	1.67	80.00	66.67	0.00	36.68
保加利亚	26.96	0.70	1.62	0.67	50.00	79.80	0.00	42.21
匈牙利	26.89	1.40	26.02	0.00	0.00	77.45	0.00	63.32
立陶宛	26.33	1.00	3.65	0.00	0.00	86.65	0.00	67.84
斯洛伐克	25.62	0.80	7.16	0.33	0.00	78.17	0.00	69.35
希腊	24.08	2.30	13.05	0.67	0.00	80.21	0.00	52.26
土耳其	24.00	2.70	2.50	3.00	33.33	77.18	0.00	35.68
阿根廷	23.54	2.30	1.63	0.33	0.00	82.79	0.00	55.28
斯洛文尼亚	22.95	0.40	1.58	0.00	0.00	85.46	0.00	50.75
拉脱维亚	22.70	0.50	0.05	0.00	0.00	77.98	0.00	57.79
爱沙尼亚	21.44	1.80	6.72	0.00	0.00	49.38	0.00	72.86
罗马尼亚	21.32	1.70	2.45	0.00	0.00	76.05	0.00	48.74
卢森堡	20.33	0.70	51.62	0.00	0.00	82.72	0.00	0.00
墨西哥	19.23	3.20	6.56	0.00	0.00	72.91	0.00	35.18
塞浦路斯	19.17	0.60	36.31	0.00	0.00	87.31	0.00	0.00
印度尼西亚	18.30	2.20	10.51	0.67	0.00	66.12	0.00	33.67
沙特阿拉伯	16.58	1.10	2.58	0.33	0.00	79.91	0.00	16.58
马耳他	15.35	0.80	8.02	0.00	0.00	85.47	0.00	0.00

图 6-1 各个参评国家的人工智能产业与应用各级指标得分情况（圆形大小：指数得分）

以色列、日本、新加坡。欧洲国家虽然因较高的信息化程度而具备了良好的人工智能应用基础，但人工智能核心产业的发展动力不足，其产业发展指标排名普遍低于应用指标。

从三级指标看，人工智能开源代码贡献量的差异最大，美国为满分，排名第2位的中国仅有46.33分，有36个国家分数低于5分，反映出多数国家仍然面临算法开发能力欠缺的挑战。整体看，各国的电子政务发展指数和智慧城市指数普遍较高，为人工智能的大规模应用奠定了良好的基础。

美国在人工智能产业与应用上领先优势明显。在46个国家中，美国是唯一一个在产业与应用所有三级指标上均排名前10位的国家，其中，人工智能企业数量、企业平均融资金额、开源代码贡献量、物联网TOP500企业占比4个指标均排名第1位。截至2020年10月，参评国家共拥有9240家人工智能企业，其中美国企业共计3945家，总量占比高达42.7%；美国在GitHub平台上共享的被收藏数大于50的人工智能开源代码达到323项，超过中国、英国、印度、德国四国的总和；美国共有233家物联网企业入选全球500强，拥有绝对优势。

德国在人工智能应用方面具有较强的竞争力。相较于美国的全方位领先，作为工业强国的德国主要在人工智能应用方面表现突出，其物联网TOP500企业占比和智慧城市指数分别排名第2位和第6位。

英国各细分指标发展较为均衡。英国虽然产业与应用综合得分落后于美国、中国和德国，但各方面发展更为均衡，7个细分指标的排名大多为第3位至第6位，表现最好和表现最差的指标在排名上仅相差6个位次，而美国、中国、德国则分别相差8个、32个和17个位次。

印度的人工智能产业发展较好，但应用程度较低。印度的人工智能产业二级指标排名第3位，其中人工智能企业平均融资金额指标排名第1位，人工智能企业数量和开源代码贡献量均排名第3位。但人工智能应用二级指标仅排名第32位，电子政务和智慧城市发展水平尤为落后，分别排名第45位和第42位。

比利时、捷克的开源代码贡献量少但质量较高。比利时和捷克的人工智能高收藏量开源代码占比并列第一，虽然两国在GitHub平台上共享的人工智能开源代码数量较少，分别为3项和1项，但被收藏量均超过200。

二、人工智能产业

对人工智能产业发展水平，主要从企业和开源代码两个层面进行考察。美国以89.32分遥遥领先其他国家；中国（57.16）和印度（54.77）水平相近，分别排在第2位和第3位；英国（45.80）、比利时（39.13）、德国（33.78）和加拿大（33.25）紧跟其后；沙特阿拉伯（1.00）、斯洛文尼亚（0.50）和拉脱维亚（0.14）排名末尾。

（一）人工智能企业数量

人工智能企业数量指一个国家人工智能行业中人员规模大于10人的企业数量。人工智能被认为是产业变革的重要驱动力，人工智能产业化是人工智能发展的重要目标之一，也是人工智能服务社会的重要途径。通过对人工智能企业数量进行研究和分析，可以看出一个国家人工智能产业的发展活力和市场化程度。图6-2展示了参评国家人工智能企业数量情况。

全球人工智能企业分布不均。人工智能企业数量排名前10位的国家共拥有7724家人工智能企业，占参评国家企业总数的83.59%，且这10个国家均来自欧洲、亚洲及北美洲，即全球大部分人工智能企业集中在欧洲、亚洲和北美洲，而非洲、大洋洲、南美洲的人工智能企业数量较少。

美国的人工智能企业数量远超其他国家。截至2020年10月，美国拥有3945家人工智能企业，以绝对优势居于参评国家首位。居末位的克罗地亚仅有2家，约为美国的0.5‰，差距极为明显。

中国、印度两个发展中国家表现抢眼，超过一众发达国家。截至2020年10月，中国共有823家人工智能企业，排名第2位，印度共有662家，排名第3位。在人工智能企业数量排名前10位的国家中，除了中国和印度是发展中国家之外，其他均为发达国家。

（二）人工智能企业平均融资金额

人工智能企业平均融资金额指平均每家人工智能企业的融资额。企业的发展离不开资金的支持，一个国家的人工智能企业融资金额越多，说明社会资本对企业的

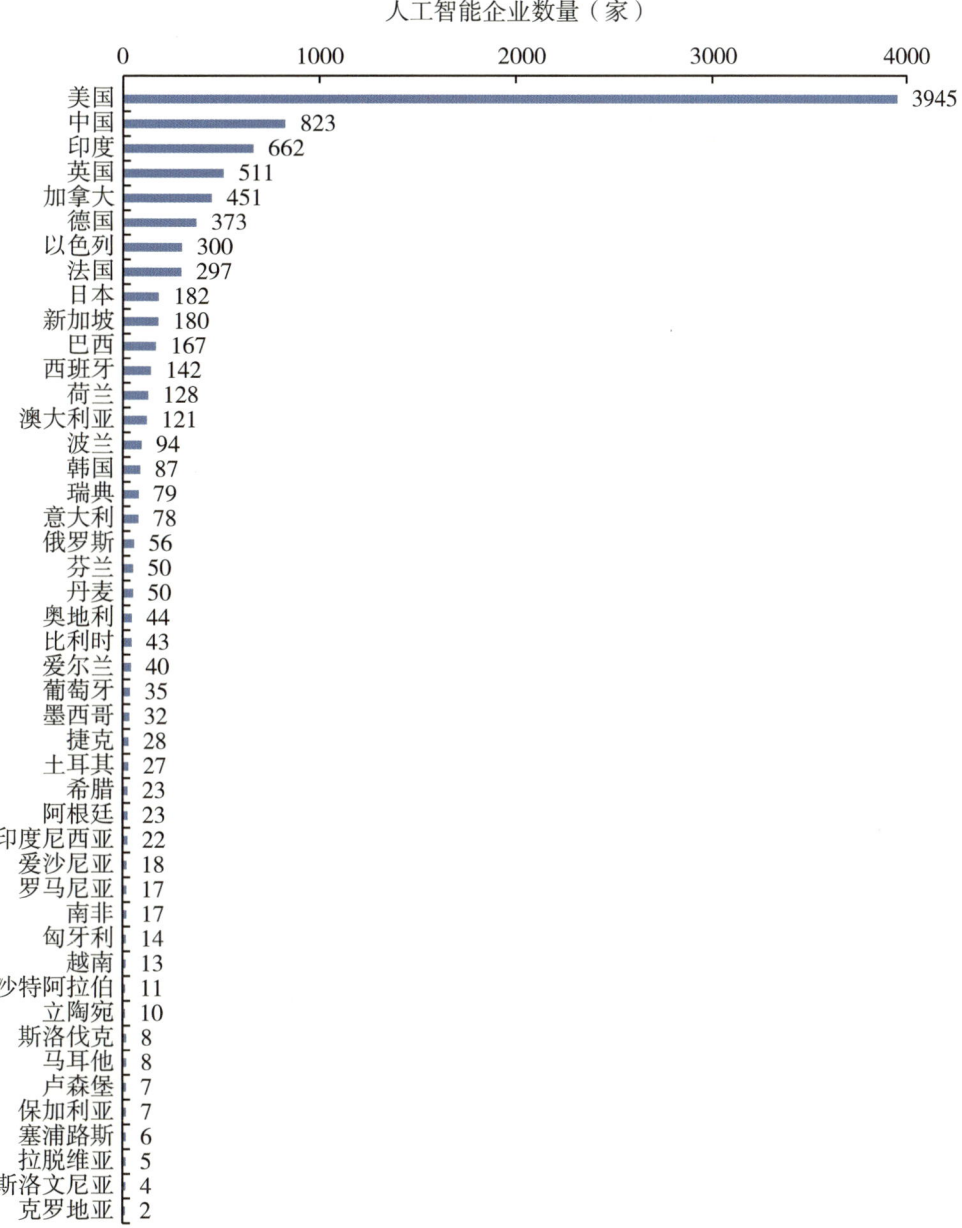

图 6-2 人工智能企业数量

支持力度越大，人工智能产业的发展则更具潜力。图 6-3 反映了参评国家人工智能企业的融资总额和平均融资金额。

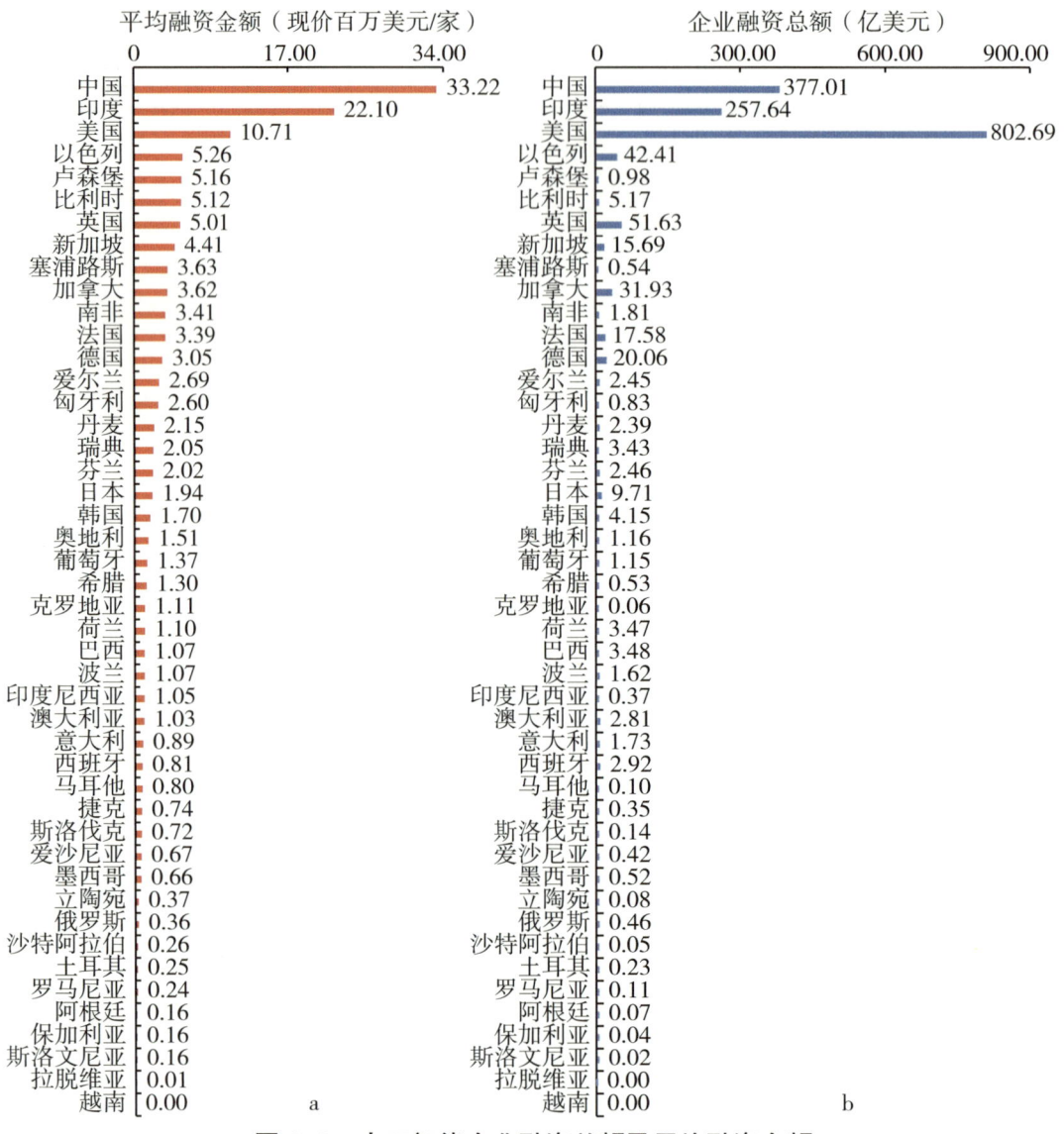

图 6-3 人工智能企业融资总额及平均融资金额

中国、印度、美国在融资总额和平均融资金额上均排名前 3 位。从融资总额看，美国居第 1 位，且规模远高于排名第 2 位的中国和排名第 3 位的印度。截至 2020 年 10 月，美国人工智能企业共获得融资 802.69 亿美元，中国和印度则分别为 377.01 亿美元和 257.64 亿美元。从平均水平看，中国人工智能企业的平均融资金额排名第 1 位，印度第 2 位，美国则排名第 3 位。截至 2020 年 10 月，中国平均每家人工智能企业获得融资 0.33 亿美元，印度和美国则分别为 0.22 亿美元和 0.11

亿美元。美国作为人工智能发展起步较早的科技强国，人工智能企业获得广泛的社会资本支持毋庸置疑；而印度作为 IT 业较为发达的国家，也正在积极抢抓此次人工智能的发展机遇；中国由于具备一定的数据优势和庞大的应用市场，近年来人工智能行业深受国内资本市场青睐。

以色列企业融资情况表现突出。以色列人工智能企业平均融资金额为 526 万美元，仅次于中国、印度、美国，居第 4 位，考虑到国土面积、市场规模、人口及经济体量，以色列的这个成绩相当可观。这与以色列拥有开放的投资环境有很大关系。

两极化现象突出，大部分国家的平均融资金额甚至不到平均水平的一半。46 个参评国家中有 34 个国家的平均融资金额低于所有参评国家的平均水平（307 万美元），有 26 个国家不及平均水平的一半，超 1/3 参评国家的平均融资金额都在 100 万美元以下。

（三）人工智能开源代码贡献量

人工智能开源代码贡献量是指一个国家在 GitHub 平台上共享的被收藏数大于 50 的人工智能开源代码数量。GitHub 是一个面向开源及私有软件项目的托管平台，隶属微软公司。报告获取了 GitHub 上人工智能领域被收藏数大于 50 的开源代码信息，根据代码创始人员的所在地来区分开源代码所属国家，将这些代码的数量作为一个国家人工智能开源代码的贡献量。人工智能的相关算法和框架等是人工智能技术的核心所在，在一定程度上能反映出一国人工智能产业的可持续发展能力。参评国家的人工智能开源代码贡献量如图 6-4 所示。

美国在人工智能开源代码上拥有绝对的领先优势。截至 2020 年 10 月，来自美国的被收藏数大于 50 的人工智能开源代码数量达到 323 项，远远高于其他国家。依托于谷歌、微软、Facebook 等大型互联网公司的雄厚研发基础，美国在人工智能相关技术开发上占据全球主导地位。

中国在人工智能开源代码研发上已取得一定成果。中国的人工智能开源代码贡献量居参评国家的第 2 位。截至 2020 年 10 月，来自中国的被收藏数大于 50 的人工智能开源代码数量达到 139 项，主要来自腾讯、百度、阿里巴巴等公司和中国科学院等科研机构。

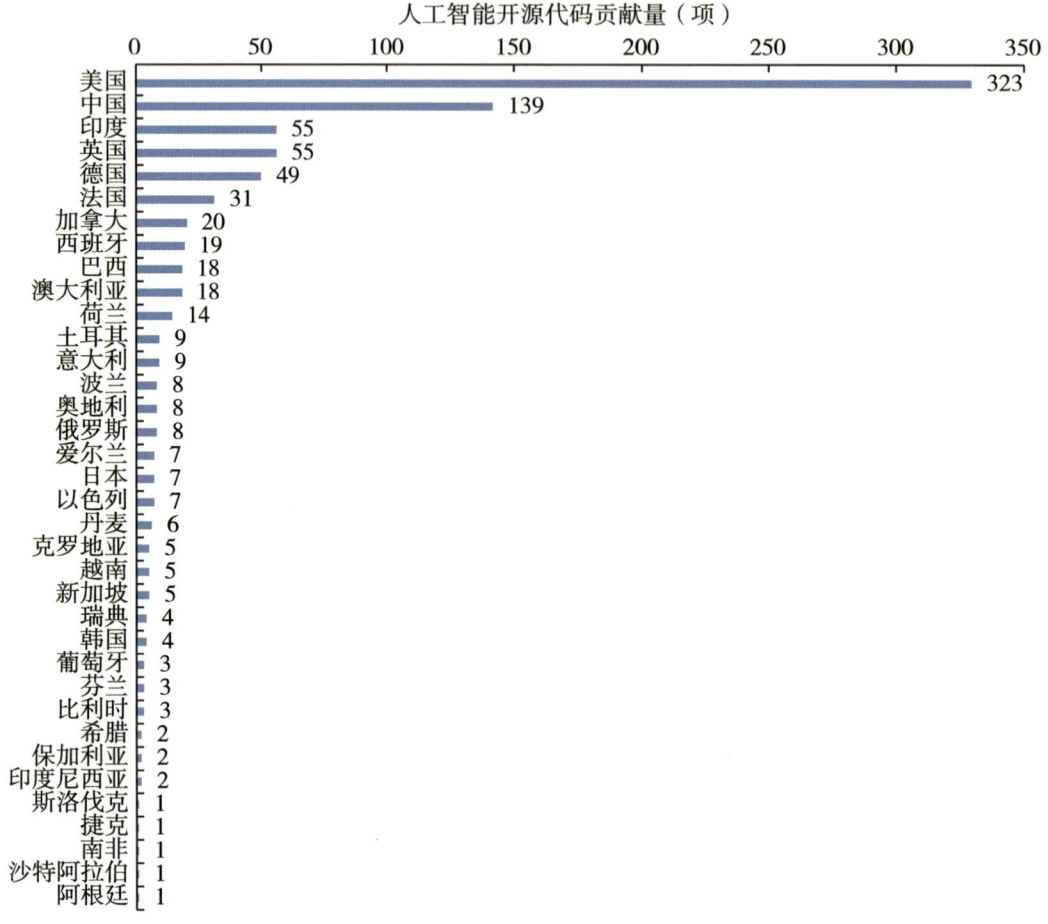

图 6-4　人工智能开源代码贡献量（仅显示数量大于 0 的国家）

印度、英国、德国的人工智能开源代码贡献量水平相近。印度、英国、德国的收藏数高于 50 的人工智能开源代码大致在 50 项左右，与美国和中国存在一定差距。从开发者身份看，与中美情况不同，这些国家的开发者多为个人，表明这些国家在人工智能算法研发方面尚未形成以企业或科研机构为主体的创新局面。

（四）人工智能高收藏量开源代码占比

人工智能高收藏量开源代码占比是指一国在 GitHub 平台上共享的被收藏数大于 200 的人工智能开源代码数量与被收藏数大于 50 的人工智能开源代码总数之比，在一定程度上可以反映开源代码的质量。参评国家的人工智能高收藏量开源代码数量和占比如图 6-5 所示。

第六章 人工智能产业与应用

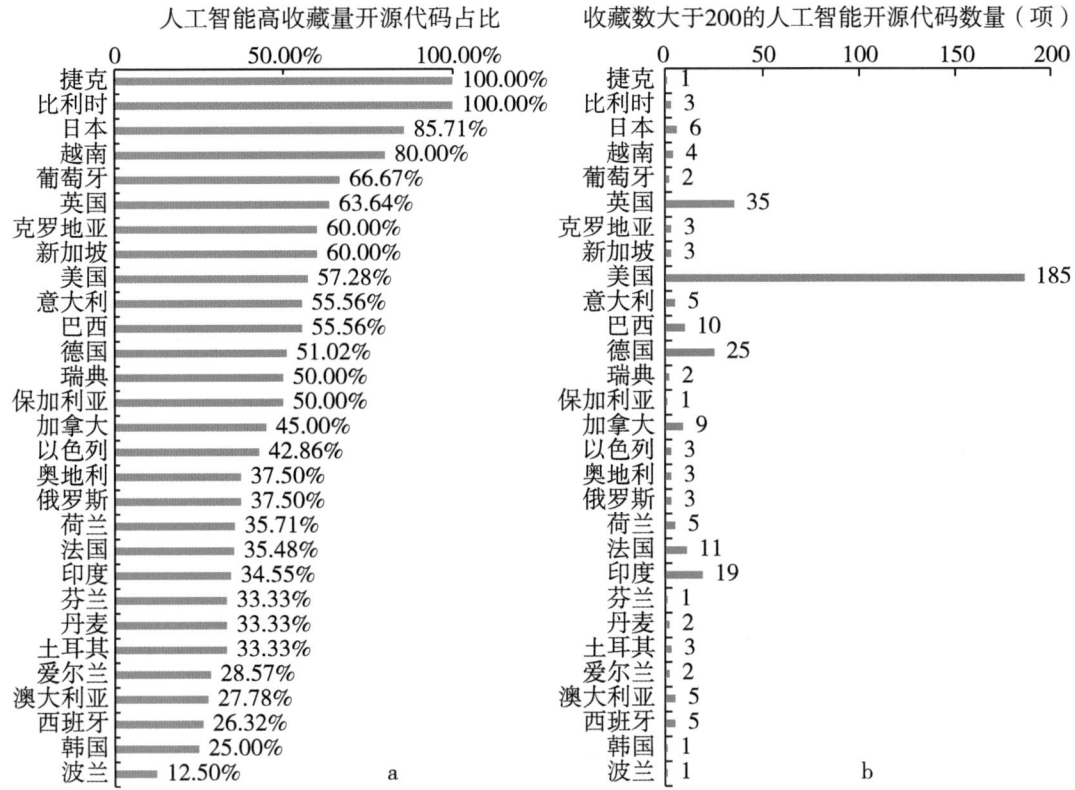

图 6-5 人工智能高收藏量开源代码数量和占比（仅显示占比大于 0 的国家）

捷克、比利时、日本、越南等国家的人工智能开源代码质量相对较高。虽然捷克、比利时、越南的人工智能开源代码贡献量较低，但高收藏量开源代码占比较高，均超过 80%。按照本报告的统计口径，来自捷克、比利时的人工智能开源代码分别为 1 项和 3 项，且收藏量全部高于 200，日本的人工智能开源代码总计 7 项，其中有 6 项的收藏量高于 200。

美国人工智能高收藏量开源代码数量大幅领先。截至 2020 年 10 月，来自美国的收藏数大于 200 的人工智能开源代码数量达到 185 项，在总量上远高于其他参评国家，而高收藏量开源代码占比也达到 57.28%，排名第 9 位。这表明美国的人工智能开源代码不仅在数量上绝对领先，质量上同样具有明显优势。

中国的人工智能高收藏量开源代码占比为零。来自中国的被收藏数大于 50 的人工智能开源代码数量虽已达到 139 项，仅次于美国，但被收藏数量均未达到 200，这从一定程度上反映出中国的算法开发能力还有待提高。

※ 开源代码使用的程序语言和更新情况

图 6-6 展示了各参评国家在 GitHub 平台上共享的被收藏量大于 50 的人工智能开源代码所使用的程序语言及其最近更新时间。此处展示的程序语言为每个代码项目所使用的主要语言，未囊括项目使用的所有程序语言，数据截至 2020 年 10 月 6 日。

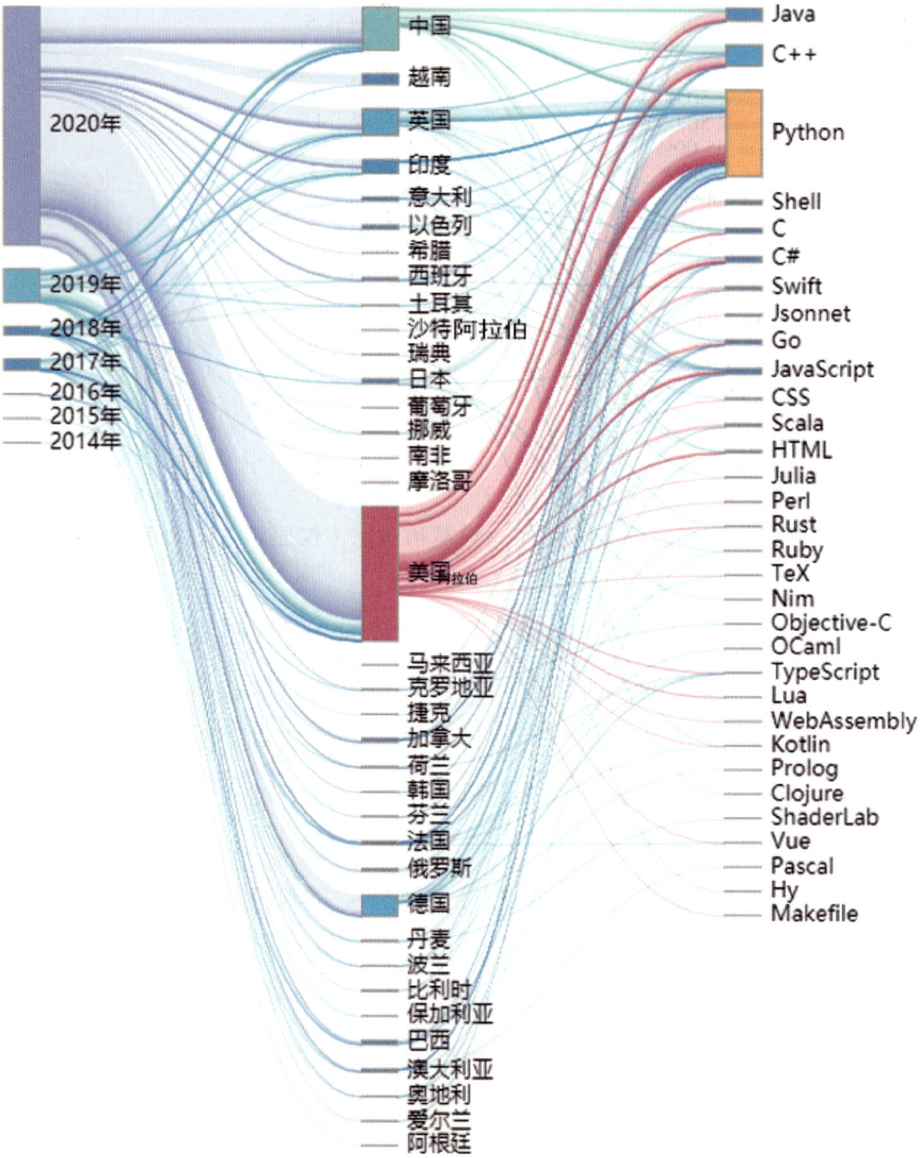

图 6-6 人工智能开源代码使用的编程语言及最近更新时间

如图 6-6 所示，人工智能开源代码的最近更新年份较为集中，多数代码项目的最近更新时间集中在 2019 年和 2020 年，仅有少数已停止更新，反映出人工智能核心算法仍然在不断地进行更新迭代。

从人工智能开源代码使用的主要编程语言看，美国在人工智能算法创新方面相比其他参评国家更为活跃。参评国家发布的项目多基于 Python、Java、C++ 等成熟的编程语言编写，美国一方面同其他国家一样，大多数代码项目主要使用 Python 编写；另一方面还研发或使用了 Julia 等更为新兴的编程语言。

三、人工智能应用

当前，虽然人工智能在自动驾驶、医疗、搜索引擎、虚拟语音助理、图像识别等领域已经有了较广泛的应用，但还尚未达到成熟应用的阶段，同时人工智能的应用场景还在不断拓展，现阶段还较难精准界定人工智能应用的范围和具体内容。为此，本报告重点考察一个国家的电子政务发展指数、物联网 TOP500 企业占比和智慧城市指数，以期从中窥见人工智能应用的基础和潜力。在人工智能应用方面，美国（97.49）和德国（91.41）分别居第 1 位和第 2 位，英国（77.19）、日本（75.46）、法国（72.72）、新加坡（67.83）和中国（67.61）紧跟其后，塞浦路斯（29.10）、马耳他（28.49）和卢森堡（27.57）排名末尾。

（一）电子政务发展指数

电子政务发展指数是对国家电子政务绩效水平的综合衡量。电子政务发展指数越高，说明国家的电信基础设施越完善、电子信息服务水平越高，能够进一步释放人工智能的应用潜力。图 6-7 反映了参评国家的电子政务发展指数。

各参评国家的电子政务发展水平普遍较高。《2020 联合国电子政务调查报告》中将 193 个国家按分值高低划分了极高（0.75 以上）、高（0.5~0.75）、中（0.25~0.5）和低（0.25 以下）4 个组别。46 个参评国家中除墨西哥、南非、越南、印度尼西亚、印度、爱沙尼亚 6 个国家低于 0.75 外，其余国家的电子政务发展指数均处于极高的区间。

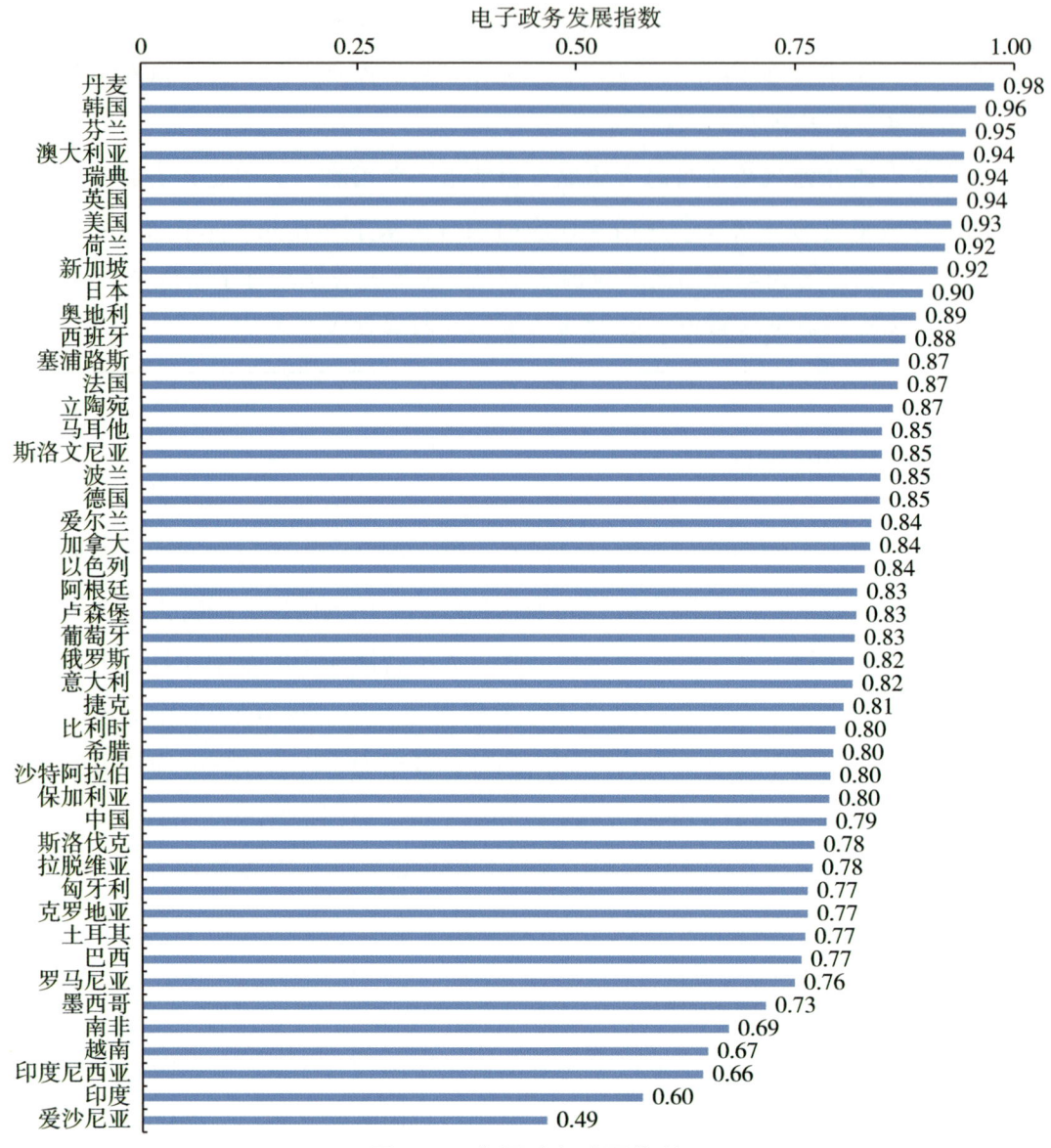

图 6-7 电子政务发展指数

区域差距仍然存在，国家经济水平在一定程度上影响着电子政务的发展。电子政务发展指数排名前 10 位的国家均为发达国家，且北美洲、欧洲的整体电子政务水平要高于亚洲、非洲、南美洲。由此可见，电子政务的发展与国家经济水平存在一定关联。欧美发达国家具有较高的经济和技术发展水平，可以通过更高的社会福利和科技应用推动电子政务发展。但是对大部分发展中国家而言，国民经济水平和科学技术发展都还有很长的路要走，电子政务的高水平建设还需时日。

（二）物联网TOP500企业占比

物联网TOP500企业占比是一个国家的物联网企业在全球物联网TOP500企业榜单中所占的比重。全球物联网TOP500企业榜单由世界物联网大会发布，对全球的物联网企业进行排名。物联网和人工智能两项技术相辅相成，物联网终端设备是人工智能落地应用的重要载体，人工智能技术的加持也能使物联网更好地发挥其优越性。因此，全球物联网TOP500企业能在一定程度上反映人工智能的应用潜力。图6-8反映了物联网TOP500企业的国家分布情况。

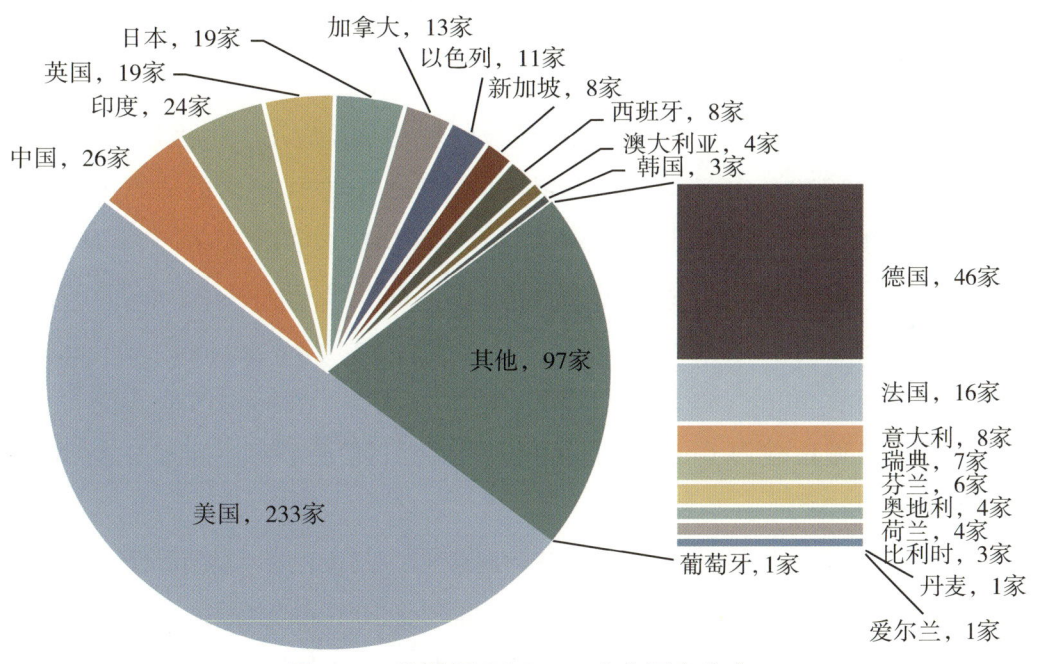

图6-8 物联网TOP500企业国家分布

物联网TOP500企业分布较为集中，美国一枝独秀。在全球物联网TOP500企业中，美国占据223席，占比将近一半。排名前10位的国家合计拥有431家物联网TOP500企业，总占比为86.20%，剩余国家总占比不到15%。阿根廷、巴西、印度尼西亚等24个国家没有物联网企业进入到全球500强。

德国在物联网领域处于领先行列。德国共有46家物联网企业进入全球物联网

TOP500 企业榜单，仅次于美国。这与德国强大的工业实力密不可分。作为世界一流的工业强国，德国正积极打造以"智能+网络化"为核心的工业 4.0，利用人工智能、工业互联网等新技术实现智能制造。凭借良好的工业基础和旺盛的市场需求，德国的物联网企业树立起了自身的竞争优势。

中国、印度的物联网 TOP500 企业数量多于大多数发达国家。与人工智能企业情况类似，中国和印度的物联网企业也呈现良好的发展势头，分别拥有 26 家和 24 家物联网 TOP500 企业，超过了英国、法国、日本、韩国等发达国家。物联网技术一方面作为驱动因素，支持人工智能更广泛的应用；另一方面也受益于人工智能发展的红利，获得更大的市场需求。中国和印度人工智能产业的蓬勃发展也辐射到了本国的物联网产业中。

（三）智慧城市指数

智慧城市是近年来人工智能在城市建设领域的重要应用。本报告依据《IESE 城市动态指数 2020》中各国代表城市的排名，通过标准化的方法计算得出各参评国家的智慧城市指数。《IESE 城市动态指数 2020》分析了全球 174 个城市的发展水平，涵盖 9 个维度：经济（economy）、环境（environment）、治理（governance）、人力资本（human capital）、国际辐射力（international projection）、流动性与交通（mobility and transportation）、社会凝聚力（social cohesion）、科技（technology）及城市规划（urban planning）。表 6-1 展示了参评国家 IESE 城市动态指数排名情况。

欧洲发达国家的智慧城市发展水平普遍较高。英国的智慧城市指数排名第 1 位，美国、法国分别列第 2 位和第 3 位。在排名前 10 位的国家中，有 6 个是欧洲发达国家。欧洲发达国家由于其悠久的城市发展历史和较高的城市化水平，在经济、环境、治理、人力资本、国际辐射力等领域都已累积了一定的优势。

表 6-1　IESE 城市动态指数排名情况

国家	排名	国家	排名	国家	排名
英国	1	加拿大	30	阿根廷	90
美国	2	爱尔兰	33	希腊	96
法国	3	捷克	39	克罗地亚	98
日本	4	比利时	41	斯洛文尼亚	99
丹麦	6	意大利	42	罗马尼亚	103
德国	7	葡萄牙	52	保加利亚	116
荷兰	8	波兰	54	巴西	123
新加坡	9	爱沙尼亚	55	越南	127
瑞典	14	中国	58	土耳其	129
澳大利亚	17	斯洛伐克	62	墨西哥	130
奥地利	18	立陶宛	65	印度尼西亚	133
韩国	19	以色列	70	印度	146
南非	19	匈牙利	74	沙特阿拉伯	167
芬兰	22	拉脱维亚	85		
西班牙	25	俄罗斯	87		

注：塞浦路斯、卢森堡、马耳他在 IESE 城市动态指数中无排名。

第七章
中国人工智能创新发展位势分析

中国的人工智能综合实力已跻身世界前列，数据中心、超算中心等基础设施为国内人工智能发展提供了算力支撑，丰硕的科研创新成果和不断壮大的企业队伍体现了国内学术界和产业界的创新活力。但与美国相比，还存在较大差距，尤其是在顶尖人才、基础学科教育、高质量开源代码等方面（表7-1）。

表 7-1　中国人工智能创新指数各级指标得分明细

指标序号	指标名称	得分	排名
1	人工智能基础支撑	38.87	4
1.1	人工智能计算基础	43.64	2
1.1.1	数据中心保有率	18.25	9
1.1.2	全球 TOP500 超算中心占比▲	90.40	1
1.1.3	人均发电量	22.28	27
1.2	人工智能网络基础	34.09	35
1.2.1	移动蜂窝电话订阅率	28.14	27
1.2.2	互联网使用率	34.71	44
1.2.3	固定宽带订阅率	62.67	23
1.2.4	5G 订阅率▲	10.82	2
2	人工智能创新资源与环境	46.35	8
2.1	人工智能人才	1.95	23
2.1.1	人工智能顶级学者人口参与率	3.32	23

第七章
中国人工智能创新发展位势分析

续表

指标序号	指标名称	得分	排名
2.1.2	人工智能从业人员人口参与率	0.58	28
2.2	**人工智能教育**	64.41	2
2.2.1	高水平人工智能核心专业开设率	3.15	26
2.2.2	全日制科学和工程博士生占比	91.49	8
2.2.3	PISA 测试成绩▲	98.60	1
2.3	**国家研发投入**	43.71	12
2.3.1	国家研发投入强度	43.71	12
2.4	**人工智能创新制度**	75.32	5
2.4.1	国家人工智能发展政策与规划▲	77.29	5
2.4.2	国家人工智能社会治理▲	73.35	5
3	**人工智能科技研发**	**54.78**	**3**
3.1	**人工智能学术论文**	75.01	1
3.1.1	人均人工智能论文产出量	25.03	26
3.1.2	人工智能顶级论文量▲	100.00	1
3.1.3	人工智能全球 TOP100 高被引论文占比▲	100.00	1
3.2	**人工智能专利**	34.55	6
3.2.1	人均人工智能专利申请量▲	73.76	4
3.2.2	人均人工智能专利授权量	42.26	9
3.2.3	人均 5G 专利申请量	20.82	9
3.2.4	人均 5G 专利授权量	1.38	12
4	**人工智能产业与应用**	**62.39**	**3**
4.1	**人工智能产业**	57.16	2
4.1.1	人工智能企业数量▲	82.30	2
4.1.2	人工智能企业平均融资金额▲	100.00	1
4.1.3	人工智能开源代码贡献量▲	46.33	2
4.1.4	人工智能高收藏量开源代码占比	0.00	30
4.2	**人工智能应用**	67.61	7
4.2.1	电子政务发展指数	79.48	33
4.2.2	物联网 TOP500 企业占比▲	52.00	3
4.2.3	智慧城市指数	71.36	24

注：▲为排名前 5 位的三级指标。

一、中国人工智能总体位势

整体发展水平已跻身世界前列。在本次评价中，中国的人工智能创新指数综合得分已超过韩国，从 2019 年的第 3 位上升至 2020 年的第 2 位，仅次于美国。在基础支撑、创新资源与环境、科技研发、产业与应用等方面，中国均表现良好，4 个一级指标都排名前 10 位。中国也是唯一一个在人工智能领域处于世界先进水平的发展中国家，在人工智能创新指数综合得分排名前 10 位的国家中，其余 9 个均为发达国家。

与美国还存在较大差距。从指标排名看，4 个一级指标中，美国有 3 个指标排名第 1 位，但中国排名最靠前的指标仅排名第 3 位；10 个二级指标中，中国有 8 个指标的排名落后美国；29 个三级指标中，中国有 23 个指标表现不及美国。从指标绝对值看，中国在数据中心数量、人才规模、企业数量和研发能力等方面与美国还存在较大差距。其中，中国的数据中心数量不到美国的 1/20，人工智能顶级学者数量约为美国的 1/2，人工智能从业人员规模约为美国的 1/3，人工智能企业数量约为美国的 1/5。此外，中国人工智能专利授权量最多的 10 家机构中，8 家为高校，企业仅占 2 席，而美国人工智能专利授权量最多的 10 家机构皆为企业。

面临众多国家的有力竞争。中国与韩国、英国、德国等传统科技强国及印度等后起之秀之间正呈现你追我赶的竞争态势。从综合实力看，中国、韩国、加拿大、德国、英国、新加坡的人工智能创新指数总得分差距不大。从细分指标看，在中国的优势领域（排名前 5 位的三级指标）中，韩国、加拿大、德国、英国、新加坡等国家中至少有一个国家也位居前列。此外，在人工智能企业数量和融资金额上，中国还面临着印度的追赶。印度的人工智能企业数量约为中国的 80%，企业融资总额约为中国的 70%。

二、中国人工智能创新优势

全球 TOP500 超算中心数量最多。规模庞大的高水平超算中心为中国人工智能技术研发奠定了强大的算力基础。截至 2020 年 7 月，中国共有 226 个超算中心进入全球 500 强行列，占总量的 45.2%，居全球首位，是美国（113 个，占比约为

22.6%）的两倍。2016 年，中国进入全球 500 强的超算中心数量首次与美国持平，此后便一直领先。

论文和专利总量遥遥领先。论文和专利的突出成绩展示出中国已经成为全球人工智能领域内一支重要的研究力量。2019 年，中国学者共发表 55 221 篇人工智能相关论文，美国为 21 163 篇；中国在人工智能顶级期刊和顶级会议上发表的论文共计 3555 篇，美国为 2931 篇。2019 年，中国人工智能专利申请量为 57 615 件，授权量为 16 503 件，美国人工智能专利申请量、授权量分别为 9081 件、6674 件。

人工智能企业数量和融资规模庞大。蓬勃发展的人工智能企业将推动中国的人工智能产业走向成熟。截至 2020 年 10 月，中国共有 1135 家人工智能企业，排名第 3 位，其中人员规模大于 10 人的企业为 823 家，排名第 2 位；人工智能企业累计获得 377.01 亿美元的投资，排名第 2 位，平均每家企业融资额为 0.33 亿美元，排名第 1 位。

5G、物联网等相关技术发展态势良好。具备高速率、低时延、广连接等特性的 5G 通信技术将大大提升人工智能产品性能和落地应用效果，而物联网和人工智能的融合将有助于打造出一个"互联智能"的世界，更大程度地发挥人工智能的赋能作用。截至 2020 年 10 月，中国的 5G 套餐订阅数量达到 1.55 亿份，5G 订阅率为 10.82%，订阅率仅次于韩国，排名第 2 位；在全球物联网 TOP500 企业中，中国共占 26 席，占比排名第 3 位。

三、中国人工智能创新挑战

高校基础学科建设滞后。从高校实力看，中国在人工智能基础学科方面远不及美国。美国在数学、物理、神经科学 3 个专业排名世界前 200 位的高校分别有 49 所、57 所、70 所，而中国分别有 27 所（约为美国的 1/2）、8 所（不到美国的 1/7）、6 所（不到美国的 1/10）。

顶级学者和从业人员参与率不高。中国在人工智能顶级学者人口参与率、人工智能从业人员人口参与率两项指标上分别排名第 23 位和第 28 位。在中国，平均每百万本科及以上学历人口中仅有 16.6 位人工智能顶级学者，与排名第 1 位的卢森堡

（566.7 人）差距很大；每万劳动人口中人工智能从业人员约有 3 人，而排名第 1 位的新加坡则有 71 人。

高质量的开源代码较少。中国的人工智能高收藏量开源代码占比指标仅排名第 30 位。截至 2020 年 10 月，中国机构在 GitHub 平台上共享的人工智能开源代码被收藏量均未超过 200，而美国、英国、德国、印度、法国等 29 个参评国家都拥有收藏量超过 200 的开源代码。

信息化和数字化整体水平有待加强。居民网络普及率方面，中国的移动蜂窝电话订阅率、固定宽带订阅率仅为参评国家的平均水平，互联网使用率更是远低于平均水平。2019 年，中国的互联网使用率约为 64.5%，而参评国家的平均互联网使用率为 81.13%。智慧城市建设方面，中国的电子政务发展指数和智慧城市指数还处于中等或中等偏下水平，两项指标分别排名第 33 位和第 24 位。

附录一
全球人工智能创新指数各国概况

1. 美国各指标详细得分及排名情况

全球人工智能创新指数 – 第 1 名

指标序号	指标名称	得分	排名
1	**人工智能基础支撑**	**57.78**	**1**
1.1	人工智能计算基础	70.11	1
1.1.1	数据中心保有率	100.00	1
1.1.2	全球 TOP500 超算中心占比	45.20	2
1.1.3	人均发电量	65.13	3
1.2	人工智能网络基础	45.45	15
1.2.1	移动蜂窝电话订阅率	29.48	23
1.2.2	互联网使用率	81.81	12
1.2.3	固定宽带订阅率	69.34	15
1.2.4	5G 订阅率	1.16	13
2	**人工智能创新资源与环境**	**51.93**	**3**
2.1	人工智能人才	11.27	4
2.1.1	人工智能顶级学者人口参与率	14.62	4
2.1.2	人工智能从业人员人口参与率	7.93	5
2.2	人工智能教育	39.70	22
2.2.1	高水平人工智能核心专业开设率	3.31	25

续表

指标序号	指标名称	得分	排名
2.2.2	全日制科学和工程博士生占比	81.59	24
2.2.3	PISA 测试成绩	34.20	15
2.3	**国家研发投入**	**56.75**	**8**
2.3.1	国家研发投入强度	56.75	8
2.4	**人工智能创新制度**	**100.00**	**1**
2.4.1	国家人工智能发展政策与规划	100.00	1
2.4.2	国家人工智能社会治理	100.00	1
3	**人工智能科技研发**	**62.12**	**1**
3.1	**人工智能学术论文**	**74.09**	**2**
3.1.1	人均人工智能论文产出量	22.26	28
3.1.2	人工智能顶级论文量	100.00	1
3.1.3	人工智能全球 TOP100 高被引论文占比	100.00	1
3.2	**人工智能专利**	**50.16**	**4**
3.2.1	人均人工智能专利申请量	54.74	5
3.2.2	人均人工智能专利授权量	80.46	5
3.2.3	人均 5G 专利申请量	47.01	3
3.2.4	人均 5G 专利授权量	18.42	5
4	**人工智能产业与应用**	**93.40**	**1**
4.1	**人工智能产业**	**89.32**	**1**
4.1.1	人工智能企业数量	100.00	1
4.1.2	人工智能企业平均融资金额	100.00	1
4.1.3	人工智能开源代码贡献量	100.00	1
4.1.4	人工智能高收藏量开源代码占比	57.28	9
4.2	**人工智能应用**	**97.49**	**1**
4.2.1	电子政务发展指数	92.97	7
4.2.2	物联网 TOP500 企业占比	100.00	1
4.2.3	智慧城市指数	99.50	2

附录一 全球人工智能创新指数各国概况

2. 中国各指标详细得分及排名情况

全球人工智能创新指数 – 第 2 名

指标序号	指标名称	得分	排名
1	**人工智能基础支撑**	**38.87**	**4**
1.1	人工智能计算基础	43.64	2
1.1.1	数据中心保有率	18.25	9
1.1.2	全球 TOP500 超算中心占比	90.40	1
1.1.3	人均发电量	22.28	27
1.2	人工智能网络基础	34.09	35
1.2.1	移动蜂窝电话订阅率	28.14	27
1.2.2	互联网使用率	34.71	44
1.2.3	固定宽带订阅率	62.67	23
1.2.4	5G 订阅率	10.82	2
2	**人工智能创新资源与环境**	**46.35**	**8**
2.1	人工智能人才	1.95	23
2.1.1	人工智能顶级学者人口参与率	3.32	23
2.1.2	人工智能从业人员人口参与率	0.58	28
2.2	人工智能教育	64.41	2
2.2.1	高水平人工智能核心专业开设率	3.15	26
2.2.2	全日制科学和工程博士生占比	91.49	8
2.2.3	PISA 测试成绩	98.60	1
2.3	国家研发投入	43.71	12
2.3.1	国家研发投入强度	43.71	12
2.4	人工智能创新制度	75.32	5
2.4.1	国家人工智能发展政策与规划	77.29	5
2.4.2	国家人工智能社会治理	73.35	5
3	**人工智能科技研发**	**54.78**	**3**
3.1	人工智能学术论文	75.01	1
3.1.1	人均人工智能论文产出量	25.03	26
3.1.2	人工智能顶级论文量	100.00	1
3.1.3	人工智能全球 TOP100 高被引论文占比	100.00	1

115

续表

指标序号	指标名称	得分	排名
3.2	人工智能专利	34.55	6
3.2.1	人均人工智能专利申请量	73.76	4
3.2.2	人均人工智能专利授权量	42.26	9
3.2.3	人均 5G 专利申请量	20.82	9
3.2.4	人均 5G 专利授权量	1.38	12
4	人工智能产业与应用	62.39	3
4.1	人工智能产业	57.16	2
4.1.1	人工智能企业数量	82.30	2
4.1.2	人工智能企业平均融资金额	100.00	1
4.1.3	人工智能开源代码贡献量	46.33	2
4.1.4	人工智能高收藏量开源代码占比	0.00	30
4.2	人工智能应用	67.61	7
4.2.1	电子政务发展指数	79.48	33
4.2.2	物联网 TOP500 企业占比	52.00	3
4.2.3	智慧城市指数	71.36	24

3. 韩国各指标详细得分及排名情况

全球人工智能创新指数 – 第 3 名

指标序号	指标名称	得分	排名
1	人工智能基础支撑	38.38	7
1.1	人工智能计算基础	20.10	11
1.1.1	数据中心保有率	4.29	30
1.1.2	全球 TOP500 超算中心占比	1.20	13
1.1.3	人均发电量	54.81	5
1.2	人工智能网络基础	56.67	1
1.2.1	移动蜂窝电话订阅率	33.80	13
1.2.2	互联网使用率	92.96	4
1.2.3	固定宽带订阅率	85.53	5
1.2.4	5G 订阅率	14.38	1

续表

指标序号	指标名称	得分	排名
2	**人工智能创新资源与环境**	53.08	1
2.1	**人工智能人才**	3.09	20
2.1.1	人工智能顶级学者人口参与率	5.77	16
2.1.2	人工智能从业人员人口参与率	0.41	30
2.2	**人工智能教育**	42.52	18
2.2.1	高水平人工智能核心专业开设率	6.90	21
2.2.2	全日制科学和工程博士生占比	67.48	38
2.2.3	PISA 测试成绩	53.20	3
2.3	**国家研发投入**	96.20	2
2.3.1	国家研发投入强度	96.20	2
2.4	**人工智能创新制度**	70.50	6
2.4.1	国家人工智能发展政策与规划	75.42	6
2.4.2	国家人工智能社会治理	65.58	6
3	**人工智能科技研发**	55.92	2
3.1	**人工智能学术论文**	28.25	8
3.1.1	人均人工智能论文产出量	62.32	3
3.1.2	人工智能顶级论文量	12.44	5
3.1.3	人工智能全球 TOP100 高被引论文占比	10.00	10
3.2	**人工智能专利**	83.58	1
3.2.1	人均人工智能专利申请量	100.00	1
3.2.2	人均人工智能专利授权量	100.00	1
3.2.3	人均 5G 专利申请量	100.00	1
3.2.4	人均 5G 专利授权量	34.32	2
4	**人工智能产业与应用**	38.60	21
4.1	**人工智能产业**	13.01	28
4.1.1	人工智能企业数量	8.70	16
4.1.2	人工智能企业平均融资金额	17.02	20
4.1.3	人工智能开源代码贡献量	1.33	24
4.1.4	人工智能高收藏量开源代码占比	25.00	28
4.2	**人工智能应用**	64.18	14

续表

指标序号	指标名称	得分	排名
4.2.1	电子政务发展指数	95.60	2
4.2.2	物联网 TOP500 企业占比	6.00	18
4.2.3	智慧城市指数	90.95	12

4. 加拿大各指标详细得分及排名情况

全球人工智能创新指数 – 第 4 名

指标序号	指标名称	得分	排名
1	**人工智能基础支撑**	**44.74**	**2**
1.1	人工智能计算基础	43.55	3
1.1.1	数据中心保有率	37.79	4
1.1.2	全球 TOP500 超算中心占比	5.20	8
1.1.3	人均发电量	87.65	1
1.2	人工智能网络基础	45.93	12
1.2.1	移动蜂窝电话订阅率	17.01	45
1.2.2	互联网使用率	87.14	7
1.2.3	固定宽带订阅率	79.56	9
1.2.4	5G 订阅率	0.00	20
2	**人工智能创新资源与环境**	**47.74**	**7**
2.1	人工智能人才	8.35	7
2.1.1	人工智能顶级学者人口参与率	11.07	8
2.1.2	人工智能从业人员人口参与率	5.62	6
2.2	人工智能教育	58.78	7
2.2.1	高水平人工智能核心专业开设率	28.13	7
2.2.2	全日制科学和工程博士生占比	100.00	1
2.2.3	PISA 测试成绩	48.20	4
2.3	国家研发投入	31.33	19
2.3.1	国家研发投入强度	31.33	19
2.4	人工智能创新制度	92.50	3

续表

指标序号	指标名称	得分	排名
2.4.1	国家人工智能发展政策与规划	95.00	3
2.4.2	国家人工智能社会治理	90.00	3
3	**人工智能科技研发**	**41.09**	**4**
3.1	**人工智能学术论文**	20.69	9
3.1.1	人均人工智能论文产出量	40.42	5
3.1.2	人工智能顶级论文量	11.64	6
3.1.3	人工智能全球 TOP100 高被引论文占比	10.00	10
3.2	**人工智能专利**	61.49	2
3.2.1	人均人工智能专利申请量	17.78	12
3.2.2	人均人工智能专利授权量	100.00	1
3.2.3	人均 5G 专利申请量	28.18	7
3.2.4	人均 5G 专利授权量	100.00	1
4	**人工智能产业与应用**	**49.23**	**9**
4.1	**人工智能产业**	33.25	7
4.1.1	人工智能企业数量	45.10	5
4.1.2	人工智能企业平均融资金额	36.25	10
4.1.3	人工智能开源代码贡献量	6.67	7
4.1.4	人工智能高收藏量开源代码占比	45.00	15
4.2	**人工智能应用**	65.21	12
4.2.1	电子政务发展指数	84.20	21
4.2.2	物联网 TOP500 企业占比	26.00	8
4.2.3	智慧城市指数	85.43	16

5. 德国各指标详细得分及排名情况

全球人工智能创新指数 – 第 5 名

指标序号	指标名称	得分	排名
1	**人工智能基础支撑**	**38.57**	**6**
1.1	人工智能计算基础	28.27	5

续表

指标序号	指标名称	得分	排名
1.1.1	数据中心保有率	45.09	3
1.1.2	全球 TOP500 超算中心占比	6.40	5
1.1.3	人均发电量	33.33	17
1.2	**人工智能网络基础**	48.86	8
1.2.1	移动蜂窝电话订阅率	31.34	17
1.2.2	互联网使用率	77.71	17
1.2.3	固定宽带订阅率	83.99	6
1.2.4	5G 订阅率	2.41	7
2	**人工智能创新资源与环境**	**40.54**	**14**
2.1	**人工智能人才**	5.50	12
2.1.1	人工智能顶级学者人口参与率	9.12	9
2.1.2	人工智能从业人员人口参与率	1.89	13
2.2	**人工智能教育**	43.04	16
2.2.1	高水平人工智能核心专业开设率	13.53	15
2.2.2	全日制科学和工程博士生占比	77.37	28
2.2.3	PISA 测试成绩	38.20	12
2.3	**国家研发投入**	61.88	6
2.3.1	国家研发投入强度	61.88	6
2.4	**人工智能创新制度**	51.75	11
2.4.1	国家人工智能发展政策与规划	52.50	15
2.4.2	国家人工智能社会治理	51.00	8
3	**人工智能科技研发**	**37.69**	**6**
3.1	**人工智能学术论文**	31.57	5
3.1.1	人均人工智能论文产出量	29.79	17
3.1.2	人工智能顶级论文量	14.92	4
3.1.3	人工智能全球 TOP100 高被引论文占比	50.00	3
3.2	**人工智能专利**	43.81	5
3.2.1	人均人工智能专利申请量	78.09	3
3.2.2	人均人工智能专利授权量	92.20	4
3.2.3	人均 5G 专利申请量	3.44	18
3.2.4	人均 5G 专利授权量	1.49	11

续表

指标序号	指标名称	得分	排名
4	**人工智能产业与应用**	62.60	2
4.1	**人工智能产业**	33.78	6
4.1.1	人工智能企业数量	37.30	6
4.1.2	人工智能企业平均融资金额	30.48	13
4.1.3	人工智能开源代码贡献量	16.33	5
4.1.4	人工智能高收藏量开源代码占比	51.02	12
4.2	**人工智能应用**	91.41	2
4.2.1	电子政务发展指数	85.24	19
4.2.2	物联网 TOP500 企业占比	92.00	2
4.2.3	智慧城市指数	96.98	6

6. 英国各指标详细得分及排名情况

全球人工智能创新指数 – 第 6 名

指标序号	指标名称	得分	排名
1	**人工智能基础支撑**	38.85	5
1.1	**人工智能计算基础**	27.53	6
1.1.1	数据中心保有率	58.62	2
1.1.2	全球 TOP500 超算中心占比	4.00	9
1.1.3	人均发电量	19.97	28
1.2	**人工智能网络基础**	50.18	7
1.2.1	移动蜂窝电话订阅率	27.02	30
1.2.2	互联网使用率	92.31	5
1.2.3	固定宽带订阅率	79.19	10
1.2.4	5G 订阅率	2.17	8
2	**人工智能创新资源与环境**	50.52	4
2.1	**人工智能人才**	8.71	6
2.1.1	人工智能顶级学者人口参与率	14.56	5
2.1.2	人工智能从业人员人口参与率	2.86	8

续表

指标序号	指标名称	得分	排名
2.2	**人工智能教育**	58.91	6
2.2.1	高水平人工智能核心专业开设率	55.66	4
2.2.2	全日制科学和工程博士生占比	82.26	21
2.2.3	PISA 测试成绩	38.80	9
2.3	**国家研发投入**	34.48	18
2.3.1	国家研发投入强度	34.48	18
2.4	**人工智能创新制度**	100.00	1
2.4.1	国家人工智能发展政策与规划	100.00	1
2.4.2	国家人工智能社会治理	100.00	1
3	**人工智能科技研发**	**24.02**	**9**
3.1	**人工智能学术论文**	29.89	6
3.1.1	人均人工智能论文产出量	31.84	13
3.1.2	人工智能顶级论文量	17.84	3
3.1.3	人工智能全球 TOP100 高被引论文占比	40.00	5
3.2	**人工智能专利**	18.14	13
3.2.1	人均人工智能专利申请量	40.95	7
3.2.2	人均人工智能专利授权量	28.32	12
3.2.3	人均 5G 专利申请量	3.01	20
3.2.4	人均 5G 专利授权量	0.29	15
4	**人工智能产业与应用**	**61.50**	**4**
4.1	**人工智能产业**	45.80	4
4.1.1	人工智能企业数量	51.10	4
4.1.2	人工智能企业平均融资金额	50.13	7
4.1.3	人工智能开源代码贡献量	18.33	3
4.1.4	人工智能高收藏量开源代码占比	63.64	6
4.2	**人工智能应用**	77.19	3
4.2.1	电子政务发展指数	93.58	6
4.2.2	物联网 TOP500 企业占比	38.00	5
4.2.3	智慧城市指数	100.00	1

7. 新加坡各指标详细得分及排名情况

全球人工智能创新指数 – 第 7 名

指标序号	指标名称	得分	排名
1	**人工智能基础支撑**	**30.39**	**14**
1.1	人工智能计算基础	17.79	14
1.1.1	数据中心保有率	7.95	19
1.1.2	全球 TOP500 超算中心占比	1.60	11
1.1.3	人均发电量	43.83	8
1.2	人工智能网络基础	42.99	20
1.2.1	移动蜂窝电话订阅率	42.55	4
1.2.2	互联网使用率	77.79	16
1.2.3	固定宽带订阅率	51.62	35
1.2.4	5G 订阅率	0.00	20
2	**人工智能创新资源与环境**	**52.22**	**2**
2.1	人工智能人才	55.95	1
2.1.1	人工智能顶级学者人口参与率	97.63	2
2.1.2	人工智能从业人员人口参与率	14.27	1
2.2	人工智能教育	63.32	3
2.2.1	高水平人工智能核心专业开设率	20.59	12
2.2.2	全日制科学和工程博士生占比	82.78	17
2.2.3	PISA 测试成绩	86.60	2
2.3	国家研发投入	38.89	14
2.3.1	国家研发投入强度	38.89	14
2.4	人工智能创新制度	50.74	12
2.4.1	国家人工智能发展政策与规划	57.91	12
2.4.2	国家人工智能社会治理	43.57	13
3	**人工智能科技研发**	**40.48**	**5**
3.1	人工智能学术论文	49.13	3
3.1.1	人均人工智能论文产出量	100.00	1
3.1.2	人工智能顶级论文量	7.40	11
3.1.3	人工智能全球 TOP100 高被引论文占比	40.00	5

续表

指标序号	指标名称	得分	排名
3.2	**人工智能专利**	31.83	8
3.2.1	人均人工智能专利申请量	22.97	9
3.2.2	人均人工智能专利授权量	12.47	16
3.2.3	人均 5G 专利申请量	72.01	2
3.2.4	人均 5G 专利授权量	19.85	4
4	**人工智能产业与应用**	**49.38**	**8**
4.1	**人工智能产业**	30.94	10
4.1.1	人工智能企业数量	18.00	10
4.1.2	人工智能企业平均融资金额	44.08	8
4.1.3	人工智能开源代码贡献量	1.67	21
4.1.4	人工智能高收藏量开源代码占比	60.00	7
4.2	**人工智能应用**	67.83	6
4.2.1	电子政务发展指数	91.50	9
4.2.2	物联网 TOP500 企业占比	16.00	10
4.2.3	智慧城市指数	95.98	8

8. 以色列各指标详细得分及排名情况

全球人工智能创新指数 – 第 8 名

指标序号	指标名称	得分	排名
1	**人工智能基础支撑**	**27.17**	**23**
1.1	**人工智能计算基础**	13.68	19
1.1.1	数据中心保有率	1.93	42
1.1.2	全球 TOP500 超算中心占比	0.00	24
1.1.3	人均发电量	39.12	10
1.2	**人工智能网络基础**	40.66	25
1.2.1	移动蜂窝电话订阅率	30.71	20
1.2.2	互联网使用率	73.69	21
1.2.3	固定宽带订阅率	58.24	26
1.2.4	5G 订阅率	0.00	20

附录一 全球人工智能创新指数各国概况

续表

指标序号	指标名称	得分	排名
2	**人工智能创新资源与环境**	**47.76**	**6**
2.1	**人工智能人才**	22.92	3
2.1.1	人工智能顶级学者人口参与率	33.40	3
2.1.2	人工智能从业人员人口参与率	12.44	2
2.2	**人工智能教育**	49.82	10
2.2.1	高水平人工智能核心专业开设率	19.05	13
2.2.2	全日制科学和工程博士生占比	100.00	1
2.2.3	PISA 测试成绩	30.40	22
2.3	**国家研发投入**	99.06	1
2.3.1	国家研发投入强度	99.06	1
2.4	**人工智能创新制度**	19.25	29
2.4.1	国家人工智能发展政策与规划	23.96	28
2.4.2	国家人工智能社会治理	14.55	32
3	**人工智能科技研发**	**34.06**	**7**
3.1	**人工智能学术论文**	11.60	20
3.1.1	人均人工智能论文产出量	29.53	19
3.1.2	人工智能顶级论文量	5.28	12
3.1.3	人工智能全球 TOP100 高被引论文占比	0.00	16
3.2	**人工智能专利**	56.52	3
3.2.1	人均人工智能专利申请量	100.00	1
3.2.2	人均人工智能专利授权量	100.00	1
3.2.3	人均 5G 专利申请量	8.13	11
3.2.4	人均 5G 专利授权量	17.94	6
4	**人工智能产业与应用**	**44.47**	**11**
4.1	**人工智能产业**	31.95	8
4.1.1	人工智能企业数量	30.00	7
4.1.2	人工智能企业平均融资金额	52.62	4
4.1.3	人工智能开源代码贡献量	2.33	17
4.1.4	人工智能高收藏量开源代码占比	42.86	16

续表

指标序号	指标名称	得分	排名
4.2	人工智能应用	56.98	18
4.2.1	电子政务发展指数	83.61	22
4.2.2	物联网 TOP500 企业占比	22.00	9
4.2.3	智慧城市指数	65.33	27

9. 日本各指标详细得分及排名情况

全球人工智能创新指数 – 第 9 名

指标序号	指标名称	得分	排名
1	**人工智能基础支撑**	32.18	12
1.1	**人工智能计算基础**	19.81	12
1.1.1	数据中心保有率	10.09	18
1.1.2	全球 TOP500 超算中心占比	11.60	3
1.1.3	人均发电量	37.73	12
1.2	**人工智能网络基础**	44.56	16
1.2.1	移动蜂窝电话订阅率	35.68	9
1.2.2	互联网使用率	77.99	15
1.2.3	固定宽带订阅率	64.32	22
1.2.4	5G 订阅率	0.24	17
2	**人工智能创新资源与环境**	38.51	16
2.1	**人工智能人才**	2.59	22
2.1.1	人工智能顶级学者人口参与率	4.31	21
2.1.2	人工智能从业人员人口参与率	0.87	21
2.2	**人工智能教育**	38.66	25
2.2.1	高水平人工智能核心专业开设率	2.56	30
2.2.2	全日制科学和工程博士生占比	66.81	39
2.2.3	PISA 测试成绩	46.60	5
2.3	**国家研发投入**	65.29	4
2.3.1	国家研发投入强度	65.29	4

续表

指标序号	指标名称	得分	排名
2.4	人工智能创新制度	47.50	15
2.4.1	国家人工智能发展政策与规划	57.50	13
2.4.2	国家人工智能社会治理	37.50	18
3	人工智能科技研发	23.77	10
3.1	人工智能学术论文	14.84	13
3.1.1	人均人工智能论文产出量	25.24	25
3.1.2	人工智能顶级论文量	9.28	8
3.1.3	人工智能全球TOP100高被引论文占比	10.00	10
3.2	人工智能专利	32.70	7
3.2.1	人均人工智能专利申请量	52.76	6
3.2.2	人均人工智能专利授权量	46.99	8
3.2.3	人均5G专利申请量	30.17	6
3.2.4	人均5G专利授权量	0.88	13
4	人工智能产业与应用	53.44	5
4.1	人工智能产业	31.42	9
4.1.1	人工智能企业数量	18.20	9
4.1.2	人工智能企业平均融资金额	19.45	19
4.1.3	人工智能开源代码贡献量	2.33	17
4.1.4	人工智能高收藏量开源代码占比	85.71	3
4.2	人工智能应用	75.46	4
4.2.1	电子政务发展指数	89.89	10
4.2.2	物联网TOP500企业占比	38.00	5
4.2.3	智慧城市指数	98.49	4

10. 法国各指标详细得分及排名情况

全球人工智能创新指数 – 第 10 名

指标序号	指标名称	得分	排名
1	**人工智能基础支撑**	**36.89**	**8**
1.1	人工智能计算基础	26.83	7
1.1.1	数据中心保有率	33.28	5
1.1.2	全球 TOP500 超算中心占比	7.60	4
1.1.3	人均发电量	39.62	9
1.2	人工智能网络基础	46.94	10
1.2.1	移动蜂窝电话订阅率	24.25	36
1.2.2	互联网使用率	72.14	24
1.2.3	固定宽带订阅率	91.39	1
1.2.4	5G 订阅率	0.00	20
2	**人工智能创新资源与环境**	**40.41**	**15**
2.1	人工智能人才	3.81	17
2.1.1	人工智能顶级学者人口参与率	5.84	15
2.1.2	人工智能从业人员人口参与率	1.78	14
2.2	人工智能教育	63.10	4
2.2.1	高水平人工智能核心专业开设率	57.50	3
2.2.2	全日制科学和工程博士生占比	100.00	1
2.2.3	PISA 测试成绩	31.80	17
2.3	国家研发投入	44.00	11
2.3.1	国家研发投入强度	44.00	11
2.4	人工智能创新制度	50.73	13
2.4.1	国家人工智能发展政策与规划	56.46	14
2.4.2	国家人工智能社会治理	45.00	10
3	**人工智能科技研发**	**17.95**	**12**
3.1	人工智能学术论文	13.97	15
3.1.1	人均人工智能论文产出量	23.46	27
3.1.2	人工智能顶级论文量	8.44	9
3.1.3	人工智能全球 TOP100 高被引论文占比	10.00	10

续表

指标序号	指标名称	得分	排名
3.2	**人工智能专利**	21.93	9
3.2.1	人均人工智能专利申请量	31.13	8
3.2.2	人均人工智能专利授权量	55.29	6
3.2.3	人均 5G 专利申请量	1.12	23
3.2.4	人均 5G 专利授权量	0.16	17
4	**人工智能产业与应用**	**50.04**	**6**
4.1	**人工智能产业**	27.35	12
4.1.1	人工智能企业数量	29.70	8
4.1.2	人工智能企业平均融资金额	33.87	12
4.1.3	人工智能开源代码贡献量	10.33	6
4.1.4	人工智能高收藏量开源代码占比	35.48	20
4.2	**人工智能应用**	72.72	5
4.2.1	电子政务发展指数	87.18	14
4.2.2	物联网 TOP500 企业占比	32.00	7
4.2.3	智慧城市指数	98.99	3

11. 瑞典各指标详细得分及排名情况

全球人工智能创新指数 – 第 11 名

指标序号	指标名称	得分	排名
1	**人工智能基础支撑**	**42.20**	**3**
1.1	**人工智能计算基础**	31.77	4
1.1.1	数据中心保有率	10.74	15
1.1.2	全球 TOP500 超算中心占比	0.80	15
1.1.3	人均发电量	83.77	2
1.2	**人工智能网络基础**	52.63	3
1.2.1	移动蜂窝电话订阅率	30.53	21
1.2.2	互联网使用率	93.59	3
1.2.3	固定宽带订阅率	79.60	7
1.2.4	5G 订阅率	6.80	3

续表

指标序号	指标名称	得分	排名
2	**人工智能创新资源与环境**	41.80	11
2.1	**人工智能人才**	5.94	11
2.1.1	人工智能顶级学者人口参与率	6.57	14
2.1.2	人工智能从业人员人口参与率	5.31	7
2.2	**人工智能教育**	54.39	8
2.2.1	高水平人工智能核心专业开设率	35.90	6
2.2.2	全日制科学和工程博士生占比	88.47	11
2.2.3	PISA 测试成绩	38.80	9
2.3	**国家研发投入**	66.79	3
2.3.1	国家研发投入强度	66.79	3
2.4	**人工智能创新制度**	40.08	20
2.4.1	国家人工智能发展政策与规划	44.05	20
2.4.2	国家人工智能社会治理	36.11	20
3	**人工智能科技研发**	15.41	13
3.1	**人工智能学术论文**	11.31	21
3.1.1	人均人工智能论文产出量	32.41	11
3.1.2	人工智能顶级论文量	1.52	17
3.1.3	人工智能全球 TOP100 高被引论文占比	0.00	16
3.2	**人工智能专利**	19.52	10
3.2.1	人均人工智能专利申请量	8.96	15
3.2.2	人均人工智能专利授权量	13.89	14
3.2.3	人均 5G 专利申请量	38.76	4
3.2.4	人均 5G 专利授权量	16.45	7
4	**人工智能产业与应用**	43.49	12
4.1	**人工智能产业**	19.94	16
4.1.1	人工智能企业数量	7.90	17
4.1.2	人工智能企业平均融资金额	20.55	17
4.1.3	人工智能开源代码贡献量	1.33	24
4.1.4	人工智能高收藏量开源代码占比	50.00	13
4.2	**人工智能应用**	67.04	8

续表

指标序号	指标名称	得分	排名
4.2.1	电子政务发展指数	93.65	5
4.2.2	物联网 TOP500 企业占比	14.00	13
4.2.3	智慧城市指数	93.47	9

12. 芬兰各指标详细得分及排名情况

全球人工智能创新指数 – 第 12 名

指标序号	指标名称	得分	排名
1	**人工智能基础支撑**	33.74	11
1.1	**人工智能计算基础**	21.87	9
1.1.1	数据中心保有率	4.72	28
1.1.2	全球 TOP500 超算中心占比	0.80	15
1.1.3	人均发电量	60.09	4
1.2	**人工智能网络基础**	45.62	13
1.2.1	移动蜂窝电话订阅率	31.70	16
1.2.2	互联网使用率	82.10	11
1.2.3	固定宽带订阅率	64.97	21
1.2.4	5G 订阅率	3.71	6
2	**人工智能创新资源与环境**	49.57	5
2.1	**人工智能人才**	4.13	14
2.1.1	人工智能顶级学者人口参与率	5.41	19
2.1.2	人工智能从业人员人口参与率	2.84	9
2.2	**人工智能教育**	49.21	11
2.2.1	高水平人工智能核心专业开设率	22.86	11
2.2.2	全日制科学和工程博士生占比	82.77	18
2.2.3	PISA 测试成绩	42.00	8
2.3	**国家研发投入**	55.48	10
2.3.1	国家研发投入强度	55.48	10
2.4	**人工智能创新制度**	89.45	4

续表

指标序号	指标名称	得分	排名
2.4.1	国家人工智能发展政策与规划	92.65	4
2.4.2	国家人工智能社会治理	86.25	4
3	**人工智能科技研发**	**15.16**	**14**
3.1	**人工智能学术论文**	11.88	19
3.1.1	人均人工智能论文产出量	34.45	10
3.1.2	人工智能顶级论文量	1.20	20
3.1.3	人工智能全球TOP100高被引论文占比	0.00	16
3.2	**人工智能专利**	18.44	12
3.2.1	人均人工智能专利申请量	13.14	13
3.2.2	人均人工智能专利授权量	9.49	19
3.2.3	人均5G专利申请量	21.91	8
3.2.4	人均5G专利授权量	29.21	3
4	**人工智能产业与应用**	**40.10**	**16**
4.1	**人工智能产业**	14.88	23
4.1.1	人工智能企业数量	5.00	20
4.1.2	人工智能企业平均融资金额	20.20	18
4.1.3	人工智能开源代码贡献量	1.00	26
4.1.4	人工智能高收藏量开源代码占比	33.33	22
4.2	**人工智能应用**	65.32	11
4.2.1	电子政务发展指数	94.52	3
4.2.2	物联网TOP500企业占比	12.00	14
4.2.3	智慧城市指数	89.45	14

13. 澳大利亚各指标详细得分及排名情况

全球人工智能创新指数 – 第 13 名

指标序号	指标名称	得分	排名
1	**人工智能基础支撑**	**34.68**	**10**
1.1	人工智能计算基础	25.41	8
1.1.1	数据中心保有率	25.34	7
1.1.2	全球 TOP500 超算中心占比	0.80	15
1.1.3	人均发电量	50.10	6
1.2	人工智能网络基础	43.96	17
1.2.1	移动蜂窝电话订阅率	24.25	35
1.2.2	互联网使用率	80.79	13
1.2.3	固定宽带订阅率	69.08	16
1.2.4	5G 订阅率	1.71	9
2	**人工智能创新资源与环境**	**41.04**	**12**
2.1	人工智能人才	6.56	9
2.1.1	人工智能顶级学者人口参与率	12.40	6
2.1.2	人工智能从业人员人口参与率	0.73	27
2.2	人工智能教育	60.13	5
2.2.1	高水平人工智能核心专业开设率	59.52	2
2.2.2	全日制科学和工程博士生占比	83.07	16
2.2.3	PISA 测试成绩	37.80	13
2.3	国家研发投入	37.47	17
2.3.1	国家研发投入强度	37.47	17
2.4	人工智能创新制度	60.00	7
2.4.1	国家人工智能发展政策与规划	60.00	10
2.4.2	国家人工智能社会治理	60.00	7
3	**人工智能科技研发**	**22.34**	**11**
3.1	人工智能学术论文	29.89	7
3.1.1	人均人工智能论文产出量	28.19	22
3.1.2	人工智能顶级论文量	11.48	7
3.1.3	人工智能全球 TOP100 高被引论文占比	50.00	3

续表

指标序号	指标名称	得分	排名
3.2	**人工智能专利**	14.80	14
3.2.1	人均人工智能专利申请量	19.98	11
3.2.2	人均人工智能专利授权量	1.64	26
3.2.3	人均 5G 专利申请量	37.57	5
3.2.4	人均 5G 专利授权量	0.00	21
4	**人工智能产业与应用**	**39.40**	**17**
4.1	**人工智能产业**	14.04	24
4.1.1	人工智能企业数量	12.10	14
4.1.2	人工智能企业平均融资金额	10.29	29
4.1.3	人工智能开源代码贡献量	6.00	9
4.1.4	人工智能高收藏量开源代码占比	27.78	26
4.2	**人工智能应用**	64.76	13
4.2.1	电子政务发展指数	94.32	4
4.2.2	物联网 TOP500 企业占比	8.00	15
4.2.3	智慧城市指数	91.96	10

14. 丹麦各指标详细得分及排名情况

全球人工智能创新指数 – 第 14 名

指标序号	指标名称	得分	排名
1	**人工智能基础支撑**	**31.64**	**13**
1.1	**人工智能计算基础**	9.80	26
1.1.1	数据中心保有率	6.87	21
1.1.2	全球 TOP500 超算中心占比	0.00	24
1.1.3	人均发电量	22.53	25
1.2	**人工智能网络基础**	53.49	2
1.2.1	移动蜂窝电话订阅率	30.20	22
1.2.2	互联网使用率	95.86	2
1.2.3	固定宽带订阅率	87.89	3
1.2.4	5G 订阅率	0.00	20

附录一
全球人工智能创新指数各国概况

续表

指标序号	指标名称	得分	排名
2	**人工智能创新资源与环境**	**42.37**	**10**
2.1	人工智能人才	4.47	13
2.1.1	人工智能顶级学者人口参与率	7.04	12
2.1.2	人工智能从业人员人口参与率	1.90	12
2.2	人工智能教育	48.23	13
2.2.1	高水平人工智能核心专业开设率	23.08	10
2.2.2	全日制科学和工程博士生占比	90.02	10
2.2.3	PISA 测试成绩	31.60	18
2.3	国家研发投入	61.28	7
2.3.1	国家研发投入强度	61.28	7
2.4	人工智能创新制度	55.48	8
2.4.1	国家人工智能发展政策与规划	66.67	7
2.4.2	国家人工智能社会治理	44.29	12
3	**人工智能科技研发**	**10.05**	**19**
3.1	人工智能学术论文	17.20	10
3.1.1	人均人工智能论文产出量	30.60	16
3.1.2	人工智能顶级论文量	1.00	26
3.1.3	人工智能全球 TOP100 高被引论文占比	20.00	7
3.2	人工智能专利	2.89	23
3.2.1	人均人工智能专利申请量	5.62	17
3.2.2	人均人工智能专利授权量	5.29	23
3.2.3	人均 5G 专利申请量	0.66	25
3.2.4	人均 5G 专利授权量	0.00	21
4	**人工智能产业与应用**	**40.58**	**15**
4.1	人工智能产业	15.47	20
4.1.1	人工智能企业数量	5.00	20
4.1.2	人工智能企业平均融资金额	21.54	16
4.1.3	人工智能开源代码贡献量	2.00	20
4.1.4	人工智能高收藏量开源代码占比	33.33	22
4.2	人工智能应用	65.69	9

续表

指标序号	指标名称	得分	排名
4.2.1	电子政务发展指数	97.58	1
4.2.2	物联网 TOP500 企业占比	2.00	20
4.2.3	智慧城市指数	97.49	5

15. 荷兰各指标详细得分及排名情况

全球人工智能创新指数 – 第 15 名

指标序号	指标名称	得分	排名
1	人工智能基础支撑	36.43	9
1.1	人工智能计算基础	20.75	10
1.1.1	数据中心保有率	24.26	8
1.1.2	全球 TOP500 超算中心占比	6.00	6
1.1.3	人均发电量	32.00	18
1.2	人工智能网络基础	52.11	4
1.2.1	移动蜂窝电话订阅率	30.91	19
1.2.2	互联网使用率	90.29	6
1.2.3	固定宽带订阅率	87.25	4
1.2.4	5G 订阅率	0.00	20
2	人工智能创新资源与环境	35.10	17
2.1	人工智能人才	3.50	18
2.1.1	人工智能顶级学者人口参与率	5.25	20
2.1.2	人工智能从业人员人口参与率	1.75	15
2.2	人工智能教育	48.93	12
2.2.1	高水平人工智能核心专业开设率	24.07	9
2.2.2	全日制科学和工程博士生占比	79.11	27
2.2.3	PISA 测试成绩	43.60	6
2.3	国家研发投入	43.27	13
2.3.1	国家研发投入强度	43.27	13
2.4	人工智能创新制度	44.70	16

续表

指标序号	指标名称	得分	排名
2.4.1	国家人工智能发展政策与规划	47.90	17
2.4.2	国家人工智能社会治理	41.50	16
3	**人工智能科技研发**	**10.63**	**17**
3.1	**人工智能学术论文**	17.14	11
3.1.1	人均人工智能论文产出量	27.30	23
3.1.2	人工智能顶级论文量	4.12	15
3.1.3	人工智能全球TOP100高被引论文占比	20.00	7
3.2	**人工智能专利**	4.12	20
3.2.1	人均人工智能专利申请量	4.74	18
3.2.2	人均人工智能专利授权量	8.62	20
3.2.3	人均5G专利申请量	0.43	27
3.2.4	人均5G专利授权量	2.70	10
4	**人工智能产业与应用**	**40.82**	**14**
4.1	**人工智能产业**	16.05	19
4.1.1	人工智能企业数量	12.80	13
4.1.2	人工智能企业平均融资金额	11.01	25
4.1.3	人工智能开源代码贡献量	4.67	11
4.1.4	人工智能高收藏量开源代码占比	35.71	19
4.2	**人工智能应用**	65.59	10
4.2.1	电子政务发展指数	92.28	8
4.2.2	物联网TOP500企业占比	8.00	15
4.2.3	智慧城市指数	96.48	7

16. 卢森堡各指标详细得分及排名情况

全球人工智能创新指数 – 第 16 名

指标序号	指标名称	得分	排名
1	**人工智能基础支撑**	27.97	21
1.1	**人工智能计算基础**	4.63	41
1.1.1	数据中心保有率	3.22	34
1.1.2	全球 TOP500 超算中心占比	0.00	24
1.1.3	人均发电量	10.66	40
1.2	**人工智能网络基础**	51.32	5
1.2.1	移动蜂窝电话订阅率	34.30	11
1.2.2	互联网使用率	96.23	1
1.2.3	固定宽带订阅率	74.74	14
1.2.4	5G 订阅率	0.00	20
2	**人工智能创新资源与环境**	45.50	9
2.1	**人工智能人才**	51.02	2
2.1.1	人工智能顶级学者人口参与率	100.00	1
2.1.2	人工智能从业人员人口参与率	2.03	10
2.2	**人工智能教育**	76.27	1
2.2.1	高水平人工智能核心专业开设率	100.00	1
2.2.2	全日制科学和工程博士生占比	100.00	1
2.2.3	PISA 测试成绩	28.80	24
2.3	**国家研发投入**	24.71	26
2.3.1	国家研发投入强度	24.71	26
2.4	**人工智能创新制度**	30.00	23
2.4.1	国家人工智能发展政策与规划	30.00	25
2.4.2	国家人工智能社会治理	30.00	23
3	**人工智能科技研发**	25.95	8
3.1	**人工智能学术论文**	33.36	4
3.1.1	人均人工智能论文产出量	100.00	1
3.1.2	人工智能顶级论文量	0.08	36
3.1.3	人工智能全球 TOP100 高被引论文占比	0.00	16

续表

指标序号	指标名称	得分	排名
3.2	**人工智能专利**	18.55	11
3.2.1	人均人工智能专利申请量	22.58	10
3.2.2	人均人工智能专利授权量	38.71	11
3.2.3	人均5G专利申请量	12.90	10
3.2.4	人均5G专利授权量	0.00	21
4	**人工智能产业与应用**	**20.33**	**41**
4.1	**人工智能产业**	13.08	27
4.1.1	人工智能企业数量	0.70	41
4.1.2	人工智能企业平均融资金额	51.62	5
4.1.3	人工智能开源代码贡献量	0.00	37
4.1.4	人工智能高收藏量开源代码占比	0.00	30
4.2	**人工智能应用**	27.57	46
4.2.1	电子政务发展指数	82.72	24
4.2.2	物联网TOP500企业占比	0.00	23
4.2.3	智慧城市指数	0.00	44

17. 比利时各指标详细得分及排名情况

全球人工智能创新指数 – 第17名

指标序号	指标名称	得分	排名
1	**人工智能基础支撑**	**30.11**	**15**
1.1	**人工智能计算基础**	14.76	16
1.1.1	数据中心保有率	6.87	21
1.1.2	全球TOP500超算中心占比	0.00	24
1.1.3	人均发电量	37.42	14
1.2	**人工智能网络基础**	45.47	14
1.2.1	移动蜂窝电话订阅率	19.90	41
1.2.2	互联网使用率	82.40	10
1.2.3	固定宽带订阅率	79.57	8
1.2.4	5G订阅率	0.00	20

续表

指标序号	指标名称	得分	排名
2	**人工智能创新资源与环境**	**34.66**	**18**
2.1	**人工智能人才**	3.40	19
2.1.1	人工智能顶级学者人口参与率	5.70	17
2.1.2	人工智能从业人员人口参与率	1.10	17
2.2	**人工智能教育**	45.61	14
2.2.1	高水平人工智能核心专业开设率	15.87	14
2.2.2	全日制科学和工程博士生占比	82.16	22
2.2.3	PISA 测试成绩	38.80	9
2.3	**国家研发投入**	56.42	9
2.3.1	国家研发投入强度	56.42	9
2.4	**人工智能创新制度**	33.21	22
2.4.1	国家人工智能发展政策与规划	35.00	22
2.4.2	国家人工智能社会治理	31.42	22
3	**人工智能科技研发**	**4.47**	**31**
3.1	**人工智能学术论文**	7.86	30
3.1.1	人均人工智能论文产出量	22.25	29
3.1.2	人工智能顶级论文量	1.32	19
3.1.3	人工智能全球 TOP100 高被引论文占比	0.00	16
3.2	**人工智能专利**	1.08	31
3.2.1	人均人工智能专利申请量	0.78	25
3.2.2	人均人工智能专利授权量	2.74	25
3.2.3	人均 5G 专利申请量	0.78	24
3.2.4	人均 5G 专利授权量	0.00	21
4	**人工智能产业与应用**	**47.29**	**10**
4.1	**人工智能产业**	39.13	5
4.1.1	人工智能企业数量	4.30	23
4.1.2	人工智能企业平均融资金额	51.21	6
4.1.3	人工智能开源代码贡献量	1.00	26
4.1.4	人工智能高收藏量开源代码占比	100.00	1
4.2	**人工智能应用**	55.46	20

续表

指标序号	指标名称	得分	排名
4.2.1	电子政务发展指数	80.47	29
4.2.2	物联网 TOP500 企业占比	6.00	18
4.2.3	智慧城市指数	79.90	19

18. 奥地利各指标详细得分及排名情况

全球人工智能创新指数 – 第 18 名

指标序号	指标名称	得分	排名
1	**人工智能基础支撑**	28.20	19
1.1	人工智能计算基础	14.49	17
1.1.1	数据中心保有率	5.15	26
1.1.2	全球 TOP500 超算中心占比	0.40	20
1.1.3	人均发电量	37.90	11
1.2	人工智能网络基础	41.92	21
1.2.1	移动蜂窝电话订阅率	27.91	28
1.2.2	互联网使用率	82.77	9
1.2.3	固定宽带订阅率	56.12	30
1.2.4	5G 订阅率	0.88	14
2	**人工智能创新资源与环境**	41.01	13
2.1	人工智能人才	6.07	10
2.1.1	人工智能顶级学者人口参与率	11.15	7
2.1.2	人工智能从业人员人口参与率	0.99	18
2.2	人工智能教育	41.65	19
2.2.1	高水平人工智能核心专业开设率	9.59	17
2.2.2	全日制科学和工程博士生占比	83.97	15
2.2.3	PISA 测试成绩	31.40	19
2.3	国家研发投入	63.44	5
2.3.1	国家研发投入强度	63.44	5
2.4	人工智能创新制度	52.89	10

续表

指标序号	指标名称	得分	排名
2.4.1	国家人工智能发展政策与规划	61.25	8
2.4.2	国家人工智能社会治理	44.52	11
3	**人工智能科技研发**	**6.13**	**27**
3.1	**人工智能学术论文**	9.00	29
3.1.1	人均人工智能论文产出量	25.84	24
3.1.2	人工智能顶级论文量	1.16	22
3.1.3	人工智能全球 TOP100 高被引论文占比	0.00	16
3.2	**人工智能专利**	3.25	22
3.2.1	人均人工智能专利申请量	5.64	16
3.2.2	人均人工智能专利授权量	6.94	21
3.2.3	人均 5G 专利申请量	0.43	26
3.2.4	人均 5G 专利授权量	0.00	21
4	**人工智能产业与应用**	**38.89**	**19**
4.1	**人工智能产业**	14.92	22
4.1.1	人工智能企业数量	4.40	22
4.1.2	人工智能企业平均融资金额	15.12	21
4.1.3	人工智能开源代码贡献量	2.67	14
4.1.4	人工智能高收藏量开源代码占比	37.50	17
4.2	**人工智能应用**	62.87	16
4.2.1	电子政务发展指数	89.14	11
4.2.2	物联网 TOP500 企业占比	8.00	15
4.2.3	智慧城市指数	91.46	11

19. 捷克各指标详细得分及排名情况

全球人工智能创新指数 – 第 19 名

指标序号	指标名称	得分	排名
1	**人工智能基础支撑**	27.98	20
1.1	人工智能计算基础	14.44	18
1.1.1	数据中心保有率	5.37	25
1.1.2	全球 TOP500 超算中心占比	0.40	20
1.1.3	人均发电量	37.56	13
1.2	人工智能网络基础	41.52	24
1.2.1	移动蜂窝电话订阅率	29.41	24
1.2.2	互联网使用率	69.60	27
1.2.3	固定宽带订阅率	67.07	18
1.2.4	5G 订阅率	0.00	20
2	**人工智能创新资源与环境**	33.14	19
2.1	人工智能人才	0.37	34
2.1.1	人工智能顶级学者人口参与率	0.00	35
2.1.2	人工智能从业人员人口参与率	0.75	24
2.2	人工智能教育	39.25	24
2.2.1	高水平人工智能核心专业开设率	0.00	36
2.2.2	全日制科学和工程博士生占比	84.55	13
2.2.3	PISA 测试成绩	33.20	16
2.3	国家研发投入	38.57	16
2.3.1	国家研发投入强度	38.57	16
2.4	人工智能创新制度	54.38	9
2.4.1	国家人工智能发展政策与规划	60.00	10
2.4.2	国家人工智能社会治理	48.75	9
3	**人工智能科技研发**	6.44	24
3.1	人工智能学术论文	12.79	16
3.1.1	人均人工智能论文产出量	37.18	7
3.1.2	人工智能顶级论文量	1.20	20
3.1.3	人工智能全球 TOP100 高被引论文占比	0.00	16

续表

指标序号	指标名称	得分	排名
3.2	人工智能专利	0.09	41
3.2.1	人均人工智能专利申请量	0.00	36
3.2.2	人均人工智能专利授权量	0.37	34
3.2.3	人均 5G 专利申请量	0.00	30
3.2.4	人均 5G 专利授权量	0.00	21
4	人工智能产业与应用	40.86	13
4.1	人工智能产业	27.63	11
4.1.1	人工智能企业数量	2.80	27
4.1.2	人工智能企业平均融资金额	7.37	33
4.1.3	人工智能开源代码贡献量	0.33	32
4.1.4	人工智能高收藏量开源代码占比	100.00	1
4.2	人工智能应用	54.08	21
4.2.1	电子政务发展指数	81.35	28
4.2.2	物联网 TOP500 企业占比	0.00	23
4.2.3	智慧城市指数	80.90	18

20. 意大利各指标详细得分及排名情况

全球人工智能创新指数 – 第 20 名

指标序号	指标名称	得分	排名
1	人工智能基础支撑	23.76	31
1.1	人工智能计算基础	12.70	22
1.1.1	数据中心保有率	15.89	10
1.1.2	全球 TOP500 超算中心占比	2.80	10
1.1.3	人均发电量	19.41	30
1.2	人工智能网络基础	34.83	34
1.2.1	移动蜂窝电话订阅率	33.23	14
1.2.2	互联网使用率	47.26	41
1.2.3	固定宽带订阅率	57.40	28
1.2.4	5G 订阅率	1.42	11

附录一
全球人工智能创新指数各国概况

续表

指标序号	指标名称	得分	排名
2	**人工智能创新资源与环境**	**31.23**	**20**
2.1	**人工智能人才**	3.00	21
2.1.1	人工智能顶级学者人口参与率	5.66	18
2.1.2	人工智能从业人员人口参与率	0.33	32
2.2	**人工智能教育**	49.99	9
2.2.1	高水平人工智能核心专业开设率	43.33	5
2.2.2	全日制科学和工程博士生占比	82.42	20
2.2.3	PISA 测试成绩	24.20	27
2.3	**国家研发投入**	27.98	22
2.3.1	国家研发投入强度	27.98	22
2.4	**人工智能创新制度**	43.96	19
2.4.1	国家人工智能发展政策与规划	44.58	19
2.4.2	国家人工智能社会治理	43.33	14
3	**人工智能科技研发**	**10.08**	**18**
3.1	**人工智能学术论文**	14.50	14
3.1.1	人均人工智能论文产出量	38.62	6
3.1.2	人工智能顶级论文量	4.88	13
3.1.3	人工智能全球 TOP100 高被引论文占比	0.00	16
3.2	**人工智能专利**	5.67	17
3.2.1	人均人工智能专利申请量	11.49	14
3.2.2	人均人工智能专利授权量	11.18	18
3.2.3	人均 5G 专利申请量	0.00	30
3.2.4	人均 5G 专利授权量	0.00	21
4	**人工智能产业与应用**	**39.03**	**18**
4.1	**人工智能产业**	18.82	17
4.1.1	人工智能企业数量	7.80	18
4.1.2	人工智能企业平均融资金额	8.93	30
4.1.3	人工智能开源代码贡献量	3.00	12
4.1.4	人工智能高收藏量开源代码占比	55.56	10
4.2	**人工智能应用**	59.24	17

145

续表

指标序号	指标名称	得分	排名
4.2.1	电子政务发展指数	82.31	27
4.2.2	物联网 TOP500 企业占比	16.00	10
4.2.3	智慧城市指数	79.40	20

21. 西班牙各指标详细得分及排名情况

全球人工智能创新指数 – 第 21 名

指标序号	指标名称	得分	排名
1	**人工智能基础支撑**	**28.21**	**18**
1.1	人工智能计算基础	13.24	20
1.1.1	数据中心保有率	13.53	11
1.1.2	全球 TOP500 超算中心占比	0.40	20
1.1.3	人均发电量	25.80	21
1.2	人工智能网络基础	43.18	19
1.2.1	移动蜂窝电话订阅率	27.30	29
1.2.2	互联网使用率	78.00	14
1.2.3	固定宽带订阅率	66.72	19
1.2.4	5G 订阅率	0.72	15
2	**人工智能创新资源与环境**	**28.19**	**22**
2.1	人工智能人才	1.34	24
2.1.1	人工智能顶级学者人口参与率	1.79	25
2.1.2	人工智能从业人员人口参与率	0.88	20
2.2	人工智能教育	42.69	17
2.2.1	高水平人工智能核心专业开设率	26.67	8
2.2.2	全日制科学和工程博士生占比	81.40	25
2.2.3	PISA 测试成绩	20.00	34
2.3	国家研发投入	24.74	25
2.3.1	国家研发投入强度	24.74	25
2.4	人工智能创新制度	44.01	18

续表

指标序号	指标名称	得分	排名
2.4.1	国家人工智能发展政策与规划	44.70	18
2.4.2	国家人工智能社会治理	43.32	15
3	人工智能科技研发	6.61	23
3.1	人工智能学术论文	11.04	22
3.1.1	人均人工智能论文产出量	28.25	21
3.1.2	人工智能顶级论文量	4.88	13
3.1.3	人工智能全球TOP100高被引论文占比	0.00	16
3.2	人工智能专利	2.17	26
3.2.1	人均人工智能专利申请量	1.51	21
3.2.2	人均人工智能专利授权量	0.87	28
3.2.3	人均5G专利申请量	5.88	14
3.2.4	人均5G专利授权量	0.43	14
4	人工智能产业与应用	38.86	20
4.1	人工智能产业	13.74	25
4.1.1	人工智能企业数量	14.20	12
4.1.2	人工智能企业平均融资金额	8.10	31
4.1.3	人工智能开源代码贡献量	6.33	8
4.1.4	人工智能高收藏量开源代码占比	26.32	27
4.2	人工智能应用	63.98	15
4.2.1	电子政务发展指数	88.01	12
4.2.2	物联网TOP500企业占比	16.00	10
4.2.3	智慧城市指数	87.94	15

22. 葡萄牙各指标详细得分及排名情况

全球人工智能创新指数 – 第 22 名

指标序号	指标名称	得分	排名
1	人工智能基础支撑	25.57	28
1.1	人工智能计算基础	9.46	27
1.1.1	数据中心保有率	6.01	23
1.1.2	全球 TOP500 超算中心占比	0.00	24
1.1.3	人均发电量	22.37	26
1.2	人工智能网络基础	41.69	22
1.2.1	移动蜂窝电话订阅率	26.59	32
1.2.2	互联网使用率	62.56	33
1.2.3	固定宽带订阅率	77.60	12
1.2.4	5G 订阅率	0.00	20
2	人工智能创新资源与环境	28.47	21
2.1	人工智能人才	3.88	16
2.1.1	人工智能顶级学者人口参与率	6.92	13
2.1.2	人工智能从业人员人口参与率	0.83	22
2.2	人工智能教育	38.58	26
2.2.1	高水平人工智能核心专业开设率	4.35	24
2.2.2	全日制科学和工程博士生占比	81.00	26
2.2.3	PISA 测试成绩	30.40	22
2.3	国家研发投入	27.31	23
2.3.1	国家研发投入强度	27.31	23
2.4	人工智能创新制度	44.12	17
2.4.1	国家人工智能发展政策与规划	48.40	16
2.4.2	国家人工智能社会治理	39.83	17
3	人工智能科技研发	7.90	20
3.1	人工智能学术论文	15.79	12
3.1.1	人均人工智能论文产出量	46.46	4
3.1.2	人工智能顶级论文量	0.92	27
3.1.3	人工智能全球 TOP100 高被引论文占比	0.00	16

续表

指标序号	指标名称	得分	排名
3.2	**人工智能专利**	0.00	43
3.2.1	人均人工智能专利申请量	0.00	36
3.2.2	人均人工智能专利授权量	0.00	41
3.2.3	人均 5G 专利申请量	0.00	30
3.2.4	人均 5G 专利授权量	0.00	21
4	**人工智能产业与应用**	**37.09**	**22**
4.1	**人工智能产业**	21.21	14
4.1.1	人工智能企业数量	3.50	25
4.1.2	人工智能企业平均融资金额	13.69	22
4.1.3	人工智能开源代码贡献量	1.00	26
4.1.4	人工智能高收藏量开源代码占比	66.67	5
4.2	**人工智能应用**	52.97	23
4.2.1	电子政务发展指数	82.55	25
4.2.2	物联网 TOP500 企业占比	2.00	20
4.2.3	智慧城市指数	74.37	21

23. 爱尔兰各指标详细得分及排名情况

全球人工智能创新指数 – 第 23 名

指标序号	指标名称	得分	排名
1	**人工智能基础支撑**	**26.50**	**26**
1.1	**人工智能计算基础**	12.87	21
1.1.1	数据中心保有率	5.15	26
1.1.2	全球 TOP500 超算中心占比	5.60	7
1.1.3	人均发电量	27.85	19
1.2	**人工智能网络基础**	40.13	27
1.2.1	移动蜂窝电话订阅率	22.15	40
1.2.2	互联网使用率	77.30	18
1.2.3	固定宽带订阅率	59.91	25
1.2.4	5G 订阅率	1.18	12

续表

指标序号	指标名称	得分	排名
2	**人工智能创新资源与环境**	22.38	27
2.1	**人工智能人才**	9.37	5
2.1.1	人工智能顶级学者人口参与率	8.89	10
2.1.2	人工智能从业人员人口参与率	9.85	4
2.2	**人工智能教育**	41.09	20
2.2.1	高水平人工智能核心专业开设率	6.90	21
2.2.2	全日制科学和工程博士生占比	85.57	12
2.2.3	PISA 测试成绩	30.80	21
2.3	**国家研发投入**	22.93	29
2.3.1	国家研发投入强度	22.93	29
2.4	**人工智能创新制度**	16.13	32
2.4.1	国家人工智能发展政策与规划	18.33	31
2.4.2	国家人工智能社会治理	13.92	33
3	**人工智能科技研发**	12.46	15
3.1	**人工智能学术论文**	10.65	25
3.1.1	人均人工智能论文产出量	30.84	14
3.1.2	人工智能顶级论文量	1.12	24
3.1.3	人工智能全球 TOP100 高被引论文占比	0.00	16
3.2	**人工智能专利**	14.27	15
3.2.1	人均人工智能专利申请量	0.83	24
3.2.2	人均人工智能专利授权量	47.97	7
3.2.3	人均 5G 专利申请量	0.00	30
3.2.4	人均 5G 专利授权量	8.27	8
4	**人工智能产业与应用**	36.11	23
4.1	**人工智能产业**	15.46	21
4.1.1	人工智能企业数量	4.00	24
4.1.2	人工智能企业平均融资金额	26.94	14
4.1.3	人工智能开源代码贡献量	2.33	17
4.1.4	人工智能高收藏量开源代码占比	28.57	25
4.2	**人工智能应用**	56.75	19

续表

指标序号	指标名称	得分	排名
4.2.1	电子政务发展指数	84.33	20
4.2.2	物联网 TOP500 企业占比	2.00	20
4.2.3	智慧城市指数	83.92	17

24. 俄罗斯各指标详细得分及排名情况

全球人工智能创新指数 – 第 24 名

指标序号	指标名称	得分	排名
1	**人工智能基础支撑**	**27.54**	**22**
1.1	人工智能计算基础	15.90	15
1.1.1	数据中心保有率	11.81	14
1.1.2	全球 TOP500 超算中心占比	0.80	15
1.1.3	人均发电量	35.08	15
1.2	人工智能网络基础	39.19	29
1.2.1	移动蜂窝电话订阅率	45.76	3
1.2.2	互联网使用率	65.73	30
1.2.3	固定宽带订阅率	45.28	36
1.2.4	5G 订阅率	0.00	20
2	**人工智能创新资源与环境**	**25.49**	**23**
2.1	人工智能人才	0.23	37
2.1.1	人工智能顶级学者人口参与率	0.31	30
2.1.2	人工智能从业人员人口参与率	0.16	40
2.2	人工智能教育	32.85	34
2.2.1	高水平人工智能核心专业开设率	1.48	33
2.2.2	全日制科学和工程博士生占比	75.47	30
2.2.3	PISA 测试成绩	21.60	33
2.3	国家研发投入	19.80	30
2.3.1	国家研发投入强度	19.80	30
2.4	人工智能创新制度	49.08	14

续表

指标序号	指标名称	得分	排名
2.4.1	国家人工智能发展政策与规划	61.25	8
2.4.2	国家人工智能社会治理	36.90	19
3	**人工智能科技研发**	**2.81**	**37**
3.1	**人工智能学术论文**	2.83	39
3.1.1	人均人工智能论文产出量	7.10	39
3.1.2	人工智能顶级论文量	1.40	18
3.1.3	人工智能全球TOP100高被引论文占比	0.00	16
3.2	**人工智能专利**	2.78	24
3.2.1	人均人工智能专利申请量	3.11	20
3.2.2	人均人工智能专利授权量	4.77	24
3.2.3	人均5G专利申请量	3.23	19
3.2.4	人均5G专利授权量	0.00	21
4	**人工智能产业与应用**	**29.38**	**28**
4.1	**人工智能产业**	12.34	29
4.1.1	人工智能企业数量	5.60	19
4.1.2	人工智能企业平均融资金额	3.60	38
4.1.3	人工智能开源代码贡献量	2.67	14
4.1.4	人工智能高收藏量开源代码占比	37.50	17
4.2	**人工智能应用**	46.41	28
4.2.1	电子政务发展指数	82.44	26
4.2.2	物联网TOP500企业占比	0.00	23
4.2.3	智慧城市指数	56.78	30

25. 爱沙尼亚各指标详细得分及排名情况

全球人工智能创新指数 – 第 25 名

指标序号	指标名称	得分	排名
1	**人工智能基础支撑**	**28.73**	**17**
1.1	**人工智能计算基础**	8.98	29
1.1.1	数据中心保有率	2.15	40
1.1.2	全球 TOP500 超算中心占比	0.00	24
1.1.3	人均发电量	24.79	22
1.2	**人工智能网络基础**	48.48	9
1.2.1	移动蜂窝电话订阅率	38.87	5
1.2.2	互联网使用率	83.00	8
1.2.3	固定宽带订阅率	67.76	17
1.2.4	5G 订阅率	4.30	4
2	**人工智能创新资源与环境**	**24.90**	**24**
2.1	**人工智能人才**	7.89	8
2.1.1	人工智能顶级学者人口参与率	4.18	22
2.1.2	人工智能从业人员人口参与率	11.60	3
2.2	**人工智能教育**	43.34	15
2.2.1	高水平人工智能核心专业开设率	0.00	36
2.2.2	全日制科学和工程博士生占比	98.63	6
2.2.3	PISA 测试成绩	31.40	19
2.3	**国家研发投入**	28.50	21
2.3.1	国家研发投入强度	28.50	21
2.4	**人工智能创新制度**	19.85	27
2.4.1	国家人工智能发展政策与规划	31.87	24
2.4.2	国家人工智能社会治理	7.83	37
3	**人工智能科技研发**	**7.52**	**22**
3.1	**人工智能学术论文**	10.78	24
3.1.1	人均人工智能论文产出量	32.22	12
3.1.2	人工智能顶级论文量	0.12	34
3.1.3	人工智能全球 TOP100 高被引论文占比	0.00	16

续表

指标序号	指标名称	得分	排名
3.2	**人工智能专利**	4.26	19
3.2.1	人均人工智能专利申请量	0.00	36
3.2.2	人均人工智能专利授权量	17.04	13
3.2.3	人均 5G 专利申请量	0.00	30
3.2.4	人均 5G 专利授权量	0.00	21
4	**人工智能产业与应用**	21.44	39
4.1	**人工智能产业**	2.13	39
4.1.1	人工智能企业数量	1.80	32
4.1.2	人工智能企业平均融资金额	6.72	35
4.1.3	人工智能开源代码贡献量	0.00	37
4.1.4	人工智能高收藏量开源代码占比	0.00	30
4.2	**人工智能应用**	40.75	36
4.2.1	电子政务发展指数	49.38	46
4.2.2	物联网 TOP500 企业占比	0.00	23
4.2.3	智慧城市指数	72.86	23

26. 印度各指标详细得分及排名情况

全球人工智能创新指数 – 第 26 名

指标序号	指标名称	得分	排名
1	**人工智能基础支撑**	8.46	45
1.1	**人工智能计算基础**	11.18	24
1.1.1	数据中心保有率	31.99	6
1.1.2	全球 TOP500 超算中心占比	0.80	15
1.1.3	人均发电量	0.74	45
1.2	**人工智能网络基础**	5.74	46
1.2.1	移动蜂窝电话订阅率	13.71	46
1.2.2	互联网使用率	6.36	45
1.2.3	固定宽带订阅率	2.89	46
1.2.4	5G 订阅率	0.00	20

附录一
全球人工智能创新指数各国概况

续表

指标序号	指标名称	得分	排名
2	人工智能创新资源与环境	16.98	33
2.1	人工智能人才	0.28	36
2.1.1	人工智能顶级学者人口参与率	0.21	31
2.1.2	人工智能从业人员人口参与率	0.36	31
2.2	人工智能教育	39.62	23
2.2.1	高水平人工智能核心专业开设率	0.38	34
2.2.2	全日制科学和工程博士生占比	90.89	9
2.2.3	PISA 测试成绩	27.60	25
2.3	国家研发投入	13.00	39
2.3.1	国家研发投入强度	13.00	39
2.4	人工智能创新制度	15.00	33
2.4.1	国家人工智能发展政策与规划	15.00	34
2.4.2	国家人工智能社会治理	15.00	29
3	人工智能科技研发	6.27	25
3.1	人工智能学术论文	10.96	23
3.1.1	人均人工智能论文产出量	4.85	43
3.1.2	人工智能顶级论文量	8.04	10
3.1.3	人工智能全球 TOP100 高被引论文占比	20.00	7
3.2	人工智能专利	1.58	29
3.2.1	人均人工智能专利申请量	1.22	22
3.2.2	人均人工智能专利授权量	0.36	35
3.2.3	人均 5G 专利申请量	4.68	15
3.2.4	人均 5G 专利授权量	0.05	20
4	人工智能产业与应用	49.85	7
4.1	人工智能产业	54.77	3
4.1.1	人工智能企业数量	66.20	3
4.1.2	人工智能企业平均融资金额	100.00	1
4.1.3	人工智能开源代码贡献量	18.33	3
4.1.4	人工智能高收藏量开源代码占比	34.55	21
4.2	人工智能应用	44.93	32

续表

指标序号	指标名称	得分	排名
4.2.1	电子政务发展指数	59.64	45
4.2.2	物联网 TOP500 企业占比	48.00	4
4.2.3	智慧城市指数	27.14	42

27. 波兰各指标详细得分及排名情况

全球人工智能创新指数 – 第 27 名

指标序号	指标名称	得分	排名
1	人工智能基础支撑	36.43	9
1.1	人工智能计算基础	20.75	10
1.1.1	数据中心保有率	24.26	8
1.1.2	全球 TOP500 超算中心占比	6.00	6
1.1.3	人均发电量	32.00	18
1.2	人工智能网络基础	52.11	4
1.2.1	移动蜂窝电话订阅率	30.91	19
1.2.2	互联网使用率	90.29	6
1.2.3	固定宽带订阅率	87.25	4
1.2.4	5G 订阅率	0.00	20
2	人工智能创新资源与环境	35.10	17
2.1	人工智能人才	3.50	18
2.1.1	人工智能顶级学者人口参与率	5.25	20
2.1.2	人工智能从业人员人口参与率	1.75	15
2.2	人工智能教育	48.93	12
2.2.1	高水平人工智能核心专业开设率	24.07	9
2.2.2	全日制科学和工程博士生占比	79.11	27
2.2.3	PISA 测试成绩	43.60	6
2.3	国家研发投入	43.27	13
2.3.1	国家研发投入强度	43.27	13
2.4	人工智能创新制度	44.70	16

续表

指标序号	指标名称	得分	排名
2.4.1	国家人工智能发展政策与规划	47.90	17
2.4.2	国家人工智能社会治理	41.50	16
3	**人工智能科技研发**	**10.63**	**17**
3.1	**人工智能学术论文**	17.14	11
3.1.1	人均人工智能论文产出量	27.30	23
3.1.2	人工智能顶级论文量	4.12	15
3.1.3	人工智能全球TOP100高被引论文占比	20.00	7
3.2	**人工智能专利**	4.12	20
3.2.1	人均人工智能专利申请量	4.74	18
3.2.2	人均人工智能专利授权量	8.62	20
3.2.3	人均5G专利申请量	0.43	27
3.2.4	人均5G专利授权量	2.70	10
4	**人工智能产业与应用**	**40.82**	**14**
4.1	**人工智能产业**	16.05	19
4.1.1	人工智能企业数量	12.80	13
4.1.2	人工智能企业平均融资金额	11.01	25
4.1.3	人工智能开源代码贡献量	4.67	11
4.1.4	人工智能高收藏量开源代码占比	35.71	19
4.2	**人工智能应用**	65.59	10
4.2.1	电子政务发展指数	92.28	8
4.2.2	物联网TOP500企业占比	8.00	15
4.2.3	智慧城市指数	96.48	7

28. 斯洛文尼亚各指标详细得分及排名情况

全球人工智能创新指数 – 第 28 名

指标序号	指标名称	得分	排名
1	人工智能基础支撑	25.90	27
1.1	人工智能计算基础	12.16	23
1.1.1	数据中心保有率	1.72	44
1.1.2	全球 TOP500 超算中心占比	0.00	24
1.1.3	人均发电量	34.76	16
1.2	人工智能网络基础	39.65	28
1.2.1	移动蜂窝电话订阅率	28.34	25
1.2.2	互联网使用率	69.84	26
1.2.3	固定宽带订阅率	60.42	24
1.2.4	5G 订阅率	0.00	20
2	人工智能创新资源与环境	23.50	25
2.1	人工智能人才	3.91	15
2.1.1	人工智能顶级学者人口参与率	7.54	11
2.1.2	人工智能从业人员人口参与率	0.27	35
2.2	人工智能教育	33.96	33
2.2.1	高水平人工智能核心专业开设率	6.45	23
2.2.2	全日制科学和工程博士生占比	60.82	43
2.2.3	PISA 测试成绩	34.60	14
2.3	国家研发投入	38.84	15
2.3.1	国家研发投入强度	38.84	15
2.4	人工智能创新制度	17.28	30
2.4.1	国家人工智能发展政策与规划	19.38	30
2.4.2	国家人工智能社会治理	15.17	28
3	人工智能科技研发	6.16	26
3.1	人工智能学术论文	12.33	17
3.1.1	人均人工智能论文产出量	36.71	8
3.1.2	人工智能顶级论文量	0.28	31
3.1.3	人工智能全球 TOP100 高被引论文占比	0.00	16

158

续表

指标序号	指标名称	得分	排名
3.2	人工智能专利	0.00	43
3.2.1	人均人工智能专利申请量	0.00	36
3.2.2	人均人工智能专利授权量	0.00	41
3.2.3	人均5G专利申请量	0.00	30
3.2.4	人均5G专利授权量	0.00	21
4	人工智能产业与应用	22.95	37
4.1	人工智能产业	0.50	45
4.1.1	人工智能企业数量	0.40	45
4.1.2	人工智能企业平均融资金额	1.58	44
4.1.3	人工智能开源代码贡献量	0.00	37
4.1.4	人工智能高收藏量开源代码占比	0.00	30
4.2	人工智能应用	45.40	30
4.2.1	电子政务发展指数	85.46	17
4.2.2	物联网TOP500企业占比	0.00	23
4.2.3	智慧城市指数	50.75	34

29. 斯洛伐克各指标详细得分及排名情况

全球人工智能创新指数 – 第29名

指标序号	指标名称	得分	排名
1	人工智能基础支撑	25.17	29
1.1	人工智能计算基础	8.81	30
1.1.1	数据中心保有率	3.01	36
1.1.2	全球TOP500超算中心占比	0.00	24
1.1.3	人均发电量	23.42	24
1.2	人工智能网络基础	41.52	23
1.2.1	移动蜂窝电话订阅率	34.24	12
1.2.2	互联网使用率	73.76	20
1.2.3	固定宽带订阅率	58.09	27
1.2.4	5G订阅率	0.00	20

续表

指标序号	指标名称	得分	排名
2	**人工智能创新资源与环境**	20.22	30
2.1	**人工智能人才**	0.16	39
2.1.1	人工智能顶级学者人口参与率	0.00	35
2.1.2	人工智能从业人员人口参与率	0.32	33
2.2	**人工智能教育**	34.07	32
2.2.1	高水平人工智能核心专业开设率	3.13	28
2.2.2	全日制科学和工程博士生占比	73.49	32
2.2.3	PISA 测试成绩	25.60	26
2.3	**国家研发投入**	16.65	35
2.3.1	国家研发投入强度	16.65	35
2.4	**人工智能创新制度**	30.00	23
2.4.1	国家人工智能发展政策与规划	30.00	25
2.4.2	国家人工智能社会治理	30.00	23
3	**人工智能科技研发**	5.22	28
3.1	**人工智能学术论文**	10.27	26
3.1.1	人均人工智能论文产出量	30.76	15
3.1.2	人工智能顶级论文量	0.04	38
3.1.3	人工智能全球 TOP100 高被引论文占比	0.00	16
3.2	**人工智能专利**	0.18	39
3.2.1	人均人工智能专利申请量	0.00	36
3.2.2	人均人工智能专利授权量	0.73	31
3.2.3	人均 5G 专利申请量	0.00	30
3.2.4	人均 5G 专利授权量	0.00	21
4	**人工智能产业与应用**	25.62	33
4.1	**人工智能产业**	2.07	40
4.1.1	人工智能企业数量	0.80	39
4.1.2	人工智能企业平均融资金额	7.16	34
4.1.3	人工智能开源代码贡献量	0.33	32
4.1.4	人工智能高收藏量开源代码占比	0.00	30
4.2	**人工智能应用**	49.17	26

续表

指标序号	指标名称	得分	排名
4.2.1	电子政务发展指数	78.17	34
4.2.2	物联网 TOP500 企业占比	0.00	23
4.2.3	智慧城市指数	69.35	25

30. 马耳他各指标详细得分及排名情况

全球人工智能创新指数 – 第 30 名

指标序号	指标名称	得分	排名
1	**人工智能基础支撑**	**29.45**	**16**
1.1	人工智能计算基础	8.64	31
1.1.1	数据中心保有率	1.72	44
1.1.2	全球 TOP500 超算中心占比	0.00	24
1.1.3	人均发电量	24.20	23
1.2	人工智能网络基础	50.25	6
1.2.1	移动蜂窝电话订阅率	37.66	6
1.2.2	互联网使用率	72.87	22
1.2.3	固定宽带订阅率	90.49	2
1.2.4	5G 订阅率	0.00	20
2	**人工智能创新资源与环境**	**18.62**	**31**
2.1	人工智能人才	1.01	26
2.1.1	人工智能顶级学者人口参与率	0.00	35
2.1.2	人工智能从业人员人口参与率	2.01	11
2.2	人工智能教育	31.99	35
2.2.1	高水平人工智能核心专业开设率	0.00	36
2.2.2	全日制科学和工程博士生占比	73.36	33
2.2.3	PISA 测试成绩	22.60	29
2.3	国家研发投入	11.49	41
2.3.1	国家研发投入强度	11.49	41
2.4	人工智能创新制度	30.00	23

续表

指标序号	指标名称	得分	排名
2.4.1	国家人工智能发展政策与规划	30.00	25
2.4.2	国家人工智能社会治理	30.00	23
3	**人工智能科技研发**	**11.15**	**16**
3.1	**人工智能学术论文**	12.03	18
3.1.1	人均人工智能论文产出量	36.05	9
3.1.2	人工智能顶级论文量	0.04	38
3.1.3	人工智能全球TOP100高被引论文占比	0.00	16
3.2	**人工智能专利**	10.27	16
3.2.1	人均人工智能专利申请量	0.00	36
3.2.2	人均人工智能专利授权量	41.08	10
3.2.3	人均5G专利申请量	0.00	30
3.2.4	人均5G专利授权量	0.00	21
4	**人工智能产业与应用**	**15.35**	**46**
4.1	**人工智能产业**	2.20	38
4.1.1	人工智能企业数量	0.80	39
4.1.2	人工智能企业平均融资金额	8.02	32
4.1.3	人工智能开源代码贡献量	0.00	37
4.1.4	人工智能高收藏量开源代码占比	0.00	30
4.2	**人工智能应用**	28.49	45
4.2.1	电子政务发展指数	85.47	16
4.2.2	物联网TOP500企业占比	0.00	23
4.2.3	智慧城市指数	0.00	44

31. 立陶宛各指标详细得分及排名情况

全球人工智能创新指数 – 第 31 名

指标序号	指标名称	得分	排名
1	**人工智能基础支撑**	**22.35**	**32**
1.1	人工智能计算基础	1.47	46
1.1.1	数据中心保有率	2.58	39
1.1.2	全球 TOP500 超算中心占比	0.00	24
1.1.3	人均发电量	1.84	44
1.2	人工智能网络基础	43.24	18
1.2.1	移动蜂窝电话订阅率	47.53	1
1.2.2	互联网使用率	68.03	28
1.2.3	固定宽带订阅率	57.39	29
1.2.4	5G 订阅率	0.00	20
2	**人工智能创新资源与环境**	**21.94**	**28**
2.1	人工智能人才	0.38	33
2.1.1	人工智能顶级学者人口参与率	0.00	35
2.1.2	人工智能从业人员人口参与率	0.76	23
2.2	人工智能教育	34.88	30
2.2.1	高水平人工智能核心专业开设率	0.00	36
2.2.2	全日制科学和工程博士生占比	82.45	19
2.2.3	PISA 测试成绩	22.20	32
2.3	国家研发投入	18.90	34
2.3.1	国家研发投入强度	18.90	34
2.4	人工智能创新制度	33.58	21
2.4.1	国家人工智能发展政策与规划	35.00	22
2.4.2	国家人工智能社会治理	32.16	21
3	**人工智能科技研发**	**2.69**	**38**
3.1	人工智能学术论文	5.03	37
3.1.1	人均人工智能论文产出量	15.10	34
3.1.2	人工智能顶级论文量	0.00	44
3.1.3	人工智能全球 TOP100 高被引论文占比	0.00	16

续表

指标序号	指标名称	得分	排名
3.2	**人工智能专利**	0.34	36
3.2.1	人均人工智能专利申请量	0.00	36
3.2.2	人均人工智能专利授权量	1.37	27
3.2.3	人均 5G 专利申请量	0.00	30
3.2.4	人均 5G 专利授权量	0.00	21
4	**人工智能产业与应用**	**26.33**	**32**
4.1	**人工智能产业**	1.16	41
4.1.1	人工智能企业数量	1.00	38
4.1.2	人工智能企业平均融资金额	3.65	37
4.1.3	人工智能开源代码贡献量	0.00	37
4.1.4	人工智能高收藏量开源代码占比	0.00	30
4.2	**人工智能应用**	51.50	25
4.2.1	电子政务发展指数	86.65	15
4.2.2	物联网 TOP500 企业占比	0.00	23
4.2.3	智慧城市指数	67.84	26

32. 匈牙利各指标详细得分及排名情况

全球人工智能创新指数 – 第 32 名

指标序号	指标名称	得分	排名
1	**人工智能基础支撑**	**21.94**	**33**
1.1	**人工智能计算基础**	5.04	39
1.1.1	数据中心保有率	1.93	42
1.1.2	全球 TOP500 超算中心占比	0.00	24
1.1.3	人均发电量	13.18	35
1.2	**人工智能网络基础**	38.85	30
1.2.1	移动蜂窝电话订阅率	22.43	39
1.2.2	互联网使用率	66.79	29
1.2.3	固定宽带订阅率	65.87	20
1.2.4	5G 订阅率	0.32	16

续表

指标序号	指标名称	得分	排名
2	人工智能创新资源与环境	20.46	29
2.1	人工智能人才	0.49	31
2.1.1	人工智能顶级学者人口参与率	0.70	29
2.1.2	人工智能从业人员人口参与率	0.29	34
2.2	人工智能教育	30.64	36
2.2.1	高水平人工智能核心专业开设率	0.00	36
2.2.2	全日制科学和工程博士生占比	69.32	36
2.2.3	PISA 测试成绩	22.60	29
2.3	国家研发投入	31.10	20
2.3.1	国家研发投入强度	31.10	20
2.4	人工智能创新制度	19.63	28
2.4.1	国家人工智能发展政策与规划	23.33	29
2.4.2	国家人工智能社会治理	15.93	27
3	人工智能科技研发	3.50	35
3.1	人工智能学术论文	6.58	34
3.1.1	人均人工智能论文产出量	19.51	32
3.1.2	人工智能顶级论文量	0.24	32
3.1.3	人工智能全球 TOP100 高被引论文占比	0.00	16
3.2	人工智能专利	0.42	34
3.2.1	人均人工智能专利申请量	0.85	23
3.2.2	人均人工智能专利授权量	0.85	29
3.2.3	人均 5G 专利申请量	0.00	30
3.2.4	人均 5G 专利授权量	0.00	21
4	人工智能产业与应用	26.89	31
4.1	人工智能产业	6.85	34
4.1.1	人工智能企业数量	1.40	35
4.1.2	人工智能企业平均融资金额	26.02	15
4.1.3	人工智能开源代码贡献量	0.00	37
4.1.4	人工智能高收藏量开源代码占比	0.00	30
4.2	人工智能应用	46.92	27

续表

指标序号	指标名称	得分	排名
4.2.1	电子政务发展指数	77.45	36
4.2.2	物联网 TOP500 企业占比	0.00	23
4.2.3	智慧城市指数	63.32	28

33. 巴西各指标详细得分及排名情况

全球人工智能创新指数 – 第 33 名

指标序号	指标名称	得分	排名
1	**人工智能基础支撑**	**17.20**	**41**
1.1	人工智能计算基础	8.42	32
1.1.1	数据中心保有率	13.31	12
1.1.2	全球 TOP500 超算中心占比	1.60	11
1.1.3	人均发电量	10.34	41
1.2	人工智能网络基础	25.98	41
1.2.1	移动蜂窝电话订阅率	19.54	42
1.2.2	互联网使用率	53.53	35
1.2.3	固定宽带订阅率	30.86	41
1.2.4	5G 订阅率	0.00	20
2	**人工智能创新资源与环境**	**17.49**	**32**
2.1	人工智能人才	0.22	38
2.1.1	人工智能顶级学者人口参与率	0.19	32
2.1.2	人工智能从业人员人口参与率	0.24	36
2.2	人工智能教育	28.22	39
2.2.1	高水平人工智能核心专业开设率	7.09	20
2.2.2	全日制科学和工程博士生占比	72.58	34
2.2.3	PISA 测试成绩	5.00	41
2.3	国家研发投入	25.27	24
2.3.1	国家研发投入强度	25.27	24
2.4	人工智能创新制度	16.28	31

续表

指标序号	指标名称	得分	排名
2.4.1	国家人工智能发展政策与规划	17.68	32
2.4.2	国家人工智能社会治理	14.88	31
3	**人工智能科技研发**	**2.00**	**39**
3.1	人工智能学术论文	2.13	43
3.1.1	人均人工智能论文产出量	5.24	42
3.1.2	人工智能顶级论文量	1.16	22
3.1.3	人工智能全球TOP100高被引论文占比	0.00	16
3.2	人工智能专利	1.86	28
3.2.1	人均人工智能专利申请量	0.47	27
3.2.2	人均人工智能专利授权量	0.24	36
3.2.3	人均5G专利申请量	6.63	13
3.2.4	人均5G专利授权量	0.09	19
4	**人工智能产业与应用**	**30.36**	**27**
4.1	人工智能产业	22.24	13
4.1.1	人工智能企业数量	16.70	11
4.1.2	人工智能企业平均融资金额	10.70	26
4.1.3	人工智能开源代码贡献量	6.00	9
4.1.4	人工智能高收藏量开源代码占比	55.56	10
4.2	人工智能应用	38.49	38
4.2.1	电子政务发展指数	76.77	39
4.2.2	物联网TOP500企业占比	0.00	23
4.2.3	智慧城市指数	38.69	37

34. 希腊各指标详细得分及排名情况

全球人工智能创新指数 – 第 34 名

指标序号	指标名称	得分	排名
1	**人工智能基础支撑**	24.07	30
1.1	**人工智能计算基础**	7.66	34
1.1.1	数据中心保有率	3.01	36
1.1.2	全球 TOP500 超算中心占比	0.00	24
1.1.3	人均发电量	19.96	29
1.2	**人工智能网络基础**	40.49	26
1.2.1	移动蜂窝电话订阅率	25.38	34
1.2.2	互联网使用率	57.93	34
1.2.3	固定宽带订阅率	78.64	11
1.2.4	5G 订阅率	0.00	20
2	**人工智能创新资源与环境**	14.93	36
2.1	**人工智能人才**	1.22	25
2.1.1	人工智能顶级学者人口参与率	1.90	24
2.1.2	人工智能从业人员人口参与率	0.53	29
2.2	**人工智能教育**	29.55	37
2.2.1	高水平人工智能核心专业开设率	12.50	16
2.2.2	全日制科学和工程博士生占比	63.76	41
2.2.3	PISA 测试成绩	12.40	37
2.3	**国家研发投入**	23.55	28
2.3.1	国家研发投入强度	23.55	28
2.4	**人工智能创新制度**	5.40	40
2.4.1	国家人工智能发展政策与规划	7.30	39
2.4.2	国家人工智能社会治理	3.50	42
3	**人工智能科技研发**	3.53	34
3.1	**人工智能学术论文**	6.86	33
3.1.1	人均人工智能论文产出量	19.97	31
3.1.2	人工智能顶级论文量	0.60	29
3.1.3	人工智能全球 TOP100 高被引论文占比	0.00	16

续表

指标序号	指标名称	得分	排名
3.2	**人工智能专利**	0.21	38
3.2.1	人均人工智能专利申请量	0.00	36
3.2.2	人均人工智能专利授权量	0.84	30
3.2.3	人均5G专利申请量	0.00	30
3.2.4	人均5G专利授权量	0.00	21
4	**人工智能产业与应用**	**24.08**	**34**
4.1	**人工智能产业**	4.00	35
4.1.1	人工智能企业数量	2.30	29
4.1.2	人工智能企业平均融资金额	13.05	23
4.1.3	人工智能开源代码贡献量	0.67	29
4.1.4	人工智能高收藏量开源代码占比	0.00	30
4.2	**人工智能应用**	44.16	33
4.2.1	电子政务发展指数	80.21	30
4.2.2	物联网TOP500企业占比	0.00	23
4.2.3	智慧城市指数	52.26	32

35. 塞浦路斯各指标详细得分及排名情况

全球人工智能创新指数 – 第35名

指标序号	指标名称	得分	排名
1	**人工智能基础支撑**	**26.62**	**25**
1.1	**人工智能计算基础**	6.84	37
1.1.1	数据中心保有率	3.22	34
1.1.2	全球TOP500超算中心占比	0.00	24
1.1.3	人均发电量	17.31	33
1.2	**人工智能网络基础**	46.40	11
1.2.1	移动蜂窝电话订阅率	37.54	7
1.2.2	互联网使用率	72.49	23
1.2.3	固定宽带订阅率	75.58	13

续表

指标序号	指标名称	得分	排名
1.2.4	5G 订阅率	0.00	20
2	人工智能创新资源与环境	12.75	39
2.1	人工智能人才	0.77	28
2.1.1	人工智能顶级学者人口参与率	0.00	35
2.1.2	人工智能从业人员人口参与率	1.54	16
2.2	人工智能教育	35.68	27
2.2.1	高水平人工智能核心专业开设率	0.00	36
2.2.2	全日制科学和工程博士生占比	95.24	7
2.2.3	PISA 测试成绩	11.80	38
2.3	国家研发投入	11.17	42
2.3.1	国家研发投入强度	11.17	42
2.4	人工智能创新制度	3.38	43
2.4.1	国家人工智能发展政策与规划	4.58	41
2.4.2	国家人工智能社会治理	2.17	44
3	人工智能科技研发	7.52	21
3.1	人工智能学术论文	9.88	27
3.1.1	人均人工智能论文产出量	29.60	18
3.1.2	人工智能顶级论文量	0.04	38
3.1.3	人工智能全球 TOP100 高被引论文占比	0.00	16
3.2	人工智能专利	5.16	18
3.2.1	人均人工智能专利申请量	0.00	36
3.2.2	人均人工智能专利授权量	12.71	15
3.2.3	人均 5G 专利申请量	0.00	30
3.2.4	人均 5G 专利授权量	7.94	9
4	人工智能产业与应用	19.17	43
4.1	人工智能产业	9.23	31
4.1.1	人工智能企业数量	0.60	43
4.1.2	人工智能企业平均融资金额	36.31	9
4.1.3	人工智能开源代码贡献量	0.00	37
4.1.4	人工智能高收藏量开源代码占比	0.00	30

续表

指标序号	指标名称	得分	排名
4.2	人工智能应用	29.10	44
4.2.1	电子政务发展指数	87.31	13
4.2.2	物联网 TOP500 企业占比	0.00	23
4.2.3	智慧城市指数	0.00	44

36. 克罗地亚各指标详细得分及排名情况

全球人工智能创新指数 – 第 36 名

指标序号	指标名称	得分	排名
1	人工智能基础支撑	18.50	39
1.1	人工智能计算基础	4.11	42
1.1.1	数据中心保有率	1.50	46
1.1.2	全球 TOP500 超算中心占比	0.00	24
1.1.3	人均发电量	10.81	39
1.2	人工智能网络基础	32.89	37
1.2.1	移动蜂窝电话订阅率	22.66	38
1.2.2	互联网使用率	53.00	36
1.2.3	固定宽带订阅率	55.92	31
1.2.4	5G 订阅率	0.00	20
2	人工智能创新资源与环境	13.00	38
2.1	人工智能人才	0.09	41
2.1.1	人工智能顶级学者人口参与率	0.00	35
2.1.2	人工智能从业人员人口参与率	0.19	38
2.2	人工智能教育	27.93	40
2.2.1	高水平人工智能核心专业开设率	0.00	36
2.2.2	全日制科学和工程博士生占比	66.78	40
2.2.3	PISA 测试成绩	17.00	35
2.3	国家研发投入	19.50	31
2.3.1	国家研发投入强度	19.50	31

续表

指标序号	指标名称	得分	排名
2.4	**人工智能创新制度**	4.48	41
2.4.1	国家人工智能发展政策与规划	4.58	41
2.4.2	国家人工智能社会治理	4.38	41
3	**人工智能科技研发**	3.00	36
3.1	**人工智能学术论文**	6.00	35
3.1.1	人均人工智能论文产出量	17.92	33
3.1.2	人工智能顶级论文量	0.08	36
3.1.3	人工智能全球TOP100高被引论文占比	0.00	16
3.2	**人工智能专利**	0.00	43
3.2.1	人均人工智能专利申请量	0.00	36
3.2.2	人均人工智能专利授权量	0.00	41
3.2.3	人均5G专利申请量	0.00	30
3.2.4	人均5G专利授权量	0.00	21
4	**人工智能产业与应用**	30.57	26
4.1	**人工智能产业**	18.23	18
4.1.1	人工智能企业数量	0.20	46
4.1.2	人工智能企业平均融资金额	11.06	24
4.1.3	人工智能开源代码贡献量	1.67	21
4.1.4	人工智能高收藏量开源代码占比	60.00	7
4.2	**人工智能应用**	42.90	34
4.2.1	电子政务发展指数	77.45	36
4.2.2	物联网TOP500企业占比	0.00	23
4.2.3	智慧城市指数	51.26	33

37. 保加利亚各指标详细得分及排名情况

全球人工智能创新指数 – 第 37 名

指标序号	指标名称	得分	排名
1	**人工智能基础支撑**	18.50	39
1.1	**人工智能计算基础**	4.11	42
1.1.1	数据中心保有率	1.50	46
1.1.2	全球 TOP500 超算中心占比	0.00	24
1.1.3	人均发电量	10.81	39
1.2	**人工智能网络基础**	32.89	37
1.2.1	移动蜂窝电话订阅率	22.66	38
1.2.2	互联网使用率	53.00	36
1.2.3	固定宽带订阅率	55.92	31
1.2.4	5G 订阅率	0.00	20
2	**人工智能创新资源与环境**	13.00	38
2.1	**人工智能人才**	0.09	41
2.1.1	人工智能顶级学者人口参与率	0.00	35
2.1.2	人工智能从业人员人口参与率	0.19	38
2.2	**人工智能教育**	27.93	40
2.2.1	高水平人工智能核心专业开设率	0.00	36
2.2.2	全日制科学和工程博士生占比	66.78	40
2.2.3	PISA 测试成绩	17.00	35
2.3	**国家研发投入**	19.50	31
2.3.1	国家研发投入强度	19.50	31
2.4	**人工智能创新制度**	4.48	41
2.4.1	国家人工智能发展政策与规划	4.58	41
2.4.2	国家人工智能社会治理	4.38	41
3	**人工智能科技研发**	3.00	36
3.1	**人工智能学术论文**	6.00	35
3.1.1	人均人工智能论文产出量	17.92	33
3.1.2	人工智能顶级论文量	0.08	36
3.1.3	人工智能全球 TOP100 高被引论文占比	0.00	16

续表

指标序号	指标名称	得分	排名
3.2	**人工智能专利**	0.00	43
3.2.1	人均人工智能专利申请量	0.00	36
3.2.2	人均人工智能专利授权量	0.00	41
3.2.3	人均5G专利申请量	0.00	30
3.2.4	人均5G专利授权量	0.00	21
4	**人工智能产业与应用**	30.57	26
4.1	**人工智能产业**	18.23	18
4.1.1	人工智能企业数量	0.20	46
4.1.2	人工智能企业平均融资金额	11.06	24
4.1.3	人工智能开源代码贡献量	1.67	21
4.1.4	人工智能高收藏量开源代码占比	60.00	7
4.2	**人工智能应用**	42.90	34
4.2.1	电子政务发展指数	77.45	36
4.2.2	物联网TOP500企业占比	0.00	23
4.2.3	智慧城市指数	51.26	33

38. 南非各指标详细得分及排名情况

全球人工智能创新指数 – 第38名

指标序号	指标名称	得分	排名
1	**人工智能基础支撑**	14.64	43
1.1	**人工智能计算基础**	7.32	35
1.1.1	数据中心保有率	4.51	29
1.1.2	全球TOP500超算中心占比	0.00	24
1.1.3	人均发电量	17.44	32
1.2	**人工智能网络基础**	21.97	44
1.2.1	移动蜂窝电话订阅率	46.24	2
1.2.2	互联网使用率	37.39	43
1.2.3	固定宽带订阅率	4.27	45
1.2.4	5G订阅率	0.00	20

附录一
全球人工智能创新指数各国概况

续表

指标序号	指标名称	得分	排名
2	**人工智能创新资源与环境**	**13.65**	**37**
2.1	人工智能人才	0.14	40
2.1.1	人工智能顶级学者人口参与率	0.18	33
2.1.2	人工智能从业人员人口参与率	0.10	41
2.2	人工智能教育	34.82	31
2.2.1	高水平人工智能核心专业开设率	7.69	18
2.2.2	全日制科学和工程博士生占比	73.96	31
2.2.3	PISA 测试成绩	22.80	28
2.3	国家研发投入	16.64	36
2.3.1	国家研发投入强度	16.64	36
2.4	人工智能创新制度	3.00	44
2.4.1	国家人工智能发展政策与规划	3.83	43
2.4.2	国家人工智能社会治理	2.17	44
3	**人工智能科技研发**	**1.62**	**42**
3.1	人工智能学术论文	2.31	41
3.1.1	人均人工智能论文产出量	6.90	40
3.1.2	人工智能顶级论文量	0.04	38
3.1.3	人工智能全球 TOP100 高被引论文占比	0.00	16
3.2	人工智能专利	0.92	32
3.2.1	人均人工智能专利申请量	0.09	34
3.2.2	人均人工智能专利授权量	0.09	39
3.2.3	人均 5G 专利申请量	3.52	17
3.2.4	人均 5G 专利授权量	0.00	21
4	**人工智能产业与应用**	**31.16**	**24**
4.1	人工智能产业	9.04	32
4.1.1	人工智能企业数量	1.70	33
4.1.2	人工智能企业平均融资金额	34.11	11
4.1.3	人工智能开源代码贡献量	0.33	32
4.1.4	人工智能高收藏量开源代码占比	0.00	30
4.2	人工智能应用	53.29	22

续表

指标序号	指标名称	得分	排名
4.2.1	电子政务发展指数	68.91	42
4.2.2	物联网 TOP500 企业占比	0.00	23
4.2.3	智慧城市指数	90.95	12

39. 拉脱维亚各指标详细得分及排名情况

全球人工智能创新指数 – 第 39 名

指标序号	指标名称	得分	排名
1	人工智能基础支撑	21.73	36
1.1	人工智能计算基础	5.34	38
1.1.1	数据中心保有率	3.65	32
1.1.2	全球 TOP500 超算中心占比	0.00	24
1.1.3	人均发电量	12.38	36
1.2	人工智能网络基础	38.11	31
1.2.1	移动蜂窝电话订阅率	23.46	37
1.2.2	互联网使用率	71.59	25
1.2.3	固定宽带订阅率	53.38	34
1.2.4	5G 订阅率	4.00	5
2	人工智能创新资源与环境	14.97	35
2.1	人工智能人才	0.37	35
2.1.1	人工智能顶级学者人口参与率	0.00	35
2.1.2	人工智能从业人员人口参与率	0.74	25
2.2	人工智能教育	35.57	28
2.2.1	高水平人工智能核心专业开设率	0.00	36
2.2.2	全日制科学和工程博士生占比	84.12	14
2.2.3	PISA 测试成绩	22.60	29
2.3	国家研发投入	12.61	40
2.3.1	国家研发投入强度	12.61	40
2.4	人工智能创新制度	11.33	36

续表

指标序号	指标名称	得分	排名
2.4.1	国家人工智能发展政策与规划	13.33	36
2.4.2	国家人工智能社会治理	9.33	36
3	**人工智能科技研发**	**1.33**	**44**
3.1	**人工智能学术论文**	2.67	40
3.1.1	人均人工智能论文产出量	7.96	37
3.1.2	人工智能顶级论文量	0.04	38
3.1.3	人工智能全球TOP100高被引论文占比	0.00	16
3.2	**人工智能专利**	0.00	43
3.2.1	人均人工智能专利申请量	0.00	36
3.2.2	人均人工智能专利授权量	0.00	41
3.2.3	人均5G专利申请量	0.00	30
3.2.4	人均5G专利授权量	0.00	21
4	**人工智能产业与应用**	**22.70**	**38**
4.1	**人工智能产业**	0.14	46
4.1.1	人工智能企业数量	0.50	44
4.1.2	人工智能企业平均融资金额	0.05	45
4.1.3	人工智能开源代码贡献量	0.00	37
4.1.4	人工智能高收藏量开源代码占比	0.00	30
4.2	**人工智能应用**	45.26	31
4.2.1	电子政务发展指数	77.98	35
4.2.2	物联网TOP500企业占比	0.00	23
4.2.3	智慧城市指数	57.79	29

40. 越南各指标详细得分及排名情况

全球人工智能创新指数 – 第 40 名

指标序号	指标名称	得分	排名
1	**人工智能基础支撑**	15.19	42
1.1	**人工智能计算基础**	3.53	44
1.1.1	数据中心保有率	3.44	33
1.1.2	全球 TOP500 超算中心占比	0.00	24
1.1.3	人均发电量	7.14	43
1.2	**人工智能网络基础**	26.85	40
1.2.1	移动蜂窝电话订阅率	36.49	8
1.2.2	互联网使用率	40.20	42
1.2.3	固定宽带订阅率	30.69	42
1.2.4	5G 订阅率	0.00	20
2	**人工智能创新资源与环境**	12.38	41
2.1	**人工智能人才**	0.05	44
2.1.1	人工智能顶级学者人口参与率	0.00	35
2.1.2	人工智能从业人员人口参与率	0.09	43
2.2	**人工智能教育**	27.58	41
2.2.1	高水平人工智能核心专业开设率	0.00	36
2.2.2	全日制科学和工程博士生占比	81.74	23
2.2.3	PISA 测试成绩	1.00	45
2.3	**国家研发投入**	19.24	32
2.3.1	国家研发投入强度	19.24	32
2.4	**人工智能创新制度**	2.65	45
2.4.1	国家人工智能发展政策与规划	1.88	46
2.4.2	国家人工智能社会治理	3.42	43
3	**人工智能科技研发**	4.00	32
3.1	**人工智能学术论文**	5.92	36
3.1.1	人均人工智能论文产出量	7.65	38
3.1.2	人工智能顶级论文量	0.12	34
3.1.3	人工智能全球 TOP100 高被引论文占比	10.00	10

续表

指标序号	指标名称	得分	排名
3.2	人工智能专利	2.07	27
3.2.1	人均人工智能专利申请量	0.16	32
3.2.2	人均人工智能专利授权量	0.00	41
3.2.3	人均5G专利申请量	8.12	12
3.2.4	人均5G专利授权量	0.00	21
4	人工智能产业与应用	27.60	29
4.1	人工智能产业	20.74	15
4.1.1	人工智能企业数量	1.30	36
4.1.2	人工智能企业平均融资金额	0.00	46
4.1.3	人工智能开源代码贡献量	1.67	21
4.1.4	人工智能高收藏量开源代码占比	80.00	4
4.2	人工智能应用	34.45	41
4.2.1	电子政务发展指数	66.67	43
4.2.2	物联网TOP500企业占比	0.00	23
4.2.3	智慧城市指数	36.68	38

41. 沙特阿拉伯各指标详细得分及排名情况

全球人工智能创新指数 – 第41名

指标序号	指标名称	得分	排名
1	人工智能基础支撑	26.99	24
1.1	人工智能计算基础	18.37	13
1.1.1	数据中心保有率	4.29	30
1.1.2	全球TOP500超算中心占比	1.20	13
1.1.3	人均发电量	49.63	7
1.2	人工智能网络基础	35.60	32
1.2.1	移动蜂窝电话订阅率	28.21	26
1.2.2	互联网使用率	74.46	19
1.2.3	固定宽带订阅率	39.70	38
1.2.4	5G订阅率	0.03	19

续表

指标序号	指标名称	得分	排名
2	人工智能创新资源与环境	10.03	43
2.1	人工智能人才	0.76	29
2.1.1	人工智能顶级学者人口参与率	1.43	26
2.1.2	人工智能从业人员人口参与率	0.10	42
2.2	人工智能教育	15.11	45
2.2.1	高水平人工智能核心专业开设率	7.14	19
2.2.2	全日制科学和工程博士生占比	37.59	46
2.2.3	PISA 测试成绩	0.60	46
2.3	国家研发投入	16.30	37
2.3.1	国家研发投入强度	16.30	37
2.4	人工智能创新制度	7.94	38
2.4.1	国家人工智能发展政策与规划	8.13	38
2.4.2	国家人工智能社会治理	7.75	38
3	人工智能科技研发	4.79	30
3.1	人工智能学术论文	7.07	32
3.1.1	人均人工智能论文产出量	9.66	36
3.1.2	人工智能顶级论文量	1.56	16
3.1.3	人工智能全球 TOP100 高被引论文占比	10.00	10
3.2	人工智能专利	2.50	25
3.2.1	人均人工智能专利申请量	4.31	19
3.2.2	人均人工智能专利授权量	5.70	22
3.2.3	人均 5G 专利申请量	0.00	30
3.2.4	人均 5G 专利授权量	0.00	21
4	人工智能产业与应用	16.58	45
4.1	人工智能产业	1.00	44
4.1.1	人工智能企业数量	1.10	37
4.1.2	人工智能企业平均融资金额	2.58	39
4.1.3	人工智能开源代码贡献量	0.33	32
4.1.4	人工智能高收藏量开源代码占比	0.00	30
4.2	人工智能应用	32.16	43

续表

指标序号	指标名称	得分	排名
4.2.1	电子政务发展指数	79.91	31
4.2.2	物联网 TOP500 企业占比	0.00	23
4.2.3	智慧城市指数	16.58	43

42. 土耳其各指标详细得分及排名情况

全球人工智能创新指数 – 第 42 名

指标序号	指标名称	得分	排名
1	人工智能基础支撑	17.31	40
1.1	人工智能计算基础	9.03	28
1.1.1	数据中心保有率	12.88	13
1.1.2	全球 TOP500 超算中心占比	0.00	24
1.1.3	人均发电量	14.20	34
1.2	人工智能网络基础	25.60	42
1.2.1	移动蜂窝电话订阅率	18.73	43
1.2.2	互联网使用率	49.54	37
1.2.3	固定宽带订阅率	34.12	40
1.2.4	5G 订阅率	0.00	20
2	人工智能创新资源与环境	15.50	34
2.1	人工智能人才	0.08	43
2.1.1	人工智能顶级学者人口参与率	0.08	34
2.1.2	人工智能从业人员人口参与率	0.08	44
2.2	人工智能教育	28.54	38
2.2.1	高水平人工智能核心专业开设率	1.50	32
2.2.2	全日制科学和工程博士生占比	70.91	35
2.2.3	PISA 测试成绩	13.20	36
2.3	国家研发投入	19.22	33
2.3.1	国家研发投入强度	19.22	33
2.4	人工智能创新制度	14.16	35

续表

指标序号	指标名称	得分	排名
2.4.1	国家人工智能发展政策与规划	15.63	33
2.4.2	国家人工智能社会治理	12.70	34
3	**人工智能科技研发**	**1.30**	**45**
3.1	人工智能学术论文	2.22	42
3.1.1	人均人工智能论文产出量	5.63	41
3.1.2	人工智能顶级论文量	1.04	25
3.1.3	人工智能全球 TOP100 高被引论文占比	0.00	16
3.2	人工智能专利	0.37	35
3.2.1	人均人工智能专利申请量	0.66	26
3.2.2	人均人工智能专利授权量	0.24	37
3.2.3	人均 5G 专利申请量	0.42	28
3.2.4	人均 5G 专利授权量	0.15	18
4	**人工智能产业与应用**	**24.00**	**35**
4.1	人工智能产业	10.38	30
4.1.1	人工智能企业数量	2.70	28
4.1.2	人工智能企业平均融资金额	2.50	40
4.1.3	人工智能开源代码贡献量	3.00	12
4.1.4	人工智能高收藏量开源代码占比	33.33	22
4.2	人工智能应用	37.62	39
4.2.1	电子政务发展指数	77.18	38
4.2.2	物联网 TOP500 企业占比	0.00	23
4.2.3	智慧城市指数	35.68	39

43. 阿根廷各指标详细得分及排名情况

全球人工智能创新指数 – 第 43 名

指标序号	指标名称	得分	排名
1	**人工智能基础支撑**	**19.23**	**38**
1.1	人工智能计算基础	4.73	40
1.1.1	数据中心保有率	3.01	36
1.1.2	全球 TOP500 超算中心占比	0.00	24
1.1.3	人均发电量	11.18	37
1.2	人工智能网络基础	33.73	36
1.2.1	移动蜂窝电话订阅率	32.35	15
1.2.2	互联网使用率	63.28	32
1.2.3	固定宽带订阅率	39.27	39
1.2.4	5G 订阅率	0.00	20
2	**人工智能创新资源与环境**	**12.43**	**40**
2.1	人工智能人才	0.08	42
2.1.1	人工智能顶级学者人口参与率	0.00	35
2.1.2	人工智能从业人员人口参与率	0.17	39
2.2	人工智能教育	34.97	29
2.2.1	高水平人工智能核心专业开设率	2.50	31
2.2.2	全日制科学和工程博士生占比	100.00	1
2.2.3	PISA 测试成绩	2.40	42
2.3	国家研发投入	10.83	43
2.3.1	国家研发投入强度	10.83	43
2.4	人工智能创新制度	3.85	42
2.4.1	国家人工智能发展政策与规划	2.71	44
2.4.2	国家人工智能社会治理	5.00	40
3	**人工智能科技研发**	**1.94**	**40**
3.1	人工智能学术论文	0.33	46
3.1.1	人均人工智能论文产出量	0.94	46
3.1.2	人工智能顶级论文量	0.04	38
3.1.3	人工智能全球 TOP100 高被引论文占比	0.00	16

续表

指标序号	指标名称	得分	排名
3.2	**人工智能专利**	3.56	21
3.2.1	人均人工智能专利申请量	0.10	33
3.2.2	人均人工智能专利授权量	12.13	17
3.2.3	人均5G专利申请量	2.02	21
3.2.4	人均5G专利授权量	0.00	21
4	**人工智能产业与应用**	**23.54**	**36**
4.1	**人工智能产业**	1.06	42
4.1.1	人工智能企业数量	2.30	29
4.1.2	人工智能企业平均融资金额	1.63	42
4.1.3	人工智能开源代码贡献量	0.33	32
4.1.4	人工智能高收藏量开源代码占比	0.00	30
4.2	**人工智能应用**	46.02	29
4.2.1	电子政务发展指数	82.79	23
4.2.2	物联网TOP500企业占比	0.00	23
4.2.3	智慧城市指数	55.28	31

44. 罗马尼亚各指标详细得分及排名情况

全球人工智能创新指数 – 第44名

指标序号	指标名称	得分	排名
1	**人工智能基础支撑**	**19.95**	**37**
1.1	**人工智能计算基础**	7.14	36
1.1.1	数据中心保有率	10.52	16
1.1.2	全球TOP500超算中心占比	0.00	24
1.1.3	人均发电量	10.90	38
1.2	**人工智能网络基础**	32.76	38
1.2.1	移动蜂窝电话订阅率	26.83	31
1.2.2	互联网使用率	48.21	39
1.2.3	固定宽带订阅率	54.51	33
1.2.4	5G订阅率	1.50	10

续表

指标序号	指标名称	得分	排名
2	**人工智能创新资源与环境**	9.68	44
2.1	**人工智能人才**	0.67	30
2.1.1	人工智能顶级学者人口参与率	1.13	27
2.1.2	人工智能从业人员人口参与率	0.20	37
2.2	**人工智能教育**	26.13	42
2.2.1	高水平人工智能核心专业开设率	2.56	29
2.2.2	全日制科学和工程博士生占比	67.64	37
2.2.3	PISA 测试成绩	8.20	40
2.3	**国家研发投入**	10.10	44
2.3.1	国家研发投入强度	10.10	44
2.4	**人工智能创新制度**	1.83	46
2.4.1	国家人工智能发展政策与规划	2.17	45
2.4.2	国家人工智能社会治理	1.48	46
3	**人工智能科技研发**	5.05	29
3.1	**人工智能学术论文**	9.87	28
3.1.1	人均人工智能论文产出量	29.38	20
3.1.2	人工智能顶级论文量	0.24	32
3.1.3	人工智能全球 TOP100 高被引论文占比	0.00	16
3.2	**人工智能专利**	0.22	37
3.2.1	人均人工智能专利申请量	0.45	28
3.2.2	人均人工智能专利授权量	0.45	32
3.2.3	人均 5G 专利申请量	0.00	30
3.2.4	人均 5G 专利授权量	0.00	21
4	**人工智能产业与应用**	21.32	40
4.1	**人工智能产业**	1.04	43
4.1.1	人工智能企业数量	1.70	33
4.1.2	人工智能企业平均融资金额	2.45	41
4.1.3	人工智能开源代码贡献量	0.00	37
4.1.4	人工智能高收藏量开源代码占比	0.00	30
4.2	**人工智能应用**	41.60	35

续表

指标序号	指标名称	得分	排名
4.2.1	电子政务发展指数	76.05	40
4.2.2	物联网 TOP500 企业占比	0.00	23
4.2.3	智慧城市指数	48.74	35

45. 墨西哥各指标详细得分及排名情况

全球人工智能创新指数 – 第 45 名

指标序号	指标名称	得分	排名
1	人工智能基础支撑	14.04	44
1.1	人工智能计算基础	3.97	43
1.1.1	数据中心保有率	2.15	40
1.1.2	全球 TOP500 超算中心占比	0.00	24
1.1.3	人均发电量	9.75	42
1.2	人工智能网络基础	24.12	43
1.2.1	移动蜂窝电话订阅率	18.05	44
1.2.2	互联网使用率	48.36	38
1.2.3	固定宽带订阅率	30.06	43
1.2.4	5G 订阅率	0.00	20
2	人工智能创新资源与环境	8.92	45
2.1	人工智能人才	0.03	45
2.1.1	人工智能顶级学者人口参与率	0.00	35
2.1.2	人工智能从业人员人口参与率	0.06	45
2.2	人工智能教育	14.40	46
2.2.1	高水平人工智能核心专业开设率	0.08	35
2.2.2	全日制科学和工程博士生占比	40.91	45
2.2.3	PISA 测试成绩	2.20	43
2.3	国家研发投入	6.24	45
2.3.1	国家研发投入强度	6.24	45
2.4	人工智能创新制度	15.00	33

续表

指标序号	指标名称	得分	排名
2.4.1	国家人工智能发展政策与规划	15.00	34
2.4.2	国家人工智能社会治理	15.00	29
3	**人工智能科技研发**	**1.38**	**43**
3.1	**人工智能学术论文**	1.65	44
3.1.1	人均人工智能论文产出量	4.55	44
3.1.2	人工智能顶级论文量	0.40	30
3.1.3	人工智能全球TOP100高被引论文占比	0.00	16
3.2	**人工智能专利**	1.11	30
3.2.1	人均人工智能专利申请量	0.16	31
3.2.2	人均人工智能专利授权量	0.07	40
3.2.3	人均5G专利申请量	4.20	16
3.2.4	人均5G专利授权量	0.00	21
4	**人工智能产业与应用**	**19.23**	**42**
4.1	**人工智能产业**	2.44	37
4.1.1	人工智能企业数量	3.20	26
4.1.2	人工智能企业平均融资金额	6.56	36
4.1.3	人工智能开源代码贡献量	0.00	37
4.1.4	人工智能高收藏量开源代码占比	0.00	30
4.2	**人工智能应用**	36.03	40
4.2.1	电子政务发展指数	72.91	41
4.2.2	物联网TOP500企业占比	0.00	23
4.2.3	智慧城市指数	35.18	40

46. 印度尼西亚各指标详细得分及排名情况

全球人工智能创新指数 – 第 46 名

指标序号	指标名称	得分	排名
1	**人工智能基础支撑**	6.90	46
1.1	**人工智能计算基础**	3.49	45
1.1.1	数据中心保有率	10.31	17
1.1.2	全球 TOP500 超算中心占比	0.00	24
1.1.3	人均发电量	0.17	46
1.2	**人工智能网络基础**	10.31	45
1.2.1	移动蜂窝电话订阅率	31.00	18
1.2.2	互联网使用率	3.27	46
1.2.3	固定宽带订阅率	6.96	44
1.2.4	5G 订阅率	0.00	20
2	**人工智能创新资源与环境**	7.99	46
2.1	**人工智能人才**	0.01	46
2.1.1	人工智能顶级学者人口参与率	0.00	35
2.1.2	人工智能从业人员人口参与率	0.01	46
2.2	**人工智能教育**	16.64	44
2.2.1	高水平人工智能核心专业开设率	0.00	36
2.2.2	全日制科学和工程博士生占比	48.72	44
2.2.3	PISA 测试成绩	1.20	44
2.3	**国家研发投入**	4.53	46
2.3.1	国家研发投入强度	4.53	46
2.4	**人工智能创新制度**	10.77	37
2.4.1	国家人工智能发展政策与规划	12.08	37
2.4.2	国家人工智能社会治理	9.46	35
3	**人工智能科技研发**	0.62	46
3.1	**人工智能学术论文**	0.60	45
3.1.1	人均人工智能论文产出量	1.80	45
3.1.2	人工智能顶级论文量	0.00	44
3.1.3	人工智能全球 TOP100 高被引论文占比	0.00	16

续表

指标序号	指标名称	得分	排名
3.2	**人工智能专利**	0.63	33
3.2.1	人均人工智能专利申请量	0.05	35
3.2.2	人均人工智能专利授权量	0.40	33
3.2.3	人均5G专利申请量	1.90	22
3.2.4	人均5G专利授权量	0.19	16
4	**人工智能产业与应用**	**18.30**	**44**
4.1	**人工智能产业**	3.34	36
4.1.1	人工智能企业数量	2.20	31
4.1.2	人工智能企业平均融资金额	10.51	28
4.1.3	人工智能开源代码贡献量	0.67	29
4.1.4	人工智能高收藏量开源代码占比	0.00	30
4.2	**人工智能应用**	33.26	42
4.2.1	电子政务发展指数	66.12	44
4.2.2	物联网TOP500企业占比	0.00	23
4.2.3	智慧城市指数	33.67	41

附录二
2019年和2020年人工智能创新指数得分对比

2019年全球人工智能创新指数的参评国家为除欧盟外的G20成员国和以色列共20个国家，为便于将2019年与2020年的人工智能创新水平进行纵向对比，将2019年参评国家的2020年人工智能创新指数得分进行单独排名，并与其2019年的人工智能创新指数得分及排名情况对比（附表2-1）。

附表2-1　20个参评国家2019—2020年人工智能创新指数得分及排名

国家	2019年得分	2019年排名	2020年得分	2020年排名	排名变化
美国	62.94	1	66.31	1	—
韩国	48.71	2	46.49	3	↓1
中国	45.19	3	50.60	2	↑1
英国	44.12	4	43.72	6	↓2
加拿大	40.41	5	45.70	4	↑1
法国	39.60	6	36.32	9	↓3
日本	38.66	7	36.98	8	↓1
以色列	38.34	8	38.36	7	↑1
澳大利亚	38.08	9	34.37	10	↓1
德国	37.09	10	44.85	5	↑5
意大利	28.09	11	26.03	11	—

附录二
2019 年和 2020 年人工智能创新指数得分对比

续表

国家	2019 年得分	2019 年排名	2020 年得分	2020 年排名	排名变化
俄罗斯	27.84	12	21.30	12	—
沙特阿拉伯	17.41	13	14.60	16	↓3
南非	17.40	14	15.27	15	↓1
印度	15.62	15	20.39	13	↑2
巴西	14.65	16	16.76	14	↑2
阿根廷	14.64	17	14.29	18	↓1
墨西哥	13.40	18	10.89	19	↓1
土耳其	12.31	19	14.53	17	↑2
印度尼西亚	6.09	20	8.45	20	—

附录三
全球人工智能创新指数研究方法

1. 文献研究法

系统研读国内外有关人工智能指数体系的研究文献，深入了解人工智能创新理论与技术，分析人工智能评价体系的典型案例，初步形成指标体系的理论模型框架。

2. 分析对比法

系统收集上百份国内外与人工智能评价相关的报告，对现有报告中共性与特性的量化指标进行归纳总结，根据各个指标体系的目标理解相应的指标差异，以它们为参照物，确定指标体系。

3. 因素分析法

在确定指标的过程中，研究成熟的人工智能创新指标体系，利用分析对比方法，总结出一级指标因素。从一级指标入手，逐层分解，剥离出影响各层指标主要因素形成二级指标。参照国内外现有指标，根据各种影响因素之间的关系，同时考虑数据的可获得性、可操作性及稳定性，总结出切实可行的三级指标。

附录四
全球人工智能创新指数计算方法

全球人工智能创新指数的计算分两步：第一步计算每个指标的标准化得分；第二步根据每个指标的权重计算人工智能创新指数的总分。

1. 指标得分的标准化

指标得分的标准化采用在上下限值之间进行线性化的方法。当实测得分达到或超过上限时，标准化分值为满分 100 分，实测得分小于等于下限值时，标准化分值为 0 分，实测得分位于上下值之间时，通过线性公式转化为一个 0~100 的标准化分值。具体的指标标准化分值计算公式为

$$S_i = \left(\frac{X_i - G_1}{G_2 - G_1}\right) \times 100。 \quad (1)$$

式中：

S_i 为每个指标的标准化分值，S_i 超过 100 时，按 100 计算。

X_i 为每个指标的实测值；

G_1 为下限值；

G_2 为上限值。

如果指标是负指标，则标准化分值计算公式为

$$S_i = \left(1 - \frac{X_i - G_1}{G_2 - G_1}\right) \times 100。 \quad (2)$$

式中：

S_i 小于 0 时，按 0 计算。

附表 4-1 列出了每个指标的下限值和上限值。

附表 4-1　三级指标的上限和下限值

三级指标名称	下限值 G_1	上限值 G_2
数据中心保有率	0	10%
全球 TOP500 超算中心占比	0	50%
人均发电量	1000 千瓦时 / 人	20 000 千瓦时 / 人
移动蜂窝电话订阅率	0.5%	300%
互联网使用率	0.3%	100%
固定宽带订阅率	0	50%
5G 订阅率	0	100%
人工智能顶级学者人口参与率	0	500 人 / 百万本科及以上入学人口
人工智能从业人员人口参与率	0	500 人 / 万劳动人口
高水平人工智能核心专业开设率	0	100%
全日制科学和工程博士生占比	0	70%
PISA 测试成绩	0	50%
国家研发投入强度	0	5%
国家人工智能发展政策与规划	0	10
国家人工智能社会治理	0	10
人均人工智能论文产出量	0	5000 篇 / 百万本科及以上入学人口
人工智能顶级论文量	0	2500 篇
人工智能全球 TOP100 高被引论文占比	0	10 篇
人均人工智能专利申请量	0	100 项 / 百万劳动人口
人均人工智能专利授权量	0	50 项 / 百万劳动人口
人均 5G 专利申请量	0	50 项 / 百万劳动人口
人均 5G 专利授权量	0	20 项 / 百万劳动人口

续表

三级指标名称	下限值 G_1	上限值 G_2
人工智能企业数量	0	1000 家
人工智能企业平均融资金额	0	10 现价百万美元/家
人工智能开源代码贡献量	0	300 项
人工智能高收藏量开源代码占比	0	100%
电子政务发展指数	0	10
物联网 TOP500 企业占比	0	10%
智慧城市指数[①]	200	1

2. 指标的权重

指标体系分为 3 个层次，指标的权重也分为 3 个层次。使用层次分析法确定一级指标和二级指标的权重因子，如附表 4-2 所示。

附表 4-2 一级和二级指标的权重

一级指标	一级指标权重	二级指标	二级指标权重
人工智能基础支撑	1/4	人工智能计算基础	1/2
		人工智能网络基础	1/2
人工智能创新资源与环境	1/4	人工智能人才	1/4
		人工智能教育	1/4
		国家研发投入	1/4
		人工智能创新制度	1/4
人工智能科技研发	1/4	人工智能学术论文	1/2
		人工智能专利	1/2
人工智能产业与应用	1/4	人工智能产业	1/2
		人工智能应用	1/2

---

① 智慧城市为负指标。

在每个一级指标中，所包含的二级指标采用平均权重，对于每一个二级指标，其中的三级指标也采用平均权重。这样，各三级指标的权重如附表4-3所示。

附表4-3 三级指标的权重

二级指标	三级指标	三级指标的分权重	三级指标的总权重
人工智能计算基础	数据中心保有率	1/3	1/24
	全球TOP500超算中心占比	1/3	1/24
	人均发电量	1/3	1/24
人工智能网络基础	移动蜂窝电话订阅率	1/4	1/32
	互联网使用率	1/4	1/32
	固定宽带订阅率	1/4	1/32
	5G订阅率	1/4	1/32
人工智能人才	人工智能顶级学者人口参与率	1/2	1/32
	人工智能从业人员人口参与率	1/2	1/32
人工智能教育	高水平人工智能核心专业开设率	1/3	1/48
	全日制科学和工程博士生占比	1/3	1/48
	PISA测试成绩	1/3	1/48
国家研发投入	国家研发投入强度	1	1/16
人工智能创新制度	国家人工智能发展政策与规划	1/2	1/32
	国家人工智能社会治理	1/2	1/32
人工智能学术论文	人均人工智能论文产出量	1/3	1/24
	人工智能顶级论文量	1/3	1/24
	人工智能全球TOP100高被引论文占比	1/3	1/24
人工智能专利	人均人工智能专利申请量	1/4	1/32
	人均人工智能专利授权量	1/4	1/32
	人均5G专利申请量	1/4	1/32
	人均5G专利授权量	1/4	1/32

续表

二级指标	三级指标	三级指标的分权重	三级指标的总权重
人工智能产业	人工智能企业数量	1/4	1/32
	人工智能企业平均融资金额	1/4	1/32
	人工智能开源代码贡献量	1/4	1/32
	人工智能高收藏量开源代码占比	1/4	1/32
人工智能应用	电子政务发展指数	1/3	1/24
	物联网TOP500企业占比	1/3	1/24
	智慧城市指数	1/3	1/24

3. 人工智能创新指数总分的计算

人工智能创新指数（Artificial Intelligence Innovation Index）的计算公式为

$$AIII = \sum_{i=1}^{n} S_i W_i。 \qquad (3)$$

式中：

S_i 为每个三级指标的标准化分值；

W_i 为每个三级指标的总权重值。

4. 人工智能创新指数计算举例

首先根据每个三级指标的实测值计算其标准化值，然后根据公式计算人工智能创新指数总得分，如附表 4–4 所示。

附表 4–4　三级指标的标准化计算举例

三级指标名称	实测值	下限值 G_1	上限值 G_2	标准化值
数据中心保有率	1.83%	0	10%	18.25
全球TOP500超算中心占比	45.20%	0	50%	90.40
人均发电量	5233.30 千瓦时/人	1000 千瓦时/人	20 000 千瓦时/人	22.28

续表

三级指标名称	实测值	下限值 G_1	上限值 G_2	标准化值
移动蜂窝电话订阅率	120.36%	0.5%	300%	28.14
互联网使用率	54.30%	0.3%	100%	34.71
固定宽带订阅率	31.34%	0	50%	62.67
5G 订阅率	10.82%	0	100%	10.82
人工智能顶级学者人口参与率	16.59 人/百万本科及以上入学人口	0	500 人/百万本科及以上入学人口	3.32
人工智能从业人员人口参与率	2.90 人/万劳动人口	0	500 人/万劳动人口	0.58
高水平人工智能核心专业开设率	3.15%	0	100%	3.15
全日制科学和工程博士生占比	64.04%	0	70%	91.49
PISA 测试成绩	49.30%	0	50%	98.60
国家研发投入强度	2.19%	0	5%	43.71
国家人工智能发展政策与规划	7.729	0	10	77.29
国家人工智能社会治理	7.335	0	10	73.35
人均人工智能论文产出量	1251.40 篇/百万本科及以上入学人口	0	5000 篇/百万本科及以上入学人口	25.03
人工智能顶级论文量	3555 篇	0	2500 篇	100.00
人工智能全球 TOP100 高被引论文占比	47 篇	0	10 篇	100.00
人均人工智能专利申请量	73.76 项/百万劳动人口	0	100 项/百万劳动人口	73.76
人均人工智能专利授权量	21.13 项/百万劳动人口	0	50 项/百万劳动人口	42.26
人均 5G 专利申请量	10.41 项/百万劳动人口	0	50 项/百万劳动人口	20.82
人均 5G 专利授权量	0.28 项/百万劳动人口	0	20 项/百万劳动人口	1.38

附录四
全球人工智能创新指数计算方法

续表

三级指标名称	实测值	下限值 G_1	上限值 G_2	标准化值
人工智能企业数量	823 家	0	1000 家	82.30
人工智能企业平均融资金额	33.22 现价百万美元/家	0	10 现价百万美元/家	100.00
人工智能开源代码贡献量	139 项	0	300 项	46.33
人工智能高收藏量开源代码占比	0.00%	0	100%	0.00
电子政务发展指数	0.79	0	10	79.48
物联网 TOP500 企业占比	5.20%	0	10%	52.00
智慧城市指数	58	200	1	71.36

将上述各个指标的标准化值和权重值代入人工智能创新指数的计算公式，得到 $AIII$=50.60。

附录五
数据来源

本次测评的数据采集时间段是 2020 年 9 月 5 日至 2020 年 10 月 8 日，数据来源分成以下 5 类：

1. 专业数据库

人工智能学术论文方面的 3 个三级指标来自 Conference Proceedings Citation Index – Science（CPCI-S）(科学技术会议录索引) 和 Science Citation Index Expanded（SCI-EXPANDED）数据库。Conference Proceedings Citation Index – Science（CPCI-S）(科学技术会议录索引) 专门收录世界各种重要的自然科学及技术方面的会议，涵盖一般性会议、座谈会、研究会、讨论会、发表会等的会议文献，涉及学科基本与 SCI 相同。Science Citation Index Expanded（SCI-EXPANDED）是 ISI 公司于 1997 年推出的 SCI（Science Citation Index，科学引文索引数据库）网络版数据库，SCI 由美国科技信息研究所创立，历来被公认为世界范围最权威的科学技术文献的索引工具，提供科学技术领域最重要的研究成果。

人工智能专利的 4 个三级指标数据来自德温特专利信息数据库——德温特创新平台（Derwent Innovation）。该平台是全球最著名和权威的专利科技文献综合检索平台，覆盖全球 100 余个国家和地区的专利文献，同时可以检索 Web of Science、Current Contents Connect、INSPEC 和 Proceedings 的非专利文献。

"人工智能企业数量""人工智能企业平均融资金额"数据来自 Crunchbase 数据库。Crunchbase 包含了全球范围内所有上市公司及部分未上市公司的重要信息（如公司创始人、重要职位人员、企业投资及资金、新闻等）。目前已收录超过 60 万家公司的数据，涵盖 740 多个行业品类，已发展成为世界上最大的企业信息数据库之一，每年有超过 5000 万人访问该网站。

"数据中心保有率"数据来源于数据中心地图网站（datacentermap.com）的统计数据。数据中心地图涵盖了来自约 90 个国家和地区的 2500 多个数据中心的相关信息。

"人工智能开源代码贡献量""人工智能高收藏量开源代码占比"指标的数据来自 GitHub 网站。GitHub 是一个面向开源及私有软件项目的托管平台，因为只支持 Git 作为唯一的版本库格式进行托管，故名 GitHub。GitHub 是世界上最大的代码托管平台，超 5000 万名开发者正在使用。通过该网站提供的可视化检索功能，根据开源代码所属的主题进行检索，可以查看该主题下的开源代码收藏数量、所用语言、作者信息等情况。通过检索与人工智能相关的主题词，选取获得收藏数量大于 50 的开源代码信息。

2. 企业网站

"人均发电量"数据来源于英国石油公司 BP（www.bp.com）的统计数据。BP 是世界最大的私营石油公司之一（被称为国际石油七姊妹之一），也是世界前十的私营企业集团之一。

"5G 订阅率"数据来自各个国家电信企业官网公布的企业年报、经营信息等。

3. 政府官网

二级指标人工智能创新制度下的"国家人工智能发展政策与规划""国家人工智能社会治理"的基础数据主要来源于各个国家的政府网站。本报告在各个参评国家的政府网站中搜集到人工智能相关政策或规划，在此基础上进行后续文本分析。收集范围主要包括各国与人工智能有关的国家政策、战略规划、创新计划、预算、白皮书、倡议、行动方案和专项政策等。

4. 国际组织统计数据

"全球TOP500超算中心占比"数据来源于TOP500榜单（www.top500.org）。TOP500榜单始于1993年，由国际组织"TOP500"编制，每半年发布一次，是全球知名的超级计算机排名榜单。排行榜主要编撰人是美国田纳西大学计算机学教授杰克·唐加拉，基于Linpack程序的基准测试结果选取成绩最好的前500个超级计算机。

"移动蜂窝电话订阅率""互联网使用率""固定宽带订阅率"数据来源于联合国下属的国际电信联盟（International Telecommunication Union，ITU）。ITU是主管信息通信技术事务的联合国机构，负责分配和管理全球无线电频谱与卫星轨道资源，制定全球电信标准，向发展中国家提供电信援助，促进全球电信发展。

"人工智能顶级学者人口参与率"数据来源于Partnership on AI合作组织（partnershiponai.org）的统计数据。该组织是由谷歌、Facebook、IBM、亚马逊和微软共同成立的一家非营利机构，致力于推进公众对人工智能技术的理解，同时也将设立未来人工智能研究者需要遵守的行为准则，并针对当前该领域的挑战及机遇提供有益有效的实践。之后英特尔、Salesforce、eBay、索尼、SAP、麦肯锡、Zalando和Cogitai等知名企业也加入该组织。

"全日制科学和工程博士生占比""PISA测试成绩"数据来源于经济合作与发展组织（Organization for Economic Co-operation and Development，OECD）的统计数据和调查报告。经济合作与发展组织是由38个市场经济国家组成的政府间国际经济组织，旨在共同应对全球化带来的经济、社会和政府治理等方面的挑战，并把握全球化带来的机遇。

"国家研发投入"数据来源于联合国教科文组织统计研究所（UNESCO.UIS）统计数据。UIS研究所与各个国家或地区的统计机构合作，两年开展一次国家研发投入的数据统计和调查。全球各个国家或地区按照《弗拉斯卡蒂手册》（由OECD编写）所规定的R&D测度方法和UIS的指标框架收集数据，并统一使用购买力平价美元（PPP$）作为统计单位，确保各个国家统计的数据可用于比较与分析。

"电子政务发展指数"来源于联合国经济和社会事务部网站的《联合国电子政务调查报告》。《联合国电子政务调查报告》是联合国经济和社会事务部自 2001 年开始出版的电子政务主要参考基准和决策者的政策工具,每两年出版一次。该调查报告是唯一一份评估联合国所有成员国电子政务发展状况的全球报告,主要从三方面进行数据收集和评估,包括电信基础设施的发展充分程度、人力资源在促进和使用信息通信技术的能力及作用,以及在线服务和内容的可用性。此外,该调查报告分析部分基于文献综述和对调查数据的分析,同时组织专家组会议,以征求世界知名学者和从业人员的意见。

5.第三方测评报告

测评过程中还用到了第三方出版发布的测评报告,包括美国第三大新闻杂志《美国新闻与世界报道》的大学排名、工业物联网信息平台 IoT ONE 的《IoT ONE 工业物联网 500 强》及西班牙纳瓦拉大学全球化中心的《IESE 城市动态指数》。

"高水平人工智能核心专业开设率"数据来源于《美国新闻与世界报道》的统计数据。《美国新闻与世界报道》是仅次于《时代》周刊和《新闻周刊》的美国第三大新闻杂志,主要报道美国国内外问题及美国官方人物访问记录。《美国新闻与世界报道》大学排名的起源可追溯至 1870 年,美国联邦教育局的年度报告根据其掌握的数据信息对大学进行排名,用于评价高等院校的办学质量和办学影响力。

"物联网 TOP500 企业占比"指标用到了 IoT ONE 网站的《IoT ONE 工业物联网 500 强》榜单。IoT ONE 每年都会对 2000 多家工业物联网解决方案供应商进行评估,发布对行业生态最具影响力的 500 强排名。该榜单的排名标准考虑了物联网生态系统中公司的可见性和增长速度。排名受创新能力、商业化、客户成功案例和媒体曝光度等外部因素影响。

"智慧城市指数"指标用到了 IESE 城市动态网站的《IESE 城市动态指数》。"IESE 城市动态指数"来自西班牙纳瓦拉大学全球化中心,对城市的"智慧"程度进行排名。该指数分析了全球 174 个城市的发展水平,涵盖 9 个维度:经济(economy)、环境(environment)、治理(governance)、人力资本(human capital)、国际辐射力(international projection)、流动性与交通(mobility and transportation)、社会凝聚力(social cohesion)、科技(technology)及城市规划(urban planning),这些维度被认为是真正智慧和可持续城市的关键。每个维度都有一个对应排名,综合这些维度的因素最终获得一个综合排名。在数据处理时,若某一参评国家同时拥有多个上榜城市,则选取排名最高的城市作为该国代表。

各指标数据来源、采集日期及日期范围如附表5-1所示。

附表5-1 指标数据来源、采集日期及日期范围

指标名称	数据来源	数据采集日期	数据日期范围
数据中心保有率	https://www.datacentermap.com/datacenters.html	20200727	截至20200727
全球TOP500超算中心占比	https://www.top500.org/statistics/list/	20200727	截至20200727
人均发电量	http://www.bp.com/statisticalreview	20200727	2019年度
移动蜂窝电话订阅率	https://www.itu.int/en/ITU-D/Statistics/Pages/stat/default.aspx	20200727	2019年度
互联网使用率	https://www.itu.int/en/ITU-D/Statistics/Pages/stat/default.aspx	20200727	2019年度
固定宽带订阅率	https://www.itu.int/en/ITU-D/Statistics/Pages/stat/default.aspx	20200727	2019年度
5G订阅率	官网搜集	20200918	截至20200918
人工智能顶级学者人口参与率	https://www.partnershiponai.org/partners/	20200905	截至20200905
人工智能从业人员人口参与率	https://www.crunchbase.com/home	20200905	截至20200905
高水平人工智能核心专业开设率	https://www.usnews.com/education/best-global-universities/computer-science	20200905	截至20200905
全日制科学和工程博士生占比	https://stats.oecd.org/	20200905	截至20200905

续表

指标名称	数据来源	数据采集日期	数据日期范围
PISA 测试成绩	https://www.oecd-ilibrary.org/docserver/5f07c754-en.pdf？expires=1604064276&id=id&accname=guest&checksum=C32FC938CA461D6177441589EAB9155B	20200905	2018 年度
国家研发投入强度	http://data.uis.unesco.org/Index.aspx？DataSetCode=SCN_DS&lang=en	20200905	2018 年度
国家人工智能发展政策与规划	官网搜集	20200913	截至 20200913
国家人工智能社会治理	官网搜集	20200913	截至 20200913
人均人工智能论文产出量	Web of Science Conference Proceedings Citation Index-Science（CPCI-S）	20200820	2019 年度
人工智能顶级论文量	Web of Science-Science Citation Index Expanded（SCI-EXPANDED）	20200820	2019 年度
人工智能全球 TOP100 高被引论文占比	Web of Science-Science Citation Index Expanded（SCI-EXPANDED）	20200820	2019 年度
人均人工智能专利申请量	Derwent Innovation	20200816	2019 年度
人均人工智能专利授权量	Derwent Innovation	20200816	2019 年度
人均 5G 专利申请量	Derwent Innovation	20200816	2019 年度
人均 5G 专利授权量	Derwent Innovation	20200816	2019 年度
人工智能企业数量	https://www.crunchbase.com/home	20201008	截至 20201008
人工智能企业平均融资金额	https://www.crunchbase.com/home	20201008	截至 20201008
人工智能开源代码贡献量	GitHub	20201008	截至 20201008
人工智能高收藏量开源代码占比	GitHub	20201008	截至 20201008

续表

指标名称	数据来源	数据采集日期	数据日期范围
电子政务发展指数	https://publicadministration.un.org/en/	20201008	2018 年度
物联网 TOP500 企业占比	https://www.iotone.com/iotone500	20201008	截至 20201008
智慧城市指数	https://citiesinmotion.iese.edu/indicecim/?lang=en	20201008	截至 20201008

附录六
人工智能创新制度指标计算方法

1. 国家人工智能发展政策与规划

指标说明：测量国家人工智能发展政策与规划的完备性。

测量方法：首先根据政策的发布机构将规划分为政府发布规划、智库发布规划和新闻报道规划，并对每个维度赋权 1/0.5/0.25，再从教育、投资和应用 3 个维度构建词表。根据规划内容与词表中每个维度相关词的相似度计算结果，得到每个规划在 3 个维度的内容得分，内容得分与发布机构赋权相乘，得到单个政策文本内容得分，将一个国家的所有政策得分总和作为一个国家的评分，最高分 10 分，超过 10 分按照 10 分计算。

数据来源：AI Watch、OECD.ai、各个国家政府官网及谷歌新闻报告。

2. 国家人工智能社会治理

指标说明：测量一国政策对人工智能社会治理、伦理及监管等问题的关注度。

测量方法：首先根据政策的发布机构将规划分为政府发布规划、智库发布规划和新闻报道规划，并对每个维度赋权 1/0.5/0.25，再从伦理、标准和隐私 3 个维度构建词表。根据规划内容与词表中每个维度相关词的相似度计算结果，得到每个规划在 3 个维度的内容得分，内容得分与发布机构赋权相乘，得到单个政策文本内容得分，将一个国家的所有政策得分总和作为一个国家的评分，最高分 10 分，超过 10 分按照 10 分计算。

数据来源：AI Watch、OECD.ai、各个国家政府官网及谷歌新闻报告。

附录七
各国人工智能相关政策与规划

附表 7-1　各国人工智能相关政策与规划

国家名称	人工智能相关政策与规划名称
美国	1. A National Machine Intelligence Strategy for the United States 2. American AI Initiative 3. Artificial Intelligence, Automation, and the Economy 4. National Artificial Intelligence Research and Development Strategic Plan 5. Preparing for the Future of Artificial Intelligence 6. Regulation of Artificial Intelligence in Selected Jurisdictions 7. Summary of DOD's AI strategy 8. Summary of the 2018 White House Summit on Artificial Intelligence for American Industry 9. Summary of the 2019 White House Summit on Artificial Intelligence in Government 10. Understanding China's AI Strategy: Clues to Chinese Strategic Thinking on Artificial Intelligence and National Security 11. The United States Air Force Artificial Intelligence Annex to The Department of Defense Artificial Intelligence Strategy 12. Charting A Course for Success: America's Strategy for Stem Education 13. Federal Data Strategy 2020 Action Plan 14. Identifying Priority Access or Quality Improvements for Federal Data and Models for Artificial Intelligence Research and Development（R&D）, and Testing； Request for Information 15. Maintaining American Leadership in Artificial Intelligence 16. 2016–2019 Progress Report: Advancing Artificial Intelligence R&D 17. The National Artificial Intelligence Research and Development Strategic Plan 18. Artificial Intelligence（AI）In NSF 19. National Security Strategy 20. Artificial Intelligence Standards by National Institute of Standards and Technology 21. The Aim Initiative: A Strategy for Augmenting Intelligence Using Machines 22. Artificial Intelligence for the American People 23. Automated Driving Systems 2.0 A Vision for Safety 24. The Networking & Information Technology Research & Development Program Supplement to the President's FY2020 Budget

续表

国家名称	人工智能相关政策与规划名称
英国	1. AI in the UK: Ready, Willing and Able？ 2. Deciphering China's AI Dream 3. Industrial Strategy: Building a Britain Fit for the Future 4. AI Sector Deal 5. AI Sector Deal One Year On 6. Robotics and Artificial Intelligence 7. Government Response to House of Lords Artificial Intelligence Select Committee's Report on AI in the UK: Ready, Willing and Able？ 8. Growing the Artificial Intelligence Industry in the UK 9. Machine learning: The Power and Promise of Computers that Learn by Example 10. Data Governance: Landscape Review 11. Building Our Industrial Strategy Green Paper 12. Data Study Group Final Report: NCSC 13. The Collection, Linking and Use of Data in Biomedical Research and Health Care: Ethical Issues
加拿大	1. Pan-Canadian Artificial Intelligence Strategy 2. Rebooting Regulation: Exploring the Future of AI Policy in Canada 3. Canada's Digital Charter: Trust in a Digital World 4. Canada's Digital Charter in Action: A Plan by Canadians, for Canadians 5. Invitation To Qualify（ITQ）: On A Source List of Suppliers to Provide Canada With Responsible and Effective Artificial Intelligence（AI）Services, Solutions and Products 6. Directive on Automated Decision-Making
澳大利亚	1. Australia 2030-Prosperity Through Innovation 2. Australian Budget 2018 3. National Innovation and Science Agenda Report 4. Artificial Intelligence: Australia's Ethics Framework 5. Artificial Intelligence: Solving problems, Growing the Economy and Improving Our Quality of Life 6. Australia's Tech Future
中国	1. 中国新一代人工智能发展报告 2019 2. "十三五"国家科技创新规划 3. 新一代人工智能发展规划 4. 促进新一代人工智能产业发展三年行动计划（2018—2020 年） 5. 新一代人工智能治理原则——发展负责任的人工智能

续表

国家名称	人工智能相关政策与规划名称
日本	1. Artificial Intelligence Technology Strategy 2. Declaration to Be the World's Most Advanced IT Nation Basic Plan for the Advancement of Public and Private Sector Data Utilization 3. Draft AI R&D Guidelines for International Discussions 4. AI Strategy 2019 AI for Everyone: People, Industries, Regions and Governments 5. Draft AI Utilization Principles
意大利	1. Proposte per una Strategia Italiana per l'Intelligenza Artificiale 2. Task Force on Artificial Intelligence – Artificial Intelligence at the Service of Citizens 3. Strategia Nazionale per l'Intelligenza Artificiale 4. Artificial Intelligence at the Service of Citizens 5. The Impact of Artificial Intelligence in Italy
德国	1. Deutschland 4.0? Germany's Digital Strategy Over the Next Four Years 2. Strategie Künstliche Intelligenz der Bundesregierung 3. Key Points for a Federal Government Strategy on Artificial Intelligence 4. Ethics Commission Automated and Connected Driving 5. Eckpunkte der Bundesregierung für eine Strategie Künstliche Intelligenz
巴西	1. Brazilian Digital Transformation Strategy 2. Building ITTI 3. Trade Tech – New Age for Trade Finance, World Economic Forum in Collaboration with Bain & Company 4. Can Smart Trade Replace Trade Wars? The Next Artificial Intelligence Frontier
韩国	1. 세계적 수준의 인공지능 기술력 확보에 2.2 조원 투자 2. Mid – to Long–Term Master Plan in Preparation for the Intelligent Information Society Managing the Fourth Industrial Revolution 3. National Strategy for Artificial Intelligence
法国	1. Artificial Intelligence: Making France a Leader 2. For A Meaningful Artificial Intelligence 3. How Can Humans Keep the Upper Hand? The Ethical Matters Raised by Algorithms and Artificial Intelligence
芬兰	1. Finland's Age of Artificial Intelligence 2. Leading the Way into the Age of Artificial Intelligence Final Report of Finland's Artificial Intelligence Programme 2019Publications 3. Work in the Age of Artificial Intelligence Four Perspectives on the Economy, Employment, Skills and Ethics

续表

国家名称	人工智能相关政策与规划名称
捷克	1. Digital Czech Republic 2. National Artificial Intelligence Strategy of the Czech Republic 3. Innovation Strategy of the Czech Republic 2019 — 2030
丹麦	1. National Strategy for Artificial Intelligence 2. DENMARK: Towards a Digital Growth Strategy 3. Strategy for Denmark's Digital Growth
奥地利	1. AIM AT 2030: Artificial Intelligence Mission Austria 2030 2. Shaping the Future of Austria with Robotics and Artificial Intelligence
俄罗斯	1. Конференция «Искусственный Интеллект: Проблемы и Пути их Решения — 2018» 2. Decree of the President of the Russian Federation on the Development of Artificial Intelligence in the Russian Federation
印度	1. National Strategy for Artificial Intelligence: #AIForAll 2. Biological Data Storage, Access and Sharing Policy of India
墨西哥	1. Estrategia de Inteligencia Artificial MX 2018 2. Towards an AI Strategy in Mexico: Harnessing the AI Revolution
葡萄牙	1. AI Portugal 2030 Portuguese National Initiative on Digital Skills 2. Advanced Computing Portugal 2030
以色列	Israel's Artificial Intelligence Landscape 2018
南非	Artificial Intelligence: Is South Africa Ready？
沙特阿拉伯	KSA Vision 2030
印度尼西亚	Strategi Nasional Kecerdasan Artifisial Indonesia
爱沙尼亚	Estonia's National Artificial Intelligence Strategy 2019–2021
比利时	AI 4 Belgium
波兰	Polityka Rozwoju AI w Polsce w Relacjach do Dokumentów Strategicznych
荷兰	Strategic Action Plan for Artificial Intelligence
立陶宛	Lithuanian Artificial Intelligence Strategy A Vision of the Future
拉脱维亚	Par Mākslīgā Intelekta Risinājumu Attīstību
卢森堡	Artificial Intelligence: A Strategic Vision for Luxembourg
马耳他	Malta: The Ultimate AI Launchpad A Strategy and Vision for Artificial Intelligence in Malta 2030

续表

国家名称	人工智能相关政策与规划名称
瑞典	National Approach to Artificial Intelligence
塞浦路斯	Εθνική Στρατηγική ΤΝ: Δράσεις για την Αξιοποίηση και Ανάπτυξη της ΤΝ στην Κύπρο
斯洛伐克	Action Plan for the Digital Transformation of Slovakia for 2019—2022
西班牙	Spanish RDI Strategy in Artificial Intelligence

附录八
人工智能创新指数各级指标得分

附表 8-1　人工智能创新指数得分及一级指标得分

国家	人工智能创新指数	人工智能基础支撑	人工智能创新资源与环境	人工智能科技研发	人工智能产业与应用
阿根廷	14.29	19.23	12.43	1.94	23.54
澳大利亚	34.37	34.68	41.04	22.34	39.40
巴西	16.76	17.20	17.49	2.00	30.36
加拿大	45.70	44.74	47.74	41.09	49.23
中国	50.60	38.87	46.35	54.78	62.39
德国	44.85	38.57	40.54	37.69	62.60
法国	36.32	36.89	40.41	17.95	50.04
英国	43.72	38.85	50.52	24.02	61.50
印度尼西亚	8.45	6.90	7.99	0.62	18.30
以色列	38.36	27.17	47.76	34.06	44.47
印度	20.39	8.46	16.98	6.27	49.85
意大利	26.03	23.76	31.23	10.08	39.03
日本	36.98	32.18	38.51	23.77	53.44
韩国	46.49	38.38	53.08	55.92	38.60
墨西哥	10.89	14.04	8.92	1.38	19.23

附录八 人工智能创新指数各级指标得分

续表

国家	人工智能创新指数	人工智能基础支撑	人工智能创新资源与环境	人工智能科技研发	人工智能产业与应用
俄罗斯	21.30	27.54	25.49	2.81	29.38
沙特阿拉伯	14.60	26.99	10.03	4.79	16.58
土耳其	14.53	17.31	15.50	1.30	24.00
美国	66.31	57.78	51.93	62.12	93.40
南非	15.27	14.64	13.65	1.62	31.16
新加坡	43.12	30.39	52.22	40.48	49.38
越南	14.79	15.19	12.38	4.00	27.60
奥地利	28.56	28.20	41.01	6.13	38.89
比利时	29.13	30.11	34.66	4.47	47.29
保加利亚	15.55	21.74	11.61	1.88	26.96
塞浦路斯	16.51	26.62	12.75	7.52	19.17
克罗地亚	16.27	18.50	13.00	3.00	30.57
捷克	27.11	27.98	33.14	6.44	40.86
丹麦	31.16	31.64	42.37	10.05	40.58
爱沙尼亚	20.65	28.73	24.90	7.52	21.44
芬兰	34.64	33.74	49.57	15.16	40.10
希腊	16.65	24.07	14.93	3.53	24.08
匈牙利	18.20	21.94	20.46	3.50	26.89
爱尔兰	24.36	26.50	22.38	12.46	36.11
拉脱维亚	15.18	21.73	14.97	1.33	22.70
立陶宛	18.33	22.35	21.94	2.69	26.33
卢森堡	29.94	27.97	45.50	25.95	20.33
马耳他	18.64	29.45	18.62	11.15	15.35
荷兰	30.75	36.43	35.10	10.63	40.82
波兰	19.97	21.94	23.29	3.83	30.85

续表

国家	人工智能创新指数	人工智能基础支撑	人工智能创新资源与环境	人工智能科技研发	人工智能产业与应用
葡萄牙	24.76	25.57	28.47	7.90	37.09
罗马尼亚	14.00	19.95	9.68	5.05	21.32
斯洛伐克	19.06	25.17	20.22	5.22	25.62
斯洛文尼亚	19.63	25.90	23.50	6.16	22.95
西班牙	25.47	28.21	28.19	6.61	38.86
瑞典	35.73	42.20	41.80	15.41	43.49

附表 8-2　人工智能创新指数二级指标得分

国家	人工智能基础支撑		人工智能创新资源与环境				人工智能科技研发		人工智能产业与应用	
	人工智能计算基础	人工智能网络基础	人工智能人才	人工智能教育	国家研发投入	人工智能创新制度	人工智能学术论文	人工智能专利	人工智能产业	人工智能应用
阿根廷	4.73	33.73	0.08	34.97	10.83	3.85	0.33	3.56	1.06	46.02
澳大利亚	25.41	43.96	6.56	60.13	37.47	60.00	29.89	14.80	14.04	64.76
巴西	8.42	25.98	0.22	28.22	25.27	16.28	2.13	1.86	22.24	38.49
加拿大	43.55	45.93	8.35	58.78	31.33	92.50	20.69	61.49	33.25	65.21
中国	43.64	34.09	1.95	64.41	43.71	75.32	75.01	34.55	57.16	67.61
德国	28.27	48.86	5.50	43.04	61.88	51.75	31.57	43.81	33.78	91.41
法国	26.83	46.94	3.81	63.10	44.00	50.73	13.97	21.93	27.35	72.72
英国	27.53	50.18	8.71	58.91	34.48	100.00	29.89	18.14	45.80	77.19
印度尼西亚	3.49	10.31	0.01	16.64	4.53	10.77	0.60	0.63	3.34	33.26
以色列	13.68	40.66	22.92	49.82	99.06	19.25	11.60	56.52	31.95	56.98
印度	11.18	5.74	0.28	39.62	13.00	15.00	10.96	1.58	54.77	44.93
意大利	12.70	34.83	3.00	49.99	27.98	43.96	14.50	5.67	18.82	59.24
日本	19.81	44.56	2.59	38.66	65.29	47.50	14.84	32.70	31.42	75.46

附录八
人工智能创新指数各级指标得分

续表

国家	人工智能基础支撑		人工智能创新资源与环境				人工智能科技研发		人工智能产业与应用	
	人工智能计算基础	人工智能网络基础	人工智能人才	人工智能教育	国家研发投入	人工智能创新制度	人工智能学术论文	人工智能专利	人工智能产业	人工智能应用
韩国	20.10	56.67	3.09	42.52	96.20	70.50	28.25	83.58	13.01	64.18
墨西哥	3.97	24.12	0.03	14.40	6.24	15.00	1.65	1.11	2.44	36.03
俄罗斯	15.90	39.19	0.23	32.85	19.80	49.08	2.83	2.78	12.34	46.41
沙特阿拉伯	18.37	35.60	0.76	15.11	16.30	7.94	7.07	2.50	1.00	32.16
土耳其	9.03	25.60	0.08	28.54	19.22	14.16	2.22	0.37	10.38	37.62
美国	70.11	45.45	11.27	39.70	56.75	100.00	74.09	50.16	89.32	97.49
南非	7.32	21.97	0.14	34.82	16.64	3.00	2.31	0.92	9.04	53.29
新加坡	17.79	42.99	55.95	63.32	38.89	50.74	49.13	31.83	30.94	67.83
越南	3.53	26.85	0.05	27.58	19.24	2.65	5.92	2.07	20.74	34.45
奥地利	14.49	41.92	6.07	41.65	63.44	52.89	9.00	3.25	14.92	62.87
比利时	14.76	45.47	3.40	45.61	56.42	33.21	7.86	1.08	39.13	55.46
保加利亚	11.10	32.38	0.45	24.29	15.36	6.34	3.68	0.08	13.25	40.67
塞浦路斯	6.84	46.40	0.77	35.68	11.17	3.38	9.88	5.16	9.23	29.10
克罗地亚	4.11	32.89	0.09	27.93	19.50	4.48	6.00	0.00	18.23	42.90
捷克	14.44	41.52	0.37	39.25	38.57	54.38	12.79	0.09	27.63	54.08
丹麦	9.80	53.49	4.47	48.23	61.28	55.48	17.20	2.89	15.47	65.69
爱沙尼亚	8.98	48.48	7.89	43.34	28.50	19.85	10.78	4.26	2.13	40.75
芬兰	21.87	45.62	4.13	49.21	55.48	89.45	11.88	18.44	14.88	65.32
希腊	7.66	40.49	1.22	29.55	23.55	5.40	6.86	0.21	4.00	44.16
匈牙利	5.04	38.85	0.49	30.64	31.10	19.63	6.58	0.42	6.85	46.92
爱尔兰	12.87	40.13	9.37	41.09	22.93	16.13	10.65	14.27	15.46	56.75
拉脱维亚	5.34	38.11	0.37	35.57	12.61	11.33	2.67	0.00	0.14	45.26
立陶宛	1.47	43.24	0.38	34.88	18.90	33.58	5.03	0.34	1.16	51.50

续表

国家	人工智能基础支撑		人工智能创新资源与环境				人工智能科技研发		人工智能产业与应用	
	人工智能计算基础	人工智能网络基础	人工智能人才	人工智能教育	国家研发投入	人工智能创新制度	人工智能学术论文	人工智能专利	人工智能产业	人工智能应用
卢森堡	4.63	51.32	51.02	76.27	24.71	30.00	33.36	18.55	13.08	27.57
马耳他	8.64	50.25	1.01	31.99	11.49	30.00	12.03	10.27	2.20	28.49
荷兰	20.75	52.11	3.50	48.93	43.27	44.70	17.14	4.12	16.05	65.59
波兰	8.33	35.54	0.82	40.70	24.25	27.38	7.51	0.15	8.81	52.89
葡萄牙	9.46	41.69	3.88	38.58	27.31	44.12	15.79	0.00	21.21	52.97
罗马尼亚	7.14	32.76	0.67	26.13	10.10	1.83	9.87	0.22	1.04	41.60
斯洛伐克	8.81	41.52	0.16	34.07	16.65	30.00	10.27	0.18	2.07	49.17
斯洛文尼亚	12.16	39.65	3.91	33.96	38.84	17.28	12.33	0.00	0.50	45.40
西班牙	13.24	43.18	1.34	42.69	24.74	44.01	11.04	2.17	13.74	63.98
瑞典	31.77	52.63	5.94	54.39	66.79	40.08	11.31	19.52	19.94	67.04

附表 8-3 人工智能基础支撑三级指标得分

国家	数据中心保有率	全球TOP500超算中心占比	人均发电量	移动蜂窝电话订阅率	互联网使用率	固定宽带订阅率	5G订阅率
阿根廷	3.01	0.00	11.18	32.35	63.28	39.27	0.00
澳大利亚	25.34	0.80	50.10	24.25	80.79	69.08	1.71
巴西	13.31	1.60	10.34	19.54	53.53	30.86	0.00
加拿大	37.79	5.20	87.65	17.01	87.14	79.56	0.00
中国	18.25	90.40	22.28	28.14	34.71	62.67	10.82
德国	45.09	6.40	33.33	31.34	77.71	83.99	2.41
法国	33.28	7.60	39.62	24.25	72.41	91.39	0.00
英国	58.62	4.00	19.97	27.02	92.31	79.19	2.17
印度尼西亚	10.31	0.00	0.17	31.00	3.27	6.96	0.00

附录八 人工智能创新指数各级指标得分

续表

国家	数据中心保有率	全球TOP500超算中心占比	人均发电量	移动蜂窝电话订阅率	互联网使用率	固定宽带订阅率	5G订阅率
以色列	1.93	0.00	39.12	30.71	73.69	58.24	0.00
印度	31.99	0.80	0.74	13.71	6.36	2.89	0.00
意大利	15.89	2.80	19.41	33.23	47.26	57.40	1.42
日本	10.09	11.60	37.73	35.68	77.99	64.32	0.24
韩国	4.29	1.20	54.81	33.80	92.96	85.53	14.38
墨西哥	2.15	0.00	9.75	18.05	48.36	30.06	0.00
俄罗斯	11.81	0.80	35.08	45.76	65.73	45.28	0.00
沙特阿拉伯	4.29	1.20	49.63	28.21	74.46	39.70	0.03
土耳其	12.88	0.00	14.20	18.73	49.54	34.12	0.00
美国	100.00	45.20	65.13	29.48	81.81	69.34	1.16
南非	4.51	0.00	17.44	46.24	37.39	4.27	0.00
新加坡	7.95	1.60	43.83	42.55	77.79	51.62	0.00
越南	3.44	0.00	7.14	36.49	40.20	30.69	0.00
奥地利	5.15	0.40	37.90	27.91	82.77	56.12	0.88
比利时	6.87	0.00	37.42	19.90	82.40	79.57	0.00
保加利亚	6.01	0.00	27.30	26.48	47.73	55.30	0.00
塞浦路斯	3.22	0.00	17.31	37.54	72.49	75.58	0.00
克罗地亚	1.50	0.00	10.81	22.66	53.00	55.92	0.00
捷克	5.37	0.40	37.56	29.41	69.60	67.07	0.00
丹麦	6.87	0.00	22.53	30.20	95.86	87.89	0.00
爱沙尼亚	2.15	0.00	24.79	38.87	83.00	67.76	4.30
芬兰	4.72	0.80	60.09	31.70	82.10	64.97	3.71
希腊	3.01	0.00	19.96	25.38	57.93	78.64	0.00
匈牙利	1.93	0.00	13.18	22.43	66.79	65.87	0.32
爱尔兰	5.15	5.60	27.85	22.15	77.30	59.91	1.18

续表

国家	数据中心保有率	全球TOP500超算中心占比	人均发电量	移动蜂窝电话订阅率	互联网使用率	固定宽带订阅率	5G订阅率
拉脱维亚	3.65	0.00	12.38	23.46	71.59	53.38	4.00
立陶宛	2.58	0.00	1.84	47.53	68.03	57.39	0.00
卢森堡	3.22	0.00	10.66	34.30	96.23	74.74	0.00
马耳他	1.72	0.00	24.20	37.66	72.87	90.49	0.00
荷兰	24.26	6.00	32.00	30.91	90.29	87.25	0.00
波兰	7.09	0.40	17.50	35.18	65.70	41.16	0.12
葡萄牙	6.01	0.00	22.37	26.59	62.56	77.60	0.00
罗马尼亚	10.52	0.00	10.90	26.83	48.21	54.51	1.50
斯洛伐克	3.01	0.00	23.42	34.24	73.76	58.09	0.00
斯洛文尼亚	1.72	0.00	34.76	28.34	69.84	60.42	0.00
西班牙	13.53	0.40	25.80	27.30	78.00	66.72	0.72
瑞典	10.74	0.80	83.77	30.53	93.59	79.60	6.80

附表 8-4 人工智能创新资源与环境三级指标得分

国家	人工智能顶级学者人口参与率	人工智能从业人员人口参与率	高水平人工智能核心专业开设率	全日制科学和工程博士生占比	PISA测试成绩	国家研发投入强度	国家人工智能发展政策与规划	国家人工智能社会治理
阿根廷	0.00	0.17	2.50	100.00	2.40	10.83	2.71	5.00
澳大利亚	12.40	0.73	59.52	83.07	37.80	37.47	60.00	60.00
巴西	0.19	0.24	7.09	72.58	5.00	25.27	17.68	14.88
加拿大	11.07	5.62	28.13	100.00	48.20	31.33	95.00	90.00
中国	3.32	0.58	3.15	91.49	98.60	43.71	77.29	73.35
德国	9.12	1.89	13.53	77.37	38.20	61.88	52.50	51.00
法国	5.84	1.78	57.50	100.00	31.80	44.00	56.46	45.00
英国	14.56	2.86	55.66	82.26	38.80	34.48	100.00	100.00

附录八 人工智能创新指数各级指标得分

续表

国家	人工智能顶级学者人口参与率	人工智能从业人员人口参与率	高水平人工智能核心专业开设率	全日制科学和工程博士生占比	PISA测试成绩	国家研发投入强度	国家人工智能发展政策与规划	国家人工智能社会治理
印度尼西亚	0.00	0.01	0.00	48.72	1.20	4.53	12.08	9.46
以色列	33.40	12.44	19.05	100.00	30.40	99.06	23.96	14.55
印度	0.21	0.36	0.38	90.89	27.60	13.00	15.00	15.00
意大利	5.66	0.33	43.33	82.42	24.20	27.98	44.58	43.33
日本	4.31	0.87	2.56	66.81	46.60	65.29	57.50	37.50
韩国	5.77	0.41	6.90	67.48	53.20	96.20	75.42	65.58
墨西哥	0.00	0.06	0.08	40.91	2.20	6.24	15.00	15.00
俄罗斯	0.31	0.16	1.48	75.47	21.60	19.80	61.25	36.90
沙特阿拉伯	1.43	0.10	7.14	37.59	0.60	16.30	8.13	7.75
土耳其	0.08	0.08	1.50	70.91	13.20	19.22	15.63	12.70
美国	14.62	7.93	3.31	81.59	34.20	56.75	100.00	100.00
南非	0.18	0.10	7.69	73.96	22.80	16.64	3.83	2.17
新加坡	97.63	14.27	20.59	82.78	86.60	38.89	57.91	43.57
越南	0.00	0.09	0.00	81.74	1.00	19.24	1.88	3.42
奥地利	11.15	0.99	9.59	83.97	31.40	63.44	61.25	44.52
比利时	5.70	1.10	15.87	82.16	38.80	56.42	35.00	31.42
保加利亚	0.00	0.90	0.00	61.87	11.00	15.36	5.00	7.67
塞浦路斯	0.00	1.54	0.00	95.24	11.80	11.17	4.58	2.17
克罗地亚	0.00	0.19	0.00	66.78	17.00	19.50	4.58	4.38
捷克	0.00	0.75	0.00	84.55	33.20	38.57	60.00	48.75
丹麦	7.04	1.90	23.08	90.02	31.60	61.28	66.67	44.29
爱沙尼亚	4.18	11.60	0.00	98.63	31.40	28.50	31.87	7.83
芬兰	5.41	2.84	22.86	82.77	42.00	55.48	92.65	86.25
希腊	1.90	0.53	12.50	63.76	12.40	23.55	7.30	3.50

续表

国家	人工智能顶级学者人口参与率	人工智能从业人员人口参与率	高水平人工智能核心专业开设率	全日制科学和工程博士生占比	PISA测试成绩	国家研发投入强度	国家人工智能发展政策与规划	国家人工智能社会治理
匈牙利	0.70	0.29	0.00	69.32	22.60	31.10	23.33	15.93
爱尔兰	8.89	9.85	6.90	85.57	30.80	22.93	18.33	13.92
拉脱维亚	0.00	0.74	0.00	84.12	22.60	12.61	13.33	9.33
立陶宛	0.00	0.76	0.00	82.45	22.20	18.90	35.00	32.16
卢森堡	100.00	2.03	100.00	100.00	28.80	24.71	30.00	30.00
马耳他	0.00	2.01	0.00	73.36	22.60	11.49	30.00	30.00
荷兰	5.25	1.75	24.07	79.11	43.60	43.27	47.90	41.50
波兰	0.90	0.74	3.15	76.55	42.40	24.25	37.50	17.25
葡萄牙	6.92	0.83	4.35	81.00	30.40	27.31	48.40	39.83
罗马尼亚	1.13	0.20	2.56	67.64	8.20	10.10	2.17	1.48
斯洛伐克	0.00	0.32	3.13	73.49	25.60	16.65	30.00	30.00
斯洛文尼亚	7.54	0.27	6.45	60.82	34.60	38.84	19.38	15.17
西班牙	1.79	0.88	26.67	81.40	20.00	24.74	44.70	43.32
瑞典	6.57	5.31	35.90	88.47	38.80	66.79	44.05	36.11

附表 8-5 人工智能科技研发三级指标得分

国家	人均人工智能论文产出量	人工智能顶级论文量	人工智能全球TOP100高被引论文占比	人均人工智能专利申请量	人均人工智能专利授权量	人均5G专利申请量	人均5G专利授权量
阿根廷	0.94	0.04	0.00	0.10	12.13	2.02	0.00
澳大利亚	28.19	11.48	50.00	19.98	1.64	37.57	0.00
巴西	5.24	1.16	0.00	0.47	0.24	6.63	0.09
加拿大	40.42	11.64	10.00	17.78	100.00	28.18	100.00
中国	25.03	100.00	100.00	73.76	42.26	20.82	1.38

附录八
人工智能创新指数各级指标得分

续表

国家	人均人工智能论文产出量	人工智能顶级论文量	人工智能全球TOP100高被引论文占比	人均人工智能专利申请量	人均人工智能专利授权量	人均5G专利申请量	人均5G专利授权量
德国	29.79	14.92	50.00	78.09	92.20	3.44	1.49
法国	23.46	8.44	10.00	31.13	55.29	1.12	0.16
英国	31.84	17.84	40.00	40.95	28.32	3.01	0.29
印度尼西亚	1.80	0.00	0.00	0.05	0.40	1.90	0.19
以色列	29.53	5.28	0.00	100.00	100.00	8.13	17.94
印度	4.85	8.04	20.00	1.22	0.36	4.68	0.05
意大利	38.62	4.88	0.00	11.49	11.18	0.00	0.00
日本	25.24	9.28	10.00	52.76	46.99	30.17	0.88
韩国	62.32	12.44	10.00	100.00	100.00	100.00	34.32
墨西哥	4.55	0.40	0.00	0.16	0.07	4.20	0.00
俄罗斯	7.10	1.40	0.00	3.11	4.77	3.23	0.00
沙特阿拉伯	9.66	1.56	10.00	4.31	5.70	0.00	0.00
土耳其	5.63	1.04	0.00	0.66	0.24	0.42	0.15
美国	22.26	100.00	100.00	54.74	80.46	47.01	18.42
南非	6.90	0.04	0.00	0.09	0.09	3.52	0.00
新加坡	100.00	7.40	40.00	22.97	12.47	72.01	19.85
越南	7.65	0.12	10.00	0.16	0.00	8.12	0.00
奥地利	25.84	1.16	0.00	5.64	6.94	0.43	0.00
比利时	22.25	1.32	0.00	0.78	2.74	0.78	0.00
保加利亚	11.04	0.00	0.00	0.30	0.00	0.00	0.00
塞浦路斯	29.60	0.04	0.00	0.00	12.71	0.00	7.94
克罗地亚	17.92	0.08	0.00	0.00	0.00	0.00	0.00
捷克	37.18	1.20	0.00	0.00	0.37	0.00	0.00
丹麦	30.60	1.00	20.00	5.62	5.29	0.66	0.00

续表

国家	人均人工智能论文产出量	人工智能顶级论文量	人工智能全球TOP100高被引论文占比	人均人工智能专利申请量	人均人工智能专利授权量	人均5G专利申请量	人均5G专利授权量
爱沙尼亚	32.22	0.12	0.00	0.00	17.04	0.00	0.00
芬兰	34.45	1.20	0.00	13.14	9.49	21.91	29.21
希腊	19.97	0.60	0.00	0.00	0.84	0.00	0.00
匈牙利	19.51	0.24	0.00	0.85	0.85	0.00	0.00
爱尔兰	30.84	1.12	0.00	0.83	47.97	0.00	8.27
拉脱维亚	7.96	0.04	0.00	0.00	0.00	0.00	0.00
立陶宛	15.10	0.00	0.00	0.00	1.37	0.00	0.00
卢森堡	100.00	0.08	0.00	22.58	38.71	12.90	0.00
马耳他	36.05	0.04	0.00	0.00	41.08	0.00	0.00
荷兰	27.30	4.12	20.00	4.74	8.62	0.43	2.70
波兰	21.60	0.92	0.00	0.27	0.22	0.11	0.00
葡萄牙	46.46	0.92	0.00	0.00	0.00	0.00	0.00
罗马尼亚	29.38	0.24	0.00	0.45	0.45	0.00	0.00
斯洛伐克	30.76	0.04	0.00	0.00	0.73	0.00	0.00
斯洛文尼亚	36.71	0.28	0.00	0.00	0.00	0.00	0.00
西班牙	28.25	4.88	0.00	1.51	0.87	5.88	0.43
瑞典	32.41	1.52	0.00	8.96	13.89	38.76	16.45

附表 8-6 人工智能产业与应用三级指标得分

国家	人工智能企业数量	人工智能企业平均融资金额	人工智能开源代码贡献量	人工智能高收藏量开源代码占比	电子政务发展指数	物联网TOP500企业占比	智慧城市指数
阿根廷	2.30	1.63	0.33	0.00	82.79	0.00	55.28
澳大利亚	12.10	10.29	6.00	27.78	94.32	8.00	91.96
巴西	16.70	10.70	6.00	55.56	76.77	0.00	38.69

附录八 人工智能创新指数各级指标得分

续表

国家	人工智能企业数量	人工智能企业平均融资金额	人工智能开源代码贡献量	人工智能高收藏量开源代码占比	电子政务发展指数	物联网TOP500企业占比	智慧城市指数
加拿大	45.10	36.25	6.67	45.00	84.20	26.00	85.43
中国	82.30	100.00	46.33	0.00	79.48	52.00	71.36
德国	37.30	30.48	16.33	51.02	85.24	92.00	96.98
法国	29.70	33.87	10.33	35.48	87.18	32.00	98.99
英国	51.10	50.13	18.33	63.64	93.58	38.00	100.00
印度尼西亚	2.20	10.51	0.67	0.00	66.12	0.00	33.67
以色列	30.00	52.62	2.33	42.86	83.61	22.00	65.33
印度	66.20	100.00	18.33	34.55	59.64	48.00	27.14
意大利	7.80	8.93	3.00	55.56	82.31	16.00	79.40
日本	18.20	19.45	2.33	85.71	89.89	38.00	98.49
韩国	8.70	17.02	1.33	25.00	95.60	6.00	90.95
墨西哥	3.20	6.56	0.00	0.00	72.91	0.00	35.18
俄罗斯	5.60	3.60	2.67	37.50	82.44	0.00	56.78
沙特阿拉伯	1.10	2.58	0.33	0.00	79.91	0.00	16.58
土耳其	2.70	2.50	3.00	33.33	77.18	0.00	35.68
美国	100.00	100.00	100.00	57.28	92.97	100.00	99.50
南非	1.70	34.11	0.33	0.00	68.91	0.00	90.95
新加坡	18.00	44.08	1.67	60.00	91.50	16.00	95.98
越南	1.30	0.00	1.67	80.00	66.67	0.00	36.68
奥地利	4.40	15.12	2.67	37.50	89.14	8.00	91.46
比利时	4.30	51.21	1.00	100.00	80.47	6.00	79.90
保加利亚	0.70	1.62	0.67	50.00	79.80	0.00	42.21
塞浦路斯	0.60	36.31	0.00	0.00	87.31	0.00	0.00
克罗地亚	0.20	11.06	1.67	60.00	77.45	0.00	51.26

续表

国家	人工智能企业数量	人工智能企业平均融资金额	人工智能开源代码贡献量	人工智能高收藏量开源代码占比	电子政务发展指数	物联网TOP500企业占比	智慧城市指数
捷克	2.80	7.37	0.33	100.00	81.35	0.00	80.90
丹麦	5.00	21.54	2.00	33.33	97.58	2.00	97.49
爱沙尼亚	1.80	6.72	0.00	0.00	49.38	0.00	72.86
芬兰	5.00	20.20	1.00	33.33	94.52	12.00	89.45
希腊	2.30	13.05	0.67	0.00	80.21	0.00	52.26
匈牙利	1.40	26.02	0.00	0.00	77.45	0.00	63.32
爱尔兰	4.00	26.94	2.33	28.57	84.33	2.00	83.92
拉脱维亚	0.50	0.05	0.00	0.00	77.98	0.00	57.79
立陶宛	1.00	3.65	0.00	0.00	86.65	0.00	67.84
卢森堡	0.70	51.62	0.00	0.00	82.72	0.00	0.00
马耳他	0.80	8.02	0.00	0.00	85.47	0.00	0.00
荷兰	12.80	11.01	4.67	35.71	92.28	8.00	96.48
波兰	9.40	10.66	2.67	12.50	85.31	0.00	73.37
葡萄牙	3.50	13.69	1.00	66.67	82.55	2.00	74.37
罗马尼亚	1.70	2.45	0.00	0.00	76.05	0.00	48.74
斯洛伐克	0.80	7.16	0.33	0.00	78.17	0.00	69.35
斯洛文尼亚	0.40	1.58	0.00	0.00	85.46	0.00	50.75
西班牙	14.20	8.10	6.33	26.32	88.01	16.00	87.94
瑞典	7.90	20.55	1.33	50.00	93.65	14.00	93.47